제4차 산업혁명의 총아
제너럴 일렉트릭(GE)

THE FOURTH INDUSTRIAL REVOLUTION

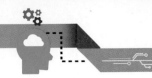

 # Preface

중국의 당(唐)나라 초기의 태평성세를 일컬어 '당초 3대의 치(治)'라고 한다. 정관의 치(貞觀之治, 태종, 627~649년)와 영휘의 치(永徽之治, 고종, 650~655년), 그리고 개원의 치(開元之治, 현종, 713~734년)가 그것이다. 특히 태종의 통치 시기엔 백성들이 길에 떨어진 물건도 주워 갖지를 않고 또 도둑이 없어 상인이나 여행객이 안심하고 야숙(野宿)을 할 수 있을 정도로 태평성대를 구가했다.

하루는 태종이 여러 신하들이 모인 자리에서 질문을 던졌다. "제왕의 사업은 창업이 어려운가, 수성이 어려운가?" 이에 계략을 꾸미는 데 능한 방현령(房玄齡)이 "우후죽순처럼 일어난 군웅(群雄)들과 싸워 이들을 모조리 깨뜨려야 승리를 얻을 수 있으므로 당연히 창업이 어려운 줄 아옵니다."라고 답했다.

그러자 위징(魏徵)이 반론을 제기했다. 위징은 "아니옵니다. 창업이 쉽고 수성이 어렵습니다(創業易守成難).'고 말한 것이다.

태종은 두 사람의 말이 다 옳다고 하면서 "이제 남은 건 수성이니 다 같이 수성에 힘쓰자."고 결론을 내렸다.

GE가 토머스 에디슨에 의해 창업한지 139년이 된다. 기업으로서의 GE 역사를 뒤돌아볼 때 성장의 첫 단계는 1892년부터 1939년까지로 보는 것이 타당하다. 이 시기의 GE는 세 명의 CEO에 의해서 운영되었다. 초대 CEO인 찰스 코핀(Charles A. Coffin, President, 1892~1913), 2대 CEO인 에드윈 라이스 Jr.(Edwin Rice Jr., President, 1913~1922), 3대 CEO인 제라드 스워프(Gerard Swope, President, 1922~1939, 1942~1944)가 바로 그들이다. 이 시기가 소위 '개발의 시기'이다. 바꾸어 말하면, 에디슨은 GE의 상징적인 존재이며, 실질적인 설립자는 찰스 코핀이다.

2차 세계대전 기간 동안 군수품을 제조하면서 GE는 전기기반 기술을 핵심역량으로 하여 인접 산업으로 차츰 진출하게 된다. 그리하여 1950년대에는 대단히 복잡하고 다각화된 기업으로 성장하게 된다. 이 시기도 세 명의 CEO가 경영을 하게 된다. 찰스 윌슨(Charles E. Wilson, President, 1940~1942, 1944~1950), 랄프 코디너(Ralph J. Cordiner, President, 1950~1963, CEO, 1958~1963), 프레드 보치(Frederick 'Fred' Borch, CEO, 1963~1972) 등이 그 주인공이다. 이 시기는 '사업의 시기'라고 할 수 있다. 이 시기부터 공학이나 엔지니어링을 전공하지 않은 사람이 최고경영자가 되기 시작한다.

1970년대 오일 쇼크와 일본기업의 도전에 직면하여 미국 경제가 어려워졌다 이때 GE의 경영에도 큰 변화가 찾아온다. 특히 1960년대 후반 시도했던 새로운 사업의 실패로 인해 '이윤 없는 성장'의 시기를 경험한 이후 사업 포트폴리오 조정을 진지하게 진행한다. 이 시기는 와튼 스쿨에서 경영학을 전공하고 재무 분야에서 성장한 렉 존스(Reginald 'Reg' Jones, CEO, 1972~1980)를 비롯하여 잭 웰치(John J. 'Jack' Welch Jr., CEO, 1981~2001), 현재 CEO인 제프리 이멜트(Jeffrey R. Immelt, 2001~현재)에 의해서 경영되고 있다. 이 시기는 '경영의 시기'라고 일컫는다.

GE를 벤치마킹하는 데 있어서 주의할 점이 두 가지 있다. 첫째, GE는 설립 시점부터 일등이었던 회사고 지금도 일등이다. 둘째, 기업마다 성장 단계별로 그에 걸맞는 리더십이 있고 전략이 존재한다는 사실을 명심해야 한다.

거대 소프트웨어 기업들이 산업인터넷과 소비자인터넷 분야에서 어떻게 성공할 수 있을까? 정답은 사물인터넷(Internet of Things, IoT)에 있다. 요즘 사람들은 일상에서 디지털 기술에 푹 빠져있다. 이제 디지털은 일상생활에서 필수적인 존재다. 디지털 기술로 우리가 실제 살아가고 있는 물리적 세계와 연관된 의사결정을 내린다. 온라인 쇼핑을 하고, 가상의 디지털 조언자에게 질문을 하며, 매우 어려운 문제를 해결하기 위해 슈퍼컴퓨터에 의존한다. 아날로그 인간이지만, 우리는 이미 디지털화되었다. 항공기 엔진, 기관차부터 발전소 터빈, 그리고 의료용 영상장비 시스템에 이르기까지 모든 것들을 생산하는 거대 인프라 제조기업인 GE 역시도 디지털화되었다.

GE의 디지털 변혁 과정을 보면 급변하고 폭넓게 변화하는 기술 기반 사회에 무엇이 필요한지를 예측하는 데 큰 도움이 된다. 몇 년 전만 해도, 사람들은 GE를 지멘스나 UT(United Technologies) 등의 산업기업과 주로 비교하곤 했다. 하지만 이제는 더 이상 그렇지 않다. 2020년까지 소프트웨어 탑 10 기업이 될 것이라고 선언한 GE는 우리의 생활 방식을 바꿔온 아마존, 마이크로소프트, 구글, IBM 같은 거대 인터넷 및 소프트웨어 기업들과 비교되기 시작했다.

GE는 산업인터넷이라고 부르는 거대한 생태계로 물리적인 세계와 디지털 세계를 융합하는 기업으로 전환 중인데, 앞서 언급한 기업들과는 접근법이 매우 다르다. 구글은 검색으로, 아마존은 온라인 쇼핑과 AWS 클라우드 서비스로 기업을 성장시켰는데, GE는 무엇으로 기업을 성장시키고 있을까? GE는 프레딕스 (Predix)라는 클라우드 플랫폼에서 여러 산업에서 활용되는 기계와 프로세스의 디지털 트윈(Digital Twin)을 구축한다. GE의 프레딕스 플랫폼은 거대한 산업용 사물인터넷을 염두에 두고 설계된 것이다. 대량의 데이터를 수집하고 분석하여 사람과 사물을 연결하는 것에서 가치를 창출하는 소비자인터넷과는 달리, 산업인터넷은 무한히 많은 산업 관련 데이터 속에서 특정한 비즈니스 결과를 도출해야 한다.

제4차 산업혁명의 핵심인 IoT 기술의 선두 주자 GE를 벤치마킹하고자 하는 것이 이 책의 목적이다.

　명불허전(名不虛傳)이라는 말이 있다. 이름이 헛되이 전해지지 않았다, 다시 말해 이름값을 한다는 뜻이다. 널리 알려진 명성이 실제로 인증되었을 때 쓰는 사자성어이다. 명불허전이라는 말은 정말 익숙하게 사용되는 말이다. 명불허전의 한자구성으로 의역을 하게 되면, '사람의 이름이 알려지게 되는데 그만한 이유가 있다.'라는 정도로 이해할 수 있다.

　130년 이상 GE를 세계 일등 기업으로 견지(堅持)해온 토머스 에디슨을 비롯한 잭 웰치, 제프리 이멜트 등 기라성 같은 CEO들의 활약상을 보는 것은, 제4차 산업혁명의 시대에 큰 의미가 있을 것으로 생각한다.

　이 책이 출간되기까지 주위의 많은 분들로부터 귀중한 조언과 아낌없는 성원을 받아 감사의 말씀을 전한다.

　마지막으로 이 책의 출판에 많은 도움을 주신 한올출판사 임순재 사장님과 최혜숙 실장님 그리고 관계자 여러분의 노고에 깊은 감사의 말씀을 드린다.

2017년 12월

저자 씀

Contents

Chapter 06 GE 변화의 경영

Chapter 07 GE의 첨단제조기술

Chapter 08 GE의 미래를 만드는 기술

Chapter 09

GE 거인의 부활

제4차 산업혁명의 총아 제너럴 일렉트릭

GE의 탄생

1 발명왕 에디슨

(1) 개요

토머스 앨바 에디슨(Thomas Alva Edison, 1847~1931년)은 미국의 발명가 및 사업가이다. 세계에서 가장 많은 발명을 남긴 사람으로 1,093개의 미국 특허가 에디슨의 이름으로 등록되어 있다. 토머스 에디슨은 후에 제너럴 일렉트릭을 건립하였다.

(2) 생애

① 출생 및 성장 과정

1847년 오하이오 주 밀란에서 태어나 미시간 주 포트 휴런에서 자랐다. 에디슨은 어린 시절부터 만물에 대한 호기심이 많아 당시의 주입식 교육에 적응하는데 심한 어려움을 겪었다. 정규 교육을 받은 것은 3개월뿐이었으나 교사였던 어머니의 열성적인 교육 덕에 점차 재능을 발휘하게 되었다.

자료 : smartincome.tistory.com

🔩 그림 1.1 발명왕 에디슨

② 유년기

에디슨은 집이 가난하여 어렸을 때 기차에서 사탕과 신문을 파는 직업을 잠깐 동안 가졌다. 기차에는 화물칸이 있기에 그곳에 조그마한 자기만의 연구실을 차려놓고 연구하기 시작했다. 하지만 연구실에 불이 나고, 기차의 관계자들은 에디슨을 내쫓으면서 폭력을 행사하게 된다. 그때 맞은 부분이 귀인데, 그 이후로 에디슨은 청각 장애인이 되었다고 주장했다. 그 당시 모스 부호를 이용한 유선전신이 이용되던 시대였는데 신문을 팔던 에디슨은 뉴스가 유선전신을 타고 전달되는 것에 흥미를 느껴 전신기사가 된다. 하지만 곧 하루 종일 뉴스가 오기를 대기해야 하는 전신기사에 싫증을 느끼게 되고 오히려 자신이 사용하는 유선전신시스템의 구조에 흥미를 느껴 결국 전신기를 만들기 시작한다. 그가 만든 4중전신기는 하나의 전선을 4명의 전신사가 동시에 사용할 수 있는 신기술인데 이를 통해 큰돈을 벌게 된다.

③ 연구소 설립

전신기 특허로 큰돈을 번 그는 1876년 세계 최초의 민간 연구소로 알려진 멘로파크연구소를 세워 발명을 계속하였다. 그의 발명은 굉장히 많아서 특허의 수효만도 1,300여 개나 된다. 에디슨의 발명품으로는 1874년 자동 발신기 개발, 1877년 축음기, 1879년 전화 송신기 개발, 1880년 신식 발전기와 전등 부속품 개

자료 : ctgpublishing.com

🔩 그림 1.2 멘로파크연구소에서 연구원들과 함께

발, 1881년 전차의 실험을 했고, 1882년 발전소를 건설했고, 1888년 영화의 제작방법을 알아냈고, 1895년 광물을 가려내는 방법, 1900년 시멘트 공업의 개량, 1909년 엔진형 축전지 개발, 축전지 개발 등이 있다. 흔히 노력형 천재라고 알고 있으나 의외로 상당히 틀린 부분이 많다. 이 중 가장 높게 평가되는 부문은 역시 도시의 밤을 환하게 했다는 것이다. 전구의 발명은 발전, 송배전 부문의 발전을 가져오게 했고 각 가정마다 전기가 들어가게 된 계기가 되었다는 것이다.

(3) 사망

1929년 82세 때 백열전구 발명 50주년 기념식에 참석하여 연설을 하고 난 뒤 병을 앓게 되었다. 에디슨은 그 이후 미국 뉴저지 주 웨스트 오렌지 자택에서 병상에 누워서 지내다가, 1931년 10월 18일에 총 1,033개의 발명품을 남기고 향년 84세의 나이로 세상을 떠났다.

(4) 제너럴 일렉트릭 탄생

1878년 에디슨이 세운 전기조명회사를 모태로 한다. 1892년 에디슨 종합전기회사와 톰슨 휴스톤 전기회사가 합병하여 제너럴 일렉트릭(GE)이 탄생했다. GE

자료 : blog.naver.com

그림 1.3 에디슨 종합전기회사와 톰슨 휴스톤 전기회사

는 찰스 다우가 1896년 12개 종목을 편입시켜 만든 '다우존스산업평균지수(Dow Jones Industrial Average)'에 편입돼 2011년 현재까지 남아 있는 유일한 기업이다.

1900년 미국 최초로 산업용 연구개발시설을 뉴욕 주 스케넥터디에 설립한 후, 혁신적인 제품을 개발해 왔으며 수천 개의 특허와 두 번의 노벨상을 수상(1932, 1973년)했다. 현재 글로벌 연구개발센터가 미국, 중국, 독일, 인도에 있으며 수천 명의 연구원들이 근무하고 있다.

현재 사업은 발전과 수처리, 석유와 가스, 에너지관리 등 에너지 사업부문, 항공, 운송, 헬스케어 사업과 금융서비스 사업 및 인공지능 플랫폼, 조명가전 사업 등으로 다각화되어 있다. 이 중 조명, 운송, 산업제품, 발전설비, 의료기기 등은 에디슨 초기의 사업 영역이다.

■ 에디슨 효과

3극 진공관 발명의 기초가 되어 라디오 발명의 길을 열어 준 과학상의 중요한 발견을 말한다. 일부 학자들은 에디슨 효과를 에디슨의 가장 큰 업적으로 평가하기도 한다.

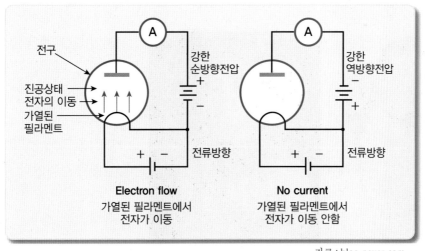

자료 : blog.naver.com

그림 1.4 에디슨 효과

(5) 가족관계

에디슨은 한평생 발명·사업에 힘써왔지만 가족에게는 정말로 소홀했다. 첫째 부인은 쓸 만한 발명품을 만들어내지 않는다고 구박했고 대학교육에 대한 콤플렉스 탓에 자식들을 공과대학을 제외한 그 어떤 대학에도 보내지 않았다.

첫 번째 부인 메리 스틸웰이 죽었을 때 그는 일이 바쁘다며 장례식도 가지 않았다고 하며, 그 후 한동안 적적하게 지내다 두 번째 부인이 된 미나 밀러에게 모스 부호로 프로포즈했다는 이야기가 전해진다.

자료 : zdnet.co.kr

🔧 그림 1.5 에디슨 효과를 발견한 후의 에디슨

가족에 소홀했던 탓인지 자식들의 삶도 좋지 못했다. 첫째 아들 토머스 주니어는 '전기 활력 회복기'라고 이름 붙인 가짜 건강기계를 만들어 팔다 고발당하는 등 아버지 이름을 빌려 사기나 치는 사기꾼이었고, 둘째 윌리엄은 하는 사업마다 망해서 매주 40달러씩 생활비를 대주는 처지가 되었다. 문제는 윌리엄의 부인이 허영심이 많았는지 주 40달러 가지고 어찌 사냐고 시도 때도 없이 편지를 보내 에디슨을 닦달했다는 것이다.

다만, 셋째 아들 찰스 에디슨은 정계로 진출해 훗날 뉴저지 주의 주지사가 되었다. 자신이 아

자료 : barbarapijan.com

자료 : m.blog.naver.com

🔧 그림 1.6 첫 번째 부인 메리 스틸웰과 두 번째 부인 미나 밀러(오른쪽)

버지와 가장 친밀하다고 자부하던 그였지만, 그마저도 아버지 얼굴을 평생 봤던 시간이 채 1주일도 되지 않는다고 털어놓았다.

(6) 공헌

당시의 미국의 과학기술은 유럽에 비해 내세울 게 없었다. 특히 유럽의 물리학은 19세기 말에서 20세기 초까지 막스 플랑크, 닐스 보어, 퀴리 부부, 아인슈

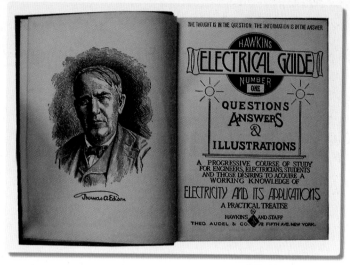

자료 : blog.naver.com

⚙ 그림 1.7 '전기와 응용'에 관한 가이드북

타인, 하이젠베르크 등 천재적인 학자들이 서로 경쟁하며 비약적으로 발전하고 있었으나 미국은 변방이었다. 비록 에디슨은 학자적인 이론을 갖고 있지는 못했지만 실험과 호기심을 통한 발명으로 미국을 응용기술면에서 유럽을 압도할 수 있는 국가로 만들었다.

2 제너럴 일렉트릭

(1) 개요

제너럴 일렉트릭(General Electric)은 에디슨이 1878년 설립한 전기조명회사를 모체로 성장한 세계 최대의 글로벌 인프라 기업이다. 전력, 항공, 헬스케어, 운송 등의 분야에서 사업을 하고 있다. 뉴욕의 주 사무소는 록펠러 센터의 30 록펠러

제너럴 일렉트릭(GE) 개요

• 설립 : 1878년
• 설립자 : 토머스 에디슨, 엘리후 톰슨, 에드윈 휴스턴, 찰스 코핀
• 직원 수 : 30만7000명
• 사업 종류 : 에너지, 항공, 금융, 가전사업, 헬스케어
• 대표 상품 : 항공기 엔진, 에저지 장비, 가전제품, 조명 등
• 매출 : 1460억 달러
• 순이익 : 245억 달러

GE 사업부문별 성적표   단위 : 억 달러 ● 매출 ● 영업이익

219	182	59	247	170	76	441	83
43	30	12	50	22	1	83	3.8
항공	헬스케어	교통	파워·물	오일·가스	에너지관리	캐피털금융	홈·비즈니스(가전)

자료 : GE(2013년 기준)

이멜트 GE 회장

자료 : news.jtbc.joins.com

🔩 그림 1.8 GE의 개요

플라자에 위치하고 있으며 지붕에 있는 돋보이는 GE 로고 때문에 GE 빌딩으로도 알려져 있다. NBC의 본사와 주요 스튜디오도 이 건물에 입주해 있다. 자회사인 RCA를 통해서 그 건물이 1930년대에 건축된 이래 이곳과 인연을 만들어왔다. 중전기기(重電機器)와 가정용 전기기구를 주체로, 원자연료·제트엔진·원자력 발전설비도 제조한다. 세계 각국에 자회사·계열회사가 있다. 1892년 설립되었는데, 전신(前身)은 1878년 설립한 에디슨제너럴일렉트릭회사이다. 생산량의 상당량을 미국 국방부에 납품하고 있다.

(2) GE의 소사(小史)

① 초창기

1878년 발명가 토머스 A. 에디슨(Thomas A. Edison)이 설립한 전기조명회사를 모태로 한다. 1879년에 전기 선풍기와 첨단 의료용 기기를 만들기 시작했다. 1892년 에디슨 종합전기회사와 톰슨 휴스톤 전기회사가 합병하여 제너럴 일렉트릭(GE)이 탄생했다. 제너럴 일렉트릭 사의 사명의 유래는 남북전쟁 시절로 거슬러 올라간다. 토머스 에디슨이 전구 개발에 엄청난 돈을 투자한 나머지 개발에는 성공하였으나 그에 따른 채무도 엄청났다. 그래서 전전긍긍하고 있던 도중에 남북전쟁 당시 남측의 동부사령관이었던 크리스토퍼 장군이 그 소식을 듣고 찾아와 기꺼이 투자를 하였다. 그는 "전쟁 전에 전구가 개발이 되었더라면 우리는 야간기습을 당했을 때 그토록 심한 피해는 입지 않았을 것이다."라는 말을 남겼다고 한다. 하여튼 그의 지원으로 회사의 채무를 청산하고 회사를 설립하게 된 에디슨은 감사의 표시로 장군의 이름을 넣어 'General Christopher's Electric' 이라고 회사명을 지었으나 당시 집권세력이었던 북쪽 출신의 권력층에 의해 허가가 나지 않아 결국 크리스토퍼 장군의 이름만 빼고 'General Electric'으로 명명하였다. 우연히 'general'이란 단어가 '장군'이란 뜻 이외에도 '보편적인' 등의 뜻도 가지고 있어서 현재는 원래 의미는 거의 사라져버리고 단지 '모두를 위한 전기회사'로 기억하고 있다.

② 잭 웰치 : 사업 구조 조정

1980년대 초, 제너럴 일렉트릭 사에서는 당시 새로 부임한 잭 웰치를 제외한 나머지 직원들은 회사가 하향 곡선을 그리고 있다는 사실을 인정하려 들지 않았다. 그러나 대다수 직원들이 부인한다 해도 기업의 정체는 피해갈 수 없는 현실이었다. 우선, 판매실적이 증가하지 않거나 감소했다. 경영진은 경영수익이 타격을 입지 않도록 긴축정책을 실시했다. 그러자 월스트리트 금융계에서도 금방 알아채 주가가 하락하기 시작했고, 이는 곧 직원과 고객들에게 큰 영향을

자료 : blog.naver.com

그림 1.9 GE 전 CEO 잭 웰치

미쳐 회사의 신뢰도마저 떨어지게 되었다.

잭 웰치는 제너럴 일렉트릭의 사업영역을 축소시키면서 주력 또는 전문화 업종에 다시 집중적인 노력을 기울였다. 잭 웰치가 진행한 것 중의 하나는 글로벌에서 1, 2위에 들지 못하면 판다는 원칙이다. 선택과 집중을 통해서 비즈니스의 본류에서 승리를 구가하였다. 제너럴 일렉트릭은 한때 과잉 인력의 문제에 직면하였다. 별생각 없이 회사를 인적으로 늘린 후유증을 앓았다. 경쟁력 없는 사업을 방만하게 운영하다 보니 수익이 나지 않는 회사를 수없이 거느리게 된 것이다. 이러한 과잉 인력 문제는 잭 웰치의 등장으로 수술대에 올랐다. 잭 웰치가 제너럴 일렉트릭의 경영자가 된 순간부터 모든 변화가 시작되었다. 잭 웰치는 "세계적 단위의 경쟁력을 갖추지 않으면 안 되는 상황에서는 시장에서 1, 2위를 다투는 기업체만이 경쟁에서 이길 수 있다. 그런 경쟁력을 갖추고 있지 못한 사업은 개편 또는 재조정을 하거나 폐업 또는 매각해야 한다."라고 역설하고, 이러한 전략으로 기업을 매각하고 합병시켰다. 발전 설비, 설비 유지, 연구직은 강화

자료 : post.naver.com

🔩 그림 1.10 잭 웰치(왼쪽) 전 GE 회장이 2001년 뉴욕에서 당시 CEO로 내정된 제프리 이멜트를 소개하고 있다.

하지만 간접 조직은 줄었다. 이러한 과정을 거쳐서 새로운 비즈니스 업무를 진행하고자 의도했다. 이에 따라, 1980년대 중반부터 1990년 중반까지 무려 수백 개의 사업을 다른 기업에 매도하거나 중단했다. 그리하여 1983년 34만 명이던 제너럴 일렉트릭의 직원은 10년 후인 1993년 22만 명으로 감소했다. 핵심 사업에 재집중한 전략이 주효했던 것으로 평가된다.

재집중화 과정에서 제너럴 일렉트릭은 〈포춘〉 선정 500대 기업 중 10위에서 5위로 다섯 계단이나 상승했다. 하지만 비판도 있다. 그가 회장으로 있는 동안 GE는 수만 명의 직원을 해고했으며, 창업 초기의 핵심사업 중 상당수를 구조조정하고 금융부문만을 키웠다. 인류에 꼭 필요한 것을 개발, 공급하여 사회에 공헌한다는 에디슨의 창업정신을 뒤로 한 채 머니게임에만 급급해 사실상 GE를 금융회사로 전환시켰다.

③ 제프리 이멜트

2000년 10월에 제어시스템 전문 전자 회사인 Honeywell의 합병을 시도하였으나, 항공분야의 독점이 우려되어 2001년 7월 유럽연합(EU)이 반대하여 합병은 성사되지 않았다. 2007년 5월 21일, GE는 GE플라스틱 본부를 화학제품 제조회사인 SABIC에 116억 달러에 매각할 것이라고 발표했다. 이 거래는 2007년 8월 31일 이루어졌는데, 그 회사는 이름을 SABIC Innovative Plastics로 바꾸고 브라이언 글래든(Brian Gladden)이 CEO에 선임되었다.

(3) 조직

이 회사는 주요 비즈니스 단위로 구성되어 있다고 설명된다. 각 단위는 그 자체가 방대한 기업이며 그 단위 중 많은 수는 독립형 회사로서도 〈포춘〉 500에 랭크되어 있다. GE의 비즈니스 목록은 합병, 분할, 재조직 등의 결과, 시간의 흐름에 따라 다양하다. 현재 사업은 기술 및 에너지 인프라, 기업 및 소비자 금융, 미디어 등 글로벌 인프라, 의료서비스, 금융서비스, 정보 및 엔터테인먼트, 환경

기술에 걸쳐 다각화되어 있다. 이 중 조명, 운송, 산업제품, 발전설비, 의료기기 등은 에디슨 초기의 사업 영역이다. 제너럴 일렉트릭의 경쟁대상 업체들은 대부분 복합기업들이다. 항공기 엔진 분야에서는 유나이티드 테크놀로지와 경쟁을 벌인다. 이 복합기업은 프랫 & 위트니와 오티스 엘리베이터, 에어컨을 생산하는 캐리어 등 그 밖의 여러 사업부를 거느리고 있다. 제너럴 일렉트릭은 디젤 기관차 부문에서는 제너럴 모터스와 경쟁을 벌이고 있다. 발전 관련 설비분야에서는 웨스팅하우스와 경쟁을 벌인다. 제너럴 일렉트릭은 메인프레임 컴퓨터 부문의 치열한 경쟁에 밀려 결국 미국 컴퓨터 산업에서 손을 떼었다.

GE의 철학 지표 'GE 빌리프(GE Beliefs)' 5가지 원칙

1. 고객이 우리의 성공을 결정한다.
2. 속도를 내려면 군살을 빼라.
3. 이기려면 배우고 적응하라.
4. 서로 힘을 실어주고 격려하라.
5. 불확실한 세상에서 성과를 올려라.

자료 : our.cubeis.net

그림 1.11 GE 철학 지표

① 연구 개발

1900년 미국 최초로 산업용 연구개발시설을 뉴욕 주 스케넉터디에 설립한 후, 혁신적인 제품을 개발해 왔으며 수천 개의 특허와 두 번의 노벨상을 수상(1932, 1973년)했다. 현재 글로벌 연구개발센터가 미국, 중국, 독일, 인도에 있으며 3천여 명의 연구원들이 근무하고 있다.

② 재무

찰스 다우가 1896년 12개 종목을 편입시켜 작업했는데, 2005년의 경우 출력물로 2만4천 쪽, 전자 파일 형태로 237메가바이트에 달했다.

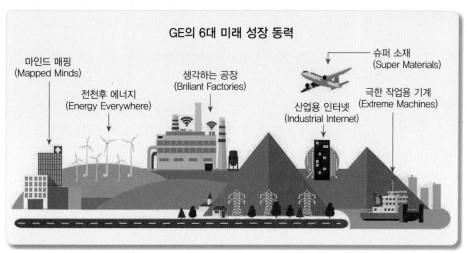

자료 : economyplus.chosun.com

🔧 그림 1.12 GE 연구·개발 계획(2014년)

③ 글로벌 : 한국

한국에서는 1976년 GE코리아(GE인터내셔널인코퍼레이티드)의 공식 출범 후 발전설비, 항공기엔진, 산업설비, 의료기기, 플라스틱, 가전 및 금융 분야에서 사업을 전개했다. 1984년 GE삼성의료기기(현재 GE헬스케어코리아), 1987년 GE플라스틱스(2007년 매각), 1996년 GE캐피탈, 1998년 GE삼성조명(현재 GE라이팅), 2001년 GE센싱, 2002년 GE워터프로세스테크놀로지, 2004년 GE헬스케어바이오사이언스, 현대캐피탈(2004년) 및 현대카드(2005년) 합작 등 첨단 기술과 금융 분야에서 사업을 확대했다.

자료 : ge.com

🔧 그림 1.13 GE코리아

(4) 경영 기법과 전략

워크아웃타운미팅, SWOT분석, 전략계획(strategic planning) 등 경영 기법들을 만들어내는 등 현대 기업경영의 우수 사례를 제시하여 미국 경제잡지인 〈포춘〉과 〈배런스〉 등으로부터 학생들에게도 GE의 기업 이미지와 사업, 문화를 친구들에게 알리도록 권한다. 이러한 운영 체제는 GE의 교내 채용을 활성화시키고 더 많은 전공 학생이 GE에 응시하도록 만든다.

① 리서치 프로젝트

1960년대부터 다양한 사업을 추진한 이 회사의 고위경영자들은 과학 경영의 일환으로, 같은 회사 안에서 추진 중인 사업들이 어째서 수익을 달리하는지 알

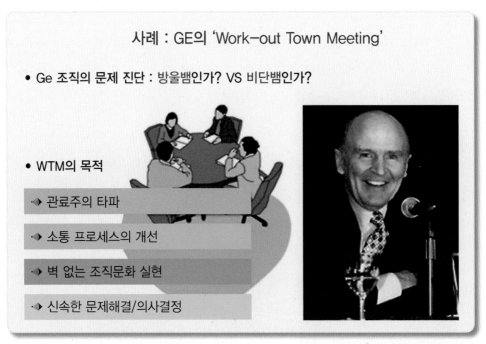

자료 : m.blog.naver.com

🔩 그림 1.14 워크아웃타운미팅

고 싶었다. 그들은 이런 목적의식 아래 리서치 프로젝트인 PIMS(Profit Impact of Market Strategy)에 착수하였는데, 이 프로젝트에서는 이 회사가 추진한 각 사업들의 구조와 전략 그리고 많은 변수에 따른 성과들이 보고되었다.

② 환경 전략

GE는 환경문제를 해결하면서 자체 사업도 성장시키는 친환경성장전략인 에코매지네이션(Ecomagination : 환경과 생태를 의미하는 에콜로지(ecology)와 GE의 슬로건인 '상상을 현실로 만드는 힘(imagination at work)'의 앞글자를 조합해 만든 조어)을 2005년 발표하며 녹색성장을 주도해 오고 있다. 또 다른 세계적 과제인 보건의료문제를 해결하기 위해 '헬씨매지네이션(Healthymagination)'

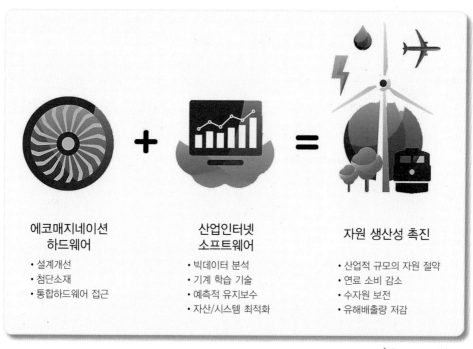

자료 : gereports.kr

⚙ 그림 1.15 에코매지네이션과 산업인터넷의 결합, 디지털 자원 생산성(DRP)

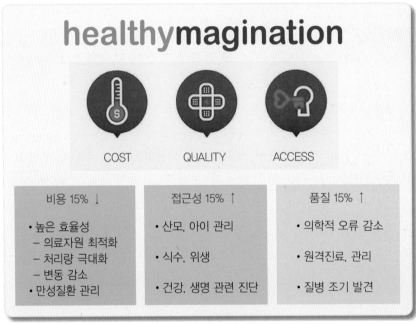

자료 : gekorea.tistory.com

그림 1.16 헬씨매지네이션

을 2009년 출범시켰다. GE는 현재 풍력발전에서 가장 큰 회사 중 하나이고, 새로운 환경친화적인 제품들, 하이브리드 자동차, 담수화 및 수자원 재활용 솔루션, 태양광 발전 등을 개발하고 있다. 또한 온실가스 배출을 줄이기 위한 자회사 설립도 계획되어 있다.

(5) 지배구조

① 이사회

GE 이사회의 주된 역할은 경영진이 주주와 기타 이해관계자의 이익에 부합하게 운영하고 있는지를 감시하는 것이다. 그러기 위해서, GE 이사들은 이사회가 독립적이고 GE가 직면한 핵심 리스크와 정책 이슈에 대한 완전한 정보를 제공받는다는 것을 보장하기 위한 목적으로 기업지배구조 원칙을 채택하였다. GE는 엄격한 의미로서의 독립성을 기준으로 하여, 이사회 구성원의 3분의 2를 충족하였다. 현재 GE의 17인의 이사 중 15인이 독립성을 가진 이사들이다.

GE 이사회는 2009년에 15번 회의를 가졌다. 그리고 각 사외이사들은 그들 자신이 회사에 대하여 직접 체험하기 위하여, 경영진의 개입 없이 GE의 사업장을 최소한 2번 방문하였다. GE는 4개의 전문위원회에서 전부 사외이사가 위원장을 맡고 있다. 연 8회의 이사회 중 3회 이상은 경영진이 배석하지 않은 상태에서 회의를 갖는다. 이사회는 주주들에게 중요한 것들, 즉 정책, 리스크 관리, 리더십 개발, 규정문제에 대하여 초점을 맞추고 있고, 2009년에는 미국과 세계의 세금, 공공 정책, 환경 리스크 관리와 보존, 연금, 보건비용, 재정적 힘과 펀딩, CSA 포트폴리오 관리와 실행, 신용주기에서의 보존과 상실, 지배력, 소송과 최근의 증권위원회 규정, 규제 능력과 법률 준수, 평판 관리 등 다양한 이슈에 대하여 브리핑을 받았다. 그해 말에 이사회와 각 위원회는 자기 평가를 수행하였다.

GE는 2003년 2,100개 글로벌 기업들을 대상으로 한 기업지배구조 평가에서 10점 만점으로 1위를 차지하였다. GE는 CEO의 리더십과 충분한 보수 보장 외에도 독립적인 사외이사의 책임과 권한을 지배구조 설계에서 가장 중요한 요소로 설정하고 있다. 주주의 수가 400만 명을 상회하여 주주들과의 효율적인 의사소통이 대단히 중요한 기업이다. IR이라는 용어가 GE로부터 유래했다는 설도 있다. Investor Relations의 약어로 직역하면 '투자가 관계'이나 '재무홍보', '투자가 지향 홍보활동'으로 흔히 해석되고 있다. GE의 이사의 임기는 1년이고(정관 article II. A.), 16인의 이사들 중 사외이사가 12인이다. 명망가보다는 전문가 위주로 사외이사진이 구성되고, 사외이사 선임에 있어서 현직 임원 및 이사의 친인척이 배제되며, 관계사 중역의 경우 거래 실적이 매출 기준 1% 미만일 경우에만 독립성을 인정한다. 450명 선에 이르는 내부감사 인력들이 매년 1,000회 이상의 각종 감사를 집행하고, 연 200회 이상의 애널리스트 컨퍼런스, IR 미팅을 개최한다.

GE 이사회는 2002년 말 '주재이사'(presiding director)라는 직책을 만들었다. 최초의 주재이사는 근속연수가 가장 긴 사외이사이면서 보수위원회 위원장이었던 앤드루 시글러(Andrew Sigler)가 맡았다. 고참 이사이자 중요한 위원회의 리더를 맡고 있는 인물에게 이 자리를 맡긴 의도는 다른 이사들과 경영진 사이에 주재이사의 영향력을 강화하기 위한 것으로 보인다. GE에서 주재이사의 임무는 앞서 말한, 최소한 일 년에 세 번 경영진이 배석하지 않은 채 사외이사들끼리 회의를 열고 이를 주재하는 것이다.

■ **정관**

GE의 이사회를 규율하는 정관은 상당부분 법률 용어로 되어 있다.

■ **이사회 내 위원회**

당사 이사회 내 위원회는 당사 모든 사업영역의 실적 및 정책을 검토, 감사 및 감독한다.

■ **이사의 독립성**

뉴욕 상장 규정에 따라 이사의 3분의 2 이상이 독립성을 가지고 있다. 이것은 이사회를 더 자주적이고 효과적으로 한다.

■ **이사회에의 의견 제시**

모든 발언, 관심, 불만 사항은 전화, 이메일, 우편을 통해 이사회에 전달이 가능하고 이것은 감사위원회나 GE 옴부즈맨 담당 사무국이 맡게 될 것이다.

② 회장 선임

이사회는 '경영개발 및 보상위원회'의 추천에 의하여 CEO와 주요 집행임원의 승계계획을 승인하고 유지한다. 매해 12월 정기 이사회에서 지금 당장 현 CEO가 불의의 사고를 당해 물러난다면 당장 누가 그 역할을 맡을 것인가를 정하는 작업을 하며, 경영 공백의 최소화를 위해 상시 CEO 승계 계획을 실천하고 있다.

■ 잭 웰치

1974년, 존스(Jones)는 승계계획 로드맵을 위해 계획을 시작하였다. 존스는 GE 그룹의 복잡성으로 인해 승계에 대한 계획을 준비할 것을 결심하였다. 다른 그룹의 CEO 승계에 대한 모방이 아닌 GE에 적합한 모델을 발굴하기 위해 노력하였다. 모델 설계 후, CEO 후보 리스트를 선발하였는데, 최초 CEO 후보 리스트는 19명이었다. 1977년 존스는 19명의 후보들을 시험해 볼 수 있는 직위를 개발하고, 후보자들을 그 직위로 발령을 내렸다. 존스에게 직접 보고를 해야 하는 새로운 직위 '섹터 엑서큐티브즈'(sector executives)를 개발하고, 19명에서 7명으로 1차 스크리닝을 실시하였다. 1978년, 존스는 승계를 위한 경쟁을 시작시켰다. 존스는 각 후보자들과 함께 인포멀 앤 컨피덴셜 인터뷰(informal & confidential interview)를 진행하였다. 인터뷰의 목적은 후보자들의 특성에 대한 파악, CEO가 되고자 하는 열망, 신념 등에 대해 파악하기 위한 것이었다. 인터뷰 이후 존스는 잭 웰치가 차기 CEO 후보라는 것을 결정하였다. 1979년, 존스는 차기 CEO가 웰치라는 것을 이사회에 설득시키기 위해, 웰치를 포함한 3명의 부회장을 임명하였다. 이를 통해 이사들은 3명의 후보자들을 잘 알게 되었다. 이사회와의 많은 의사소통을 통해 최종 선택된 자들에 대한 정당성을 확보하게 되었고, 존스는 최종적인 그의 선택이 웰치라는 것을 서서히 이사회에 알리기 시작한 것이다. 1980년 존스는 향후 CEO 후보가 웰치라는 것에 대해서 이사회와의 컨센서스(consensus)를 확보한 뒤 이를 공식화시켰다. GE의

자료 : economychosun.com

🔧 그림 1.17 레지날드 존스 7대 GE 회장

7대 CEO인 존스는 재임 기간 중 뛰어난 경영성과를 기록하지는 못했으나, 1981년 잭 웰치를 차기 CEO로 임명한 것이 업적으로 평가되었다.

■ 제프리 이멜트

현재 이 회사의 CEO 겸 이사회 의장은 제프리 이멜트(Jeffrey Immelt)이다. 2017년 연말까지 CEO 자리를 지킬 예정이다. 제너럴 일렉트릭은 'CEO 공장'이라 불릴 만큼 잘 짜여진 장기간의 스파르타식 리더 교육 프로그램으로도 유명하다. 웰치의 후계자 이멜트가 선정된 과정은 극도의 비밀에 붙여진 채 공식적으로는 자그마치 6년 5개월이 소요되었다. 그러나 비공식적으로는 1991년, 웰치는 "앞으로 내가 결정해야 할 가장 중요한 사항은 후계자를 고르는 것이다. 나는 거의 매일 누구를 후계자로 선정할 것인가를 고민하면서 많은 시간을 보내고 있다."며 CEO 승계 구상을 밝히기도 하였다. 승계 과정은 웰치가 59세였던 1994년 6월에 공식적으로 시작되었다. 이사회의 '경영개발 및 보상위원회'(Management Development and Compensation Committee ; MDCC)에서는 후보자 24명을 세 개의 그룹으로 나눠 논의하였다. 가장 큰 사업체를 운영하는 7명을 '명백한 승계

자료 : hankookilbo.com

그림 1.18 제프리 이멜트

자 그룹'으로, 그 바로 아래 단계의 이사 4명을 '선수' 그룹으로, 잭 웰치가 탄복한 13명을 '더 넓은 합의 분야' 그룹으로 나누었다. 그는 이후 점 찍어둔 몇몇 후보를 주시하며 주도면밀한 인선에 들어갔다. 그리고 이 중에서 세 명의 최종 후보자가 선발되었다. 이들 세 명의 최종 후보자는 각각 GE의 3대 핵심부문(항공엔진, 메디컬시스템, 전력시스템)의 CEO를 맡았다. 웰치는 1997년 메디컬시스템(현, GE Healthcare)의 CEO에 제프리 이멜트를, 항공엔진 CEO에 제임스 멕너니를, 전력시스템에 로버트 나델리를 각각 임명, 경쟁을 유도했다. 이후 그들은 그룹 전체회의에 참석하면서 웰치와 무릎을 맞대고 그룹의 일을 처리해 갔다. 물론 이 기간은 웰치의 시험 기간이었다. 이 중 매출 면에서 가장 출중한 성적을 올린 CEO가 제프리 이멜트였다. 이멜트는 메디컬시스템의 CEO에 취임한 이후 취임 전보다 두 배나 많은 74억 달러의 매출액을 기록했다. 이멜트도 제너럴 일렉트릭의 최고경영자 중 유력한 후보자였을 뿐, 회장이 되리라고 누구도 장담할 수 없었다. 피 말리는 시간을 거치는 동안 그는 단련되었고, 그렇게 단련된 또 다른 누군가와의 경쟁을 통해 선발되기까지 힘든 하루가 계속되었다.

마침내, 잭 웰치의 은퇴에 따라, 그는 2000년에 이 회사 이사회에 의하여 CEO에 선임되었다. 그는 위기 상황에서 의장과 CEO가 되었다(2001년 9월 7일). 취임 4일 후에, 9·11 테러로 이 회사의 직원 2명이 사망하였고, 이 회사의 항공기 엔진 산업 부분에는 직접적인 영향을 주었다. 또 2009년에는 세계적 신용위기 속에 계열 금융사들의 손실 등으로 그룹의 시장가치는 그가 CEO가 된 이후 65%, 2천600억 달러나 사라지기도 했다. 골드스미스는 "웰치가 잘한 게 맞지만 행운아라고도 할 수 있다."라고 전제하면서 "일을 잘한 후임 CEO가 때로 보면 그리 운이 좋지 못하다. 예컨대 이멜트가 물론 좋지 못한 리더로 기억되지는 않겠지만 그렇다고 우상시되지는 못할 것이다."라고 말했다. 이멜트는 오바마 정부 들어서 경제 재건에 대한 재정 자문으로도 선임되었다.

■ GE는 어떻게 차기 CEO를 선출하는가

제프리 이멜트 회장은 지난 16년간 GE의 회장이자 최고경영자였다. GE는 125년 역사 동안 10명의 최고경영자를 가졌다. 이들 평균 재임 기간은 12.5년이다.

2001년부터 2015년까지 S&P 500대 기업의 최고경영자 평균 재임 기간은 8.8년이다. 차기 최고경영자 선임은 GE 미래에 영향을 미치는 중대한 결정이다. 수백만 명의 투자자와 수십만 명의 직원들이 새로운 리더를 기대하고 있다.

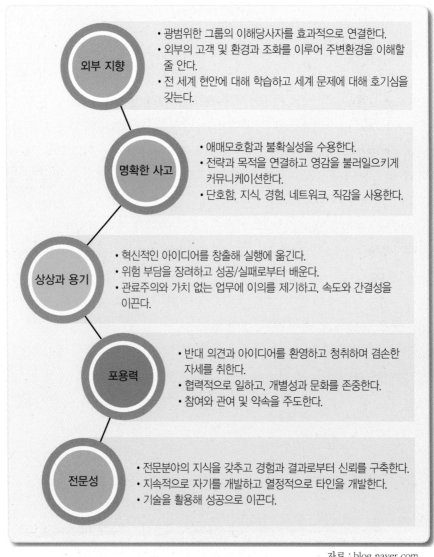

외부 지향
• 광범위한 그룹의 이해당사자를 효과적으로 연결한다.
• 외부의 고객 및 환경과 조화를 이루어 주변환경을 이해할 줄 안다.
• 전 세계 현안에 대해 학습하고 세계 문제에 대해 호기심을 갖는다.

명확한 사고
• 애매모호함과 불확실성을 수용한다.
• 전략과 목적을 연결하고 영감을 불러일으키게 커뮤니케이션한다.
• 단호함, 지식, 경험, 네트워크, 직감을 사용한다.

상상과 용기
• 혁신적인 아이디어를 창출해 실행에 옮긴다.
• 위험 부담을 장려하고 성공/실패로부터 배운다.
• 관료주의와 가치 없는 업무에 이의를 제기하고, 속도와 간결성을 이끈다.

포용력
• 반대 의견과 아이디어를 환영하고 청취하며 겸손한 자세를 취한다.
• 협력적으로 일하고, 개별성과 문화를 존중한다.
• 참여와 관여 및 약속을 주도한다.

전문성
• 전문분야의 지식을 갖추고 경험과 결과로부터 신뢰를 구축한다.
• 지속적으로 자기를 개발하고 열정적으로 타인을 개발한다.
• 기술을 활용해 성공으로 이끈다.

자료 : blog.naver.com

그림 1.19 GE의 인사평가의 핵심기준인 GE Growth Values(성장가치)

오늘날 기업 환경은 더 나은 리더십을 요구한다. 현 시대에 가장 적합한 리더는 복잡한 상황에서 조직을 운영하고 혼돈을 기회로 바꿀 수 있는 인재다. 이를 위해 용기, 투지, 유연함이 필요하다. GE는 이러한 관점에서 후임 CEO 선정 프로세스를 구축했고 이사회가 이에 따라 결정했다. GE의 최고경영자 승계 과정은 신중이라는 한 단어로 표현하기에도 부족하다. 6년 이상의 끈질기고 고도로 집중된 노력의 결과다. 구체적으로 어떤 과정이었을까?

첫째, 잠재 후보자들에게 여러 가지 리더십 역할을 부여했을 때, 그 결과를 보는 데 수년이 걸린다는 것을 알고 있었다. 의도적으로 주요 리더들을 더욱 복잡한 환경에 노출시켜, 새롭고 도전적인 경험을 하도록 했다.

2012년까지 직무기술서를 작성하고 이를 계속 발전시켰다. 환경, 기업 전략 및 문화를 바탕으로, 차기 최고경영자에게 요구되는 자질, 기술과 경험을 반영

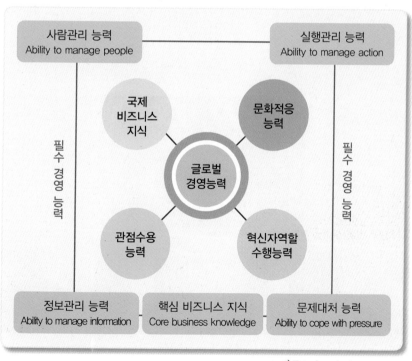

자료 : educasia.tistory.com

⚙ 그림 1.20 글로벌 비즈니스 리더의 능력

하는 데 주력했다. 현재와 미래에 필요한 리더의 자질을 최대한 이해하기 위해 100명 이상의 외부 리더들의 사례와 관련 자료를 조사하고 연구했다. 이렇게 내부 및 외부 연구자료를 정리해, GE의 차기 CEO에 요구되는 '리더십 역량'이 무엇인지 규정했다. 후보자의 현재 모습보다, 빠른 학습능력, 풍부한 경험, 그리고 상황에 대한 유연한 대처능력이 성공적인 최고경영자를 예측하는 데 더 유의미하다는 점을 GE의 최고경영자 승계 프로세스에 반영했다.

2012년 GE 이사회는 GE의 핵심 리더십 기준을 토대로 사내 후보자를 관찰하고, 내부 및 외부 후보자를 평가하였다. 이러한 과정을 위해 수년 전의 자료까지도 참고하는데, 후보자들의 글로벌 사업 및 부서를 이끈 경험과 성과, 사업 실적, 임원 평가, 리더십 역량, 동료 평가 피드백 등을 포함한다. 심사숙고한 결과, GE 이사회는 외부 후보자보다 내부 후보자가 승계에 적절하다고 결정했다. 이후, 내부 최고경영자 후보자는 계속해서 더 크고 복잡한 역할을 부여받아, 리더로서 스스로를 시험하고 최고경영자와 같은 회사의 최고 리더십 역할을 맡기 위한 리더십 개발을 해왔다.

자료 : news.chosun.com

⚙ **그림 1.21** GE의 제프리 이멜트(왼쪽에서 둘째) 회장 겸 CEO가 후계자로 존 플래너리(셋째) GE 헬스케어 대표를 선임하는 장면

2013년 후임 CEO 승계 시기를 신중하게 검토했다. GE의 사업 계획 프로세스, 포트폴리오 변화, 신임 최고경영자의 취임과 현 최고경영자 및 회장의 퇴임에 따른 적절한 인수인계 기간 등을 고려했다. 4년 전 GE 이사회와 제프리 이멜트 회장은 2017년 여름을 목표로 최고경영자를 교체하기로 결정했다.

　　최종 단계는 면접이다. 2017년 5월 GE 이사회는 최고경영자의 역할과 GE에 대한 비전을 후보자들에게 직접 들었다. 이사회는 후보자들에게 매우 어려운 질문을 던지며 시험했고, 그들의 생각을 경청했다. 아래와 같은 질문들이 포함되어 있다.

- 현 리더십 팀이 당신의 리더십 중 가장 높게 평가하는 부분은 무엇이라고 보는가?
- 현 환경 속에서 성공하기 위해, GE를 어떻게 포지셔닝시킬 것인가?
- 자본 배분, 사업 포트폴리오 관리 등을 포함해 어떠한 전략적 변화를 추구할 것인가?
- GE 문화 중 계속 유지시킬 만큼 유익하다라고 생각하는 문화는 무엇인가? 어떤 부분을 변화시킬 계획인가?
- 지금까지 당신이 받은 피드백 중 가장 어렵고 힘들었던 피드백은 무엇인가?
- 당신의 어떠한 직업적 혹은 개인적인 경험이 글로벌 관점을 형성하는 데 도움이 되었나?
- 당신은 어떻게 배우는가?

■ 존 플래너리

　　GE 이사회는 GE의 차기 최고경영자로 평생 학습자이자 글로벌 경험을 지닌 강력한 리더인 존 플래너리를 선택했다. 그는 조직을 이끌고, 권한을 부여하며, 영감을 주는 역량을 소유한 리더다. GE에서 30년 이상 근무하면서 플래너리 신임 최고경영자는 크게 생각하고 깊게 파고들며 적응력 있고 탄력적인 리더임을 보여주었다. 그의 대표적인 특징 중 하나는 직원들과 관계를 형성하고, 팀을 이끌어 나가는 방법이다.

자료 : gereports.kr

⚙️ 그림 1.22 GE의 신임 이사회 의장 및 최고경영자 존 플래너리(John Flannery)

2017년 6월 29일 발표는 GE에게 있어 변화를 의미하지만, 이는 GE 이사회와 제프리 이멜트 회장이 지난 6년이 넘는 시간 동안 실행해 온 신중하고 면밀한 계획에 따른 변화이다.

결국, 이러한 결정들은 사람에 대한 것이며, GE 주주들에게 성과를 보여주기 위한 노력이다. 제프리 이멜트 회장은 그동안의 승계 프로세스와 회사를 위한 훌륭한 최고경영자이자 리더였다.

투자자, 고객, 직원, 그리고 세상에 도움이 되는 차세대 GE 리더를 개발하고, 앞으로 원활한 승계 작업과 비즈니스 엑설런스를 위한 의미 있는 프로젝트에 참여하게 되어 HR 최고책임자로서 영광이었다.

GE의 6년에 걸친 CEO 승계 계획 프로세스는 아래 인포그래픽으로도 볼 수 있다.

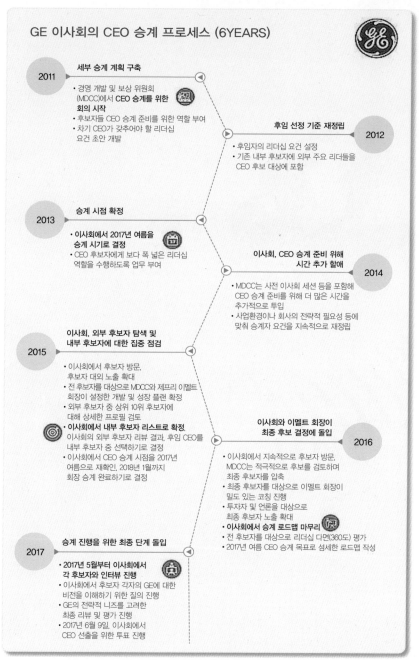

GE 이사회의 CEO 승계 프로세스 (6YEARS)

2011 세부 승계 계획 구축
- 경영 개발 및 보상 위원회 (MDCC)에서 CEO 승계를 위한 회의 시작
- 후보자들 CEO 승계 준비를 위한 역할 부여
- 차기 CEO가 갖추어야 할 리더십 요건 초안 개발

2012 후임 선정 기준 재정립
- 후임자의 리더십 요건 설정
- 기존 내부 후보자에 외부 주요 리더들을 CEO 후보 대상에 포함

2013 승계 시점 확정
- 이사회에서 2017년 여름을 승계 시기로 결정
- CEO 후보자에게 보다 폭 넓은 리더십 역할을 수행하도록 업무 부여

2014 이사회, CEO 승계 준비 위해 시간 추가 할애
- MDCC는 사전 이사회 세션 등을 포함해 CEO 승계 준비를 위해 더 많은 시간을 추가적으로 투입
- 사업환경이나 회사의 전략적 필요성 등에 맞춰 승계자 요건을 지속적으로 재정립

2015 이사회, 외부 후보자 탐색 및 내부 후보자에 대한 집중 점검
- 이사회에서 후보자 방문, 후보자 대외 노출 확대
- 전 후보자를 대상으로 MDCC와 제프리 이멜트 회장이 설정한 개발 및 성장 플랜 확정
- 외부 후보자 중 상위 10위 후보자에 대해 상세한 프로필 검토
- 이사회에서 내부 후보자 리스트로 확정, 이사회의 외부 후보자 리뷰 결과, 후임 CEO를 내부 후보자 중 선택하기로 결정
- 이사회에서 CEO 승계 시점을 2017년 여름으로 재확인, 2018년 1월까지 회장 승계 완료하기로 결정

2016 이사회와 이멜트 회장이 최종 후보 결정에 돌입
- 이사회에서 지속적으로 후보자 방문, MDCC는 적극적으로 후보를 검토하며 최종 후보자를 압축
- 최종 후보자를 대상으로 이멜트 회장이 밀도 있는 코칭 진행
- 투자자 및 언론을 대상으로 최종 후보자 노출 확대
- 이사회에서 승계 로드맵 마무리
- 전 후보자를 대상으로 리더십 다면(360도) 평가
- 2017년 여름 CEO 승계 목표로 섬세한 로드맵 작성

2017 승계 진행을 위한 최종 단계 돌입
- 2017년 5월부터 이사회에서 각 후보자와 인터뷰 진행
- 이사회에서 후보자 각자의 GE에 대한 비전을 이해하기 위한 질의 진행
- GE의 전략적 니즈를 고려한 최종 리뷰 및 평가 진행
- 2017년 6월 9일, 이사회에서 CEO 선출을 위한 투표 진행

자료 : gereports.kr

⚙ 그림 1.23 GE 이사회의 CEO 승계 프로세스

제 4 차 산업혁명의 총아 제 너 럴 일 렉 트 릭

GE의 발자취

 ## 살아 있는 전설

1878년 에디슨의 전기조명회사로 시작된 GE는 2017년 현재 무려 139년의 역사를 가지고 있다. 이런 오랜 역사도 대단하지만 무엇보다 미국 다우존스 산업지수가 1896년 출범할 당시에 포함된 12개 기업 중에서 지금까지 생존하고 있는 유일한 기업이라는 점이다.

그렇다면 GE를 오랫동안 건실한 기업으로 유지할 수 있게 만든 원동력은 무엇일까? GE 설립에서부터 139년까지 한 세기 이상 GE를 이끌어준 '기술혁신의 역사'를 통해 그 이유에 대해 알아보자.

GE 상상팩토리에서는 이미 '영감에서 산업으로 GE의 133년'(http://geblog.kr/3)을 통해 GE에서 개발한 세계 최초의 기술들에 대해서 소개한 바가 있다.[1] GE의 139년 역사 중에서 100년은 글로벌 기업으로 도약하기 위한 GE의 틀을 구축했다면, 이후 기간은 글로벌 기업으로서 GE가 미래로 도약하기 위한 새로운 GE의

자료 : blog.naver.com

🔩 그림 2.1 100년 일등 기업 GE의 혁신[2]

---

1) GE코리아, 2011년 10월 10일 '상상팩토리'에서 GE의 133년 기술혁신의 역사를 소개했다.

성장기반을 마련하고 있는 시기로 구분할 수 있다.

그럼 1878년 설립 이후 100년 동안 GE는 과연 무엇을 발명했고, 또한 무엇을 해냈는지, 그리고 그것은 인류 역사에 어떤 의미인지 소개하기로 한다.[3]

자료 : gekorea.tistory.com

⚙ 그림 2.2 GE의 역사적인 기술혁신의 기록이 담긴 책자

 ## 2 1878-1904 : GE의 탄생

1878년, 에디슨 전기조명회사로 GE의 139년은 시작되었다. 회사가 설립되고 바로 다음 해인 1879년에 에디슨에 의해서 최초의 실용 백열전구가 개발되었다. 하지만 이 시기에 GE가 최초로 개발한 제품이 백열전구만은 아니었다.

GE의 산업적 뿌리는 100년 전으로 거슬러 올라간다.

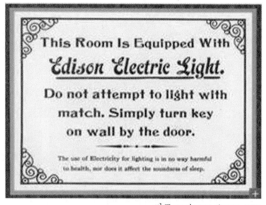

자료 : gekorea.tistory.com

⚙ 그림 2.3 에디슨 전기조명회사(1878)

---

2) 2016년 7월 7일(목) KBS에서 방영한 〈100년 1등 기업 GE의 혁신〉은 1부작으로 KBS 스페셜 30회다.

3) GE코리아, 21세기를 준비한 GE 기술혁신의 역사, 100년을 이야기하다, 2011.12.9.

자료 : gereports.kr

⚙️ 그림 2.4 GE 100년의 발자취

기계 에너지를 전기 에너지로 변화시킨 최초의 발전기(1878)를 개발하였으며,
이를 통해 뉴욕시 최초의 중앙발전소(1882) 건설에도 참여했다. 여기에 세계 최

자료 : gekorea.tistory.com

⚙️ 그림 2.5 최초의 발전기(1878) / 뉴욕시 최초의 중앙발전소(1882)

대의 기관차(1895)까지 에디슨의 영감에서 시작된 작은 발명에 인류의 변화가 시작되게 된다.

그리고 1892년에 비로소 에디슨 종합전기회사와 톰슨 휴스톤 전기회사(발전기와 전등 제조업체)의 합병으로, 제너럴 일렉트릭(General Electric Company)이라는 이름의 현재의 GE가 탄생하게 되었다.

자료 : gekorea.tistory.com

⚙ 그림 2.6 GE 초기 로고(1892)

 ## 1905-1912 : 역사적 발전

1906년은 세계 방송 역사에 매우 의미 깊은 한 해였다. 바로 GE의 기술을 통해 라디오 방송이 시작되었기 때문이다. 라디오 방송을 통해 정보 공유는 더 이상

자료 : slidesplayer.org

⚙ 그림 2.7 1906년 라디오 방송 시작

'입 소문'이 아닌 '방송'이라는 매체를 통해 가능해지게 되었다.

1906년 신호를 증폭하고 전송하는 진공관이 발명되었고, 1920년 11월 2일 미국 대통령 선거 개표일에 맞춰 최초의 라디오 방송이 이루어졌다.

자료 : gekorea.tistory.com

⚙ 그림 2.8 최초의 전기레인지, 핫포인트(1910)와 최초의 토스터(1905)

자료 : gekorea.tistory.com

⚙ 그림 2.9 진공관(1912)과 합성수지(1912) 연구

한편 GE 최초의 발명은 여기에서 멈추지 않고 최초의 토스터(1905)와 핫포인트(최초의 전기레인지) 등 수많은 현대적 전자제품으로 이어지는 제품들이 개발되었다.

동시에 진공관(1912)에 대한 연구로 전자공학의 시초를 마련하였고 합성수지(1912)에 대한 연구로 새로운 형태의 플라스틱을 탄생시키기도 했다. GE의 기술로 이전까지는 상상으로만 가능했던 것들이 점점 현실화되기 시작하였다.

 ## 4 1913-1924 : 새로운 한계에 도전

1921년에는 비행기로 40,800피트 고도로 날아가는 신기록을 세우며 세계는 떠들썩했다. 하지만 이런 신기록의 숨은 원동력은 바로 GE의 대용량 충전기(1921)였다. 이렇게 GE는 새로운 한계에 도전하며, 세계사에 발명 신기록을 지속해 갔던 것이다.

파마나 운하의 세계 최대 전기설비를 구축하여 선적 시간을 크게 단축시킴과 동시에 세계 최초로 냉장고(1917) 개발에 성공하였다. 또한 X선 관(1913)을 개발하여 질병 치료에 X선 사용이 가능하도록 하였다. X선 발명은 향후 GE의 핵심 사업이 되는 '헬스케어'의 시초가 되기도 한다.

자료 : gereports.kr

🔧 그림 2.10 GE 항공기엔진 부스터 '터보슈퍼차저'

자료 : gekorea.tistory.com

⚙ 그림 2.11 냉장고(1917)와 X선 관(1913)

⑤ 1925-1934 : 새로운 방침으로 시장 확대

GE에 의해서 개발된 텔레비전(1927)과 전기세탁기(1930)를 통해 일상생활에 편리한 가전제품을 사용하게 되어 일반인들의 생활은 점점 윤택해지게 된다. 하지만 GE의 활동은 여기에서만 그치지 않았다.

그 유명한 엠파이어 스테이트 빌딩 건설(1930)에도 GE가 참여하여 안전 개폐, 패널 보드, 배전반 등 건설에 GE의 기술을 활용하였다. 또한

자료 : gekorea.tistory.com

⚙ 그림 2.12 텔레비전(1927)과 전기세탁기(1930)

미국 대공황 시기에 고객들이 가전제품 사용 비용을 장기간에 걸쳐 지불할 수 있게 GE 크레디트(1932)라는 금융서비스를 도입하기도 하였다. 지금의 자동차에 주로 사용되는 리스(LEASE)의 개념이 이때부터 사용되게 되었다.

자료 : gekorea.tistory.com

🔩 그림 2.13 엠파이어 스테이트 빌딩 건설(1930)과 GE 크레디트 금융서비스(1932)

그리고 드디어 1932년 다양한 분야에 대한 기술개발의 결과에 힘입어 GE의 과학자인 어빙 랑뮈르가 계면화학 분야 연구를 개척한 공로를 인정받아 노벨상을 수상하게 된다. 요즘에는 대부분 순수학문을 하는 교수들이 수상하는 경우가 많은데 기업의 직원이 노벨상을 수상하다니 GE의 역

자료 : m.blog.naver.com

🔩 그림 2.14 GE의 최초의 노벨상 수상자 어빙 랑뮈르(1932)

사에 있어 엄청난 사건이 아닐 수가 없다. 이후에도 1973년 GE연구소의 이바 기에버 박사가 '초전도 터널링'을 발견한 공로로 노벨 물리학상을 수상하기도 하였다.

자료 : m.blog.naver.com

🔩 그림 2.15 왼쪽부터 싱클레어 루이스, 프랭크 겔로그, 아인슈타인, 그리고 어빙
랑뮈르. 1933년 알프레드 노벨 탄생 100주년 기념식 축하를 위해 모였다.

6 1935-1945 : 최초의 시대

자료 : blog.naver.com

🔩 그림 2.16 보이지 않는 유리(1939)와 안내 레이더(1945)

GE의 혁신에 힘입어 세상을 보는 사람들의 시각이 달라지게 된다. '최초의 백열전구'로 시작된 'GE의 혁신적인 기술 개발 정신'은 계속된다.

'보이지 않는 유리'(1939)를 발명해, 모든 카메라 렌즈와 광학장치에 현재 사용되는 코팅의 원형이 되었으며, 최초의 텔레비전 네트워크 (1940)와 안내 레이더(1945)를 통해 통신 기술 개발의 기초를 다지게 된다.

　항공분야에서도 마찬가지였다. 미국 최초 제트엔진(1941)과 최초로 항공기 자동조종 장치(1943)를 개발하였고, 실제로 마틴 스콜세지 감독이 만든 영화 '에비에이터'의 실제 주인공이기도 한 세계의 하늘을 장악한 최초의 억만장자라고 불렸던 하워드 휴즈가 GE 엔진이 탑재된 비행기로 대륙횡단 기록을 세우기도 했다.

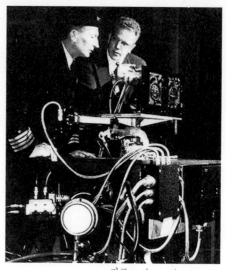

자료 : gekorea.tistory.com

⚙ 그림 2.17 항공기 자동조정장치(1943)

 7 1946-1956 : 과학의 진보

　GE의 경이로운 과학적 발명의 전통은 이 시기에도 계속되어 인공강우기, J47, 최초의 냉동실 냉장실 분리 냉장고 등 위대한 발견과 함께 번영의 시대가 이어졌다.

　매력적이고 실용적인 투명 플라스틱인 렉산 (1935)과 인공강우기(1946)를 개발했다. 특히 인공강우기 개발로 인해 기후로 인한 농작물 피해를 최소화했으며, 대기 과학에 대한 연구를 시작하는 계기를 만들었다.

　기존에 개발한 기술의 진보도 계속되어 역사상 세계에서 가장 많이 생산된 제트엔진인 5천 파운

자료 : gekorea.tistory.com

⚙ 그림 2.18 인공강우기(1946)

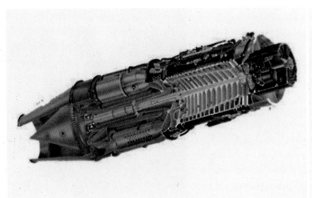

자료 : gekorea.tistory.com

⚙ 그림 2.19 J47(1946)과 최초의 냉동실 냉장실 분리 냉장고(1947)

드 추력의 J47(1946) 개발이 시작되었고, 1947년에는 최초의 냉동실 냉장실 분리 냉장고가 생산되기도 하였다. 이 J47 엔진은 6.25 전쟁 후 우리나라에 최초로 투입된 제트 전투기에도 사용되었다고 한다.

 8 1957-1970 : 과학과 연구에 전념

1969년에는 우리도 익숙히 알고 있는 유명한 우주비행사 닐 암스트롱이 GE 실리콘 고무로 만들어진 부츠를 신고, 인류 최초로 달 착륙에 성공함으로써 역사의 한 획을 긋는 엄청난 결과를 만들어내게 된다, 이러한 성공을 계기로 GE 역시 큰 변화를 맞이하게 된다. 과거에 비해 한층 더 과학적 연구에 전념해 지금의 삶, 아니 더

자료 : gekorea.tistory.com

⚙ 그림 2.20 닐 암스트롱이 달에 남긴 최초의 인간 발자국 사진

나아가 미래를 바꾸기 위한 노력을 시작하게 된다.

GE의 과학자 밥 홀이 반도체 레이저를 발명하여(1962) 현대 산업에 큰 변화를 가져왔고, 현대의 의료진단기술과 MRI(자기공명영상)에 매우 중요한 영향을 끼친 자석의 대발전(1962)도 이 시기에 이루어지게 된다.

자료 : gekorea.tistory.com

🔧 그림 2.21 레이저 광선(1962)과 자석의 대발전(1962)

9 1971-1985 : 끊임없는 발명의 전통, GE 설립 100주년

GE는 점점 복잡하고 다양해져 가는 세계의 변화를 주도하기 위해 기술개발에 있어 지속적인 혁신을 계속한다. 천연자원 문제에 대비하기 위해 다양한 산업에

자료 : blog.naver.com

🔧 그림 2.22 컴퓨터 단층촬영(CT, 1976)과 자기공명 영상기술(MRI, 1983)

자료 : gekorea.tistory.com

그림 2.23 GE의 설립 100년을 기념하는 제작물

적용 가능한 제노이 합성수지와 광케이블 등 신소재를 개발했다.

인체에 대한 더욱 빠르고 정확한 영상을 얻기 위해 컴퓨터 단층 촬영(CT, 1976)과 시그마 자기공명 영상기(MRI, 1983)를 이용한 인체 스캐너 장비를 개발했다. 이 두 제품의 발명은 향후 의료 기술에 없어서는 안 될 혁신적인 사건이었다.

그리고 1978년 드디어 GE는 설립 100주년을 맞이하게 된다. 우리말에 10년이 지나면 강산도 변한다고 하는데, 100년의 세월 동안 GE는 기술혁신을 통해 당시에는 상상할 수 없는 많은 결과물을 창출했다.

1978년에 한 해에만 865건의 미국 특허를 획득한 GE는 역사상 최초로 5,000건의 미국 특허를 취득한 기업이 되었다. 에디슨의 전기회사로 시작된 GE는 기술혁신을 통해 더 나은 삶과 이를 통한 더욱 나은 미래를 위해 계속 달려왔다.

영감에서 산업으로 GE의 133년
GE 설립에서 100년까지

자료 : gekorea.tistory.com

그림 2.24 GE 설립 100주년

10 숨가쁘게 달려온 GE의 100년, 다음 100년은?

GE의 100년은 작게는 토스트 기기부터 크게는 MRI 장비까지 전 세계 인류의 삶의 질을 향상시키기 위한 혁신의 연속이었다. 그리고 100년 이후부터 현재까지 약 39년에 걸쳐서 더 큰 변화가 기다리고 있다.

1980년대에는 F404 엔진이 F/A-18 호넷에 장착되었다. 오늘날 F404 엔진은 미 공군의 F-117 스텔스기와 미 해군, 해병대의 F/A-18 호넷을 비롯한 전 세계 3,700 대 이상의 전투기에 장착되어 가장 쉽게 만날 수 있는 군용 엔진이 되었다. 대한민국 공군의 T-50 고등훈련기에도 신기술이 접목된 F404 엔진의 개량형이 장착되어 있으며 F404의 파생 모델 역시 스웨덴의 JAS 39 그리펜(Gripen)과 싱가포르의 A-4S 슈퍼 스카이

자료 : namu.mirror.wiki

🔧 그림 2.25 F404 엔진

호크(Super Skyhawk)에 장착되었다.

GE의 군용 엔진 프로그램은 1990년대 중동에서 두 번의 무력 충돌 당시 절정에 달했다. 1991년 미군과 연합군이 펼친 '사막의 폭풍' 작전에 참가한 항공기의 절반 이상이 GE의 엔진을 사용했다. 또한 전투기, 급유기, 헬리콥터, 수송기, 공중조기경보기(F-14, F-16, F-5, F-4, C-5, KC-135R, F117A, F-18, A-10s, S-3, UH-60 블랙호크, AH-47 아파치, 두 대의 헬기에는 GE T700 엔진이 사용되었다) 등 5,000대 이상 GE가 생산한 엔진이 사막의 폭풍 작전에서 사용되었다. 항공기 가동률이 폭증하고, 모래와 사막의 극심한 기후 변동에도 불구하고 GE의 엔지니어들은 항상 모든 항공기를 99% 이상 출격 가능한 상태로 유지했다.

2003년과 2004년 이라크 전쟁에 참전한 항공기의 80% 이상에 GE는 엔진을

공급했다. GE의 엔진은 450회가 넘는 출격과 공중 근접 지원용 항공기, 15대의 폭격기, 230대 이상의 급유기와 수송기, 550대 이상의 헬기의 운용을 성공적으로 지원했다. 엔진의 신뢰성, 기술적 우수성, 수준 높은 서비스는 작전의 성공을 좌우하는 중요한 요소였다.

21세기에도 GE는 밀리터리 항공 엔진에서 선두를 잃지 않고 있다. F414 터보팬 엔진은 미 해군의

자료 : en.wikipedia.org

🔩 그림 2.26 GE T700 엔진

F/A-18E/F 슈퍼 호넷(Super Hornet)에 사용된다. 이 엔진의 추력은 22,000파운드 (약 10톤)이며 향후 몇 년 이내 현재보다 20% 향상된 추력을 낼 것이다.

헬기용 엔진에서도 GE항공은 두각을 보이고 있다. T700/CT7, T700/T6E 엔진의 새로운 버전은 전 세계의 군용과 민간용 헬기 모두에 사용 중이다. T700/CT7

자료 : geaviation.com

🔩 그림 2.27 T700/CT7 엔진과 헬기

의 우수함은 누적 생산 12,000대, 전 세계 57개국 133곳의 고객이라는 수치가 증명하고 있다. GE는 한화테크윈과 T700엔진을 개량하여 대한민국 육군의 KUH Surion 기동헬리콥터에 납품을 하고 있다.

항공기용 가스터빈의 선도 기업 GE가 해양을 비롯한 산업 분야로 진출하는 것은 자연스러운 일이었다. 지금까지 1,800대 이상의 항공엔진 파생형 가스터빈이 해양과 여러 산업분야에 판매되었다. 1959년 GE는 J79 엔진을 기반으로 한 LM1500 가스터빈을 발표했다. LM1500은 수중익선에 기본 탑재되어 거침없이 바다를 항해했다. 1968년 GE가 발표한 LM2500 엔진

자료 : surplusrecord.com

⚙️ 그림 2.28 LM1500 가스터빈

은 20,000 축마력의 가스터빈으로 TF39 엔진을 기반으로 만들어졌다. 이 엔진은

자료 : gereports.kr

⚙️ 그림 2.29 항공엔진 파생형 가스터빈 LM1500으로 해양산업에 진출

GE의 해양, 산업용 가스엔진 사업의 중심으로, 전 세계 24곳의 해군과 고속페리에 사용된다.

1980년대 GE는 F404 엔진을 기반으로 한 LM1600 가스터빈을 발표했다. 1990년대 배기가스 배출을 감소시킨 개선형으로 LM2500, LM1600, LM6000 등이 출시되었다. GE의 항공엔진 파생형 가스터빈은 GE항공이 설계와 개발, 생산을 책임진다. 이 사업의 본부도 GE항공의 사업부문인 GE마린엔진과 함께 이븐데일 공장에 소재하고 있다.

자료 : gereports.kr

🔩 그림 2.30 GE항공

오늘날, GE항공은 항공기 엔진, 시스템, 서비스의 선두주자로 2014년 약 24조 원의 매출을 기록했다. GE항공은 훌륭한 기술력을 바탕으로 군용 및 민간용 제트엔진, 부품, 항공 관련 통합 시스템 등을 개발하고 있다. 또한 선박용 항공엔진 파생형

자료 : gereports.kr

🔩 그림 2.31 세계에서 가장 큰 항공기 엔진 시험 시설의 비밀

가스터빈도 생산한다. GE항공은 엔진 통합 유지보수 부분에서도 업계를 선도하고 있다.

11 더 정밀한 MRI는 어떻게 가능한가

뢴트겐이 X선을 발견한 것이 1895년, 사람들이 엑스레이를 이용한 지 벌써 100년이 넘었다. 의료 영상 분야의 발전은 멈추지 않았고, 1980년대 후반에 등장한 자기공명영상, 즉 MRI(magnetic resonance imaging)는 어느새 우리에게 친숙한 진료 수단이 되었다. 최근에는 한 단계 더 진화한 MRI가 등장했다.

GE가 개발한 고성능 MRI 장비 디스커버리 MR 950(Discovery MR 950)에는 7테슬라의 자성(磁性)을 가진 자석이 사용된다. MRI는 이름 그대로 자석의 전자기를 이용하기에, 성능이 뛰어난 자석을 쓰는 것이 관건이 된다. 7테슬라의 자석은 지구 자기장보다 14만 배나 강력하고, 병원에서 쓰이던 기존 장비의 자성보다 5배나 강한 자기장을 만들어낼 수 있다. 일반 MRI 장비보다 훨씬 강력한 성능 덕분에 GE의 새로운 장비는 암이나 루게릭병, 뇌 외상, 간질, 자폐증 등의 질병과 장애 연구에서 향상된

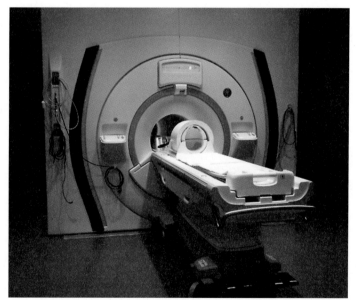

자료 : med.stanford.edu

⚙ 그림 2.32 7T GE Discovery 950 MRI Scanner

기능을 보인다. 이전에는 연구자들이 확인하기 어려웠던 부분까지 선명하게 보여주기 때문에 인체 조직이나 해부학을 탐구하는 데에도 도움을 주고 있다.

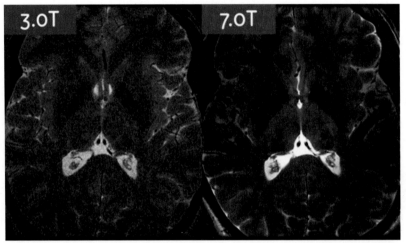

자료 : gereports.kr

🔩 그림 2.33 3테슬라와 7테슬라 MRI의 차이

7테슬라의 자기장이 어느 정도인지 보통 사람들은 실감하기 어려운 게 사실이다. 유럽 입자물리연구소(CERN)의 강입자 가속기(LHC ; Large Hadron Collider) 터널에서 고에너지 입자를 빛의 속도에 가깝게 회전시킬 때 발생하는 자기장이 8테슬라이다. 7테슬라의 자성을 가진 자석을 만드는 데에 필요한 기술력을 짐작할 만한 사례다. GE 헬스케어의 MRI 기술 담당 발데브 알루와리아 씨는 "우리는 현재 의료기술의 한계를 넘으려고 노력합니다."라고 말한다.

테슬라 사의 사이먼 피타드 박사는 "길이 3.35미터, 무게 40톤의 7테슬라 자석에 적용되는 기본적인 기술 자체는 일반적인 3테슬라 자석과 크게 다르지 않지만, 10배나 많은 전선과 5배나 많은 에너지 축적이 필요합니다."라고 밝혔다.

7테슬라의 자석이 초전도성을 띠고 강한 자기장을 형성하도록 하기 위해서 중요한 과정은 바로 냉각이다. 최대한 온도를 낮춰 캘빈 온도 4도(영하 269도)를 유지해야 한다. 이 냉각 과정을 위해 최소 2주일의 시간과 1만 리터의 액체 헬륨

이 필요하고, 냉각 후 자석을 충전하는 데에 다시 40시간이 걸린다.

미켈라 토세티 박사가 이끄는 이탈리아 IMAGO7 연구 재단의 자기 공명 연구 팀은 유럽에서 GE의 7테슬라 장비를 처음 사용하였다. 이 팀은 루게릭병, 파킨슨병 등의 신경 퇴행 질환으로 인한 뇌 병변과 간질 연구에 이 장치를 써왔는데, 조만간 어린이의 뇌종양 병변에 대한 연구도 시작할 예정이다.

진행성 질환인 파킨슨병의 증상(손 떨림, 강직, 자세 불안정 등)을 방사선적으로 연구할 수 있는 기술은 지금으로선 존재하지 않는다. 과거의 병력이나 신경학적 검사에 의존할 수밖에 없기 때문에 오진의 가능성도 없지 않다. 토세티 박사는 지금까지 밝혀지지 않은 파킨슨병의 병리학적 측면을 GE 7테슬라 기

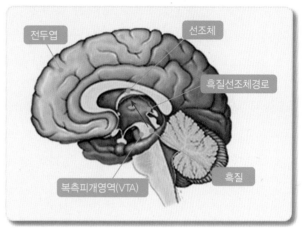

자료 : m.blog.daum.net

🔧 그림 2.34 흑질 조직

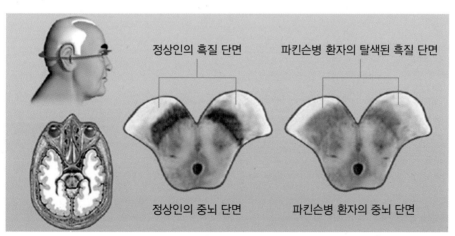

자료 : emaze.com

🔧 그림 2.35 정상인과 환자의 흑질 단면

술로 밝힐 수 있기를 기대한다고 말한다.

한편 토세티 박사의 동료인 피사대학 미르코 코소티니 박사는 7테슬라 장비로 파킨슨병 환자 17명과 건강한 이들 21명으로 구성된 통제 집단의 뇌를 비교 연구했다. 진단 장비의 정확도를 확인하기 위해 환자들의 검사용 표본도 채취한 결과, 연구진은 중뇌에서 초승달 형태의 세포군을 구분해낼 수 있었다고 한다. 이 세포군은 3개 층으로 형성된 흑질이라는 조직이다.

파킨슨병은 흑질에서 생산되는 신경 전달 물질인 도파민의 부족에서 비롯된다. 코소티니 박사는 파킨슨병의 조기 발견과 치료에 이번 결과가 큰 도움이 될 것이라 기대하고 있다.

7테슬라 장비가 이뤄낸 성과는 향후 GE의 엔지니어들이 기존 MRI 장비를 최적화하는 데도 큰 도움이 될 것이라고 알루와리아 씨는 말한다. "7테슬라 장비로 우리는 뇌 조직을 자세하고 정확하게 구분할 수 있습니다. 기존 장비와 7테슬

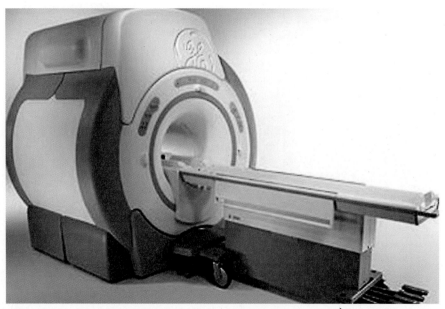

자료 : jainmc.tistory.com

🔧 그림 2.36 GE 사 초전도 자석식 1.5T MRI

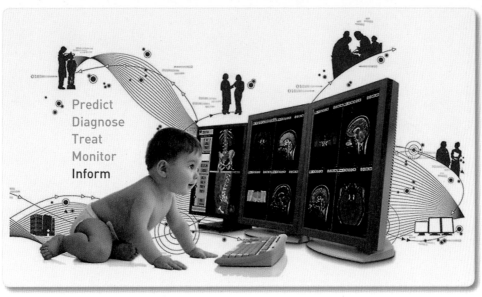

자료 : bizion.com

⚙️ 그림 2.37 미래형 의료기술을 선도하는 GE 헬스케어

라 장비는 많은 부품과 전자 장치를 공유합니다. 7테슬라 장비의 연구 결과와 운영 노하우 덕분에, 기존의 1.5나 3테슬라 제품을 최적화하는 과정도 더 개선될 것이라 봅니다.”

　GE 헬스케어와 영국의 테슬라 엔지니어링은 국제자기공명학회 및 유럽자기공명학회 연석회의에서 7테슬라 자석의 합작 생산에 합의했다고 밝혔다. GE 헬스케어 사장 리처드 하우스만은, 이번 결정이 GE와 세계 유수 MRI 연구기관 사이의 협력관계 강화에 도움이 될 것이라고 말했다. GE의 7테슬라 장비를 갖춘 전 세계의 연구소에서는 이미 알츠하이머병 연구와 관련해 상당한 성과를 보이고 있다. GE는 향후 신경과학 분야나 다른 분야의 연구 역시 지속적으로 지원할 계획이다.

제 4 차 산업혁명의 총아 제 너 럴 일 렉 트 릭

토머스 에디슨 시대

1 개요

토머스 앨바 에디슨(Thomas Alva Edison, 1847년 2월 11일 ~ 1931년 10월 18일)은 미국의 발명가 및 사업가이다. 세계에서 가장 많은 발명을 남긴 사람으로 1,093개의 미국 특허가 에디슨의 이름으로 등록되어 있다. 토머스 에디슨은 후에 제너럴 일렉트릭을 건립하였다. 다만, '발명왕 에디슨'은 허구이고 실제 에디슨은 뭔가를 직접 발명해낸 적이 별로 없다. 오히려 남의 발명품을 상용화시킨 사업가가 정확하다. 대표적인 발명품은 전구를 비롯한 전기와 관련된 것들로 알려져 있다. 그래서인지 전기, 특히 직류전기에 대한 믿음이 대단했다. 니콜라 테슬라를 견제하기 위해 제작한 전기의자는 그의 일생일대의 오점으로 남으며 현재에 와서도 에디슨의 결점에 대해 논할 때 가장 먼저 꺼내는 화두가 되었다. 하지만 비록 그와 같은 일을 저질렀지만 그가 역사에서 이룩한 업적은 그 누구도 부정하지는 못할 것이다.

2 출생 및 성장과정

1847년 오하이오 주 밀란에서 태어나 미시간 주 포트 휴런에서 자랐다. 에디슨은 어린 시절부터 만물에 대한 호기심이 많아 당시의 주입식 교육에 적응하는 데 심한 어려움을 겪었다. 정규 교육을 받은 것은 3개월뿐이었으나 교사였던 어머니의 열성적인 교육 덕분에 점차 재능을 발휘하게 되었다.

초등학교 시절 알을 품어 병아리를 부

자료 : namu.wiki

⚙ 그림 3.1 토머스 에디슨

화시키려 하는 등 이런저런 기행을 많이 하여, 당시 매우 보수적인 초등학교 선생은 이러한 에디슨을 더 이상 감당하지 못하고 초등학교 3학년 때 퇴학시켰다. 그러자 에디슨의 어머니가 스스로 선생님이 되어 에디슨에게 온갖 지식들을 가르쳤다.

에디슨은 어렸을 때부터 뭔가 알아내기 위한 시도를 엄청나게 하고 다니는 성격을 가진 인물이었으며 이러한 에디슨의 실험정신이 훗날 그를 세계 최고의 발명왕의 위치에 도달하게 해 주었다. 특히 결론을 얻을 때까지 실험을 멈추지 않는 에디슨 특유의 집념은 높이 살 만하다.

자료 : supergainer.tistory.com

⚙ 그림 3.2 어린 시절의 에디슨

에디슨은 집이 가난하여 어렸을 때 기차에서 사탕과 신문을 파는 직업을 잠깐 동안 가졌다. 기차에는 화물칸이 있기에 그곳에 조그마한 자기만의 연구실을 차려놓고 연구하기 시작했다. 하지만 연구실에 불이 나고, 기차의 관계자들은 에디슨을 내쫓으면서 폭력을 행사하게 된다. 그때 맞은 부분이 귀인데, 그 이후로 에디슨은 청각 장애인이 되었다고 주장했다. 그 당시 모스 부호를 이용한 유선전신이 이용되던 시대였는데 신문을 팔던 에디슨은 뉴스가 유선전신을 타고 전달되는 것에 흥미를 느껴 전신기사가 된다. 하지만 곧 하루 종일 뉴스가 오기를 대기해야 하는 전신기사에 싫증을 느끼게 되고 오히려 자신이 사용하는 유선전신시스템의 구조에 흥미를 느껴 결국 전신기를 만들기 시작한다. 그가 만든 4중전신기는 하나의 전선을 4명의 전신사가 동시에 사용할 수 있는 신기술인데 이를 통해 큰돈을 벌게 된다.

위인전에서는 유독 어릴 때 얻어맞는 인물로 묘사된다. 자퇴하기 전엔 교사에게 얻어맞고, 친구에게 인체실험을 했다가 종아리를 얻어맞고, 기차에서 실험하다 뺨을 맞게 된다. 탐구심이 왕성하고 적극적이었다는 점에서는 높이 평가할 만하지만 부모 입장에서는 상당한 악동이었던 것 같다.

3 사업가 에디슨

청년시절 그가 특허를 내려 했던 전기식 투표장치는 소모적인 의회의 투표방식을 개선하기 위해 제작한 것이었지만 원래 모든 대의민주주의 국가에서 의회는 빠른 의사결정보다는 소수당의 의사방해 같은 지루한 투쟁과 타협의 과정을 더 우선시하는 터라 그 기계는 환영받지 못했다. 자신의 기계가 받아들여지지 않은 것을 안 에디슨은 그 이후 세상에 필요한 발명을 한다는 것을 모토로 삼게 된다. 에디슨은 본인이 신제품을 만드는 발명이 아니라 사업가로서 기존에 남이 개발한 발명품을 쓸 만하게 개선하여 상용화하고 보급하는 데 중점을 둔다.

자료 : edison.kr

그림 3.3 에디슨 최초의 교육용 영사기

대표적인 발명품으로는 축음기(전축), 영사기(영화), 실용적 장거리 전화, 전구, 전기냉장고 등이 있다.

1892년 에디슨은 촬영장치인 키네토그래프(kineto-graph)와 그것을 볼 수 있는 장치인 키네토스코프(kine-toscope)를 발명하여 활동사진을 볼 수 있게 하지만 최초의 영화 사업의 타이틀은 촬영기와 영사기를 이용한 뤼미에르 형제에게 돌아간다. 에디슨도 여러 사람이

자료 : namu.wiki

⚙ 그림 3.4 할리우드[1]

모여 화면을 볼 수 있는 뤼미에르 형제의 방식을 받아들이고 영화 사업을 하면
서 1908년 미국 뉴욕을 중심으로 동부지역에서 활동하던 10여 개 영화사를 묶어
영화특허회사(MPPC)를 만들어 시장을 독점하려 한다. 독점력을 무기로 영화 길
이도 자기 마음대로 길어지지 않게 하는 등 횡포를 부리자 여기에 반발한 영화
인들은 에디슨의 영향력이 닿지 않는 서부의 한 시골에 자리 잡아 영화를 만들
기 시작하는데, 그 시골의 지명이 바로 할리우드다. 오늘날 미국 영화 산업에 에
디슨이 크나큰 영향을 준 셈이다. 그 공로로 1960년 할리우드 명예의 거리에 입
성했다. 자신이 의도한 바와는 전혀 다른 방향이었다.

그 당시 에디슨이 투자하던 것은 짧은 단막극 형식으로 니켈로디언[2]에 올리

---

1) 원래는 1923년에 할리우드랜드라는 부동산을 광고하기 위해 설치되었다. 설치 당시에는
뒤에 LAND라는 글자까지 있었으나 해당 부동산 주인이 부도가 난 후 방치로 LAND 부분
이 파손되어 1949년에 철거되었다. 지금 있는 HOLLYWOOD 사인도 1923년 것이 아니라
새로 만들어진 사인이다.

2) 2016년 현재 175개국을 통해 약 3억 5천만 가구에서 방송되고 있는 세계 최대 규모의 키즈
엔터테인먼트 채널. 상호명의 유래는 20세기 초에 유행했던, 5센트(nickel) 입장료를 받고
활동사진(영화)을 보여주던 초창기 영화관(nickelodeon)이다.

는 간단하고 짧은 영화였지만 그때 영화의 본산지는 유럽이었고 유럽에서 서사적인 장편 영화들이 밀고 들어오기 시작했다. 그리고 그 영향으로 서사적인 영화가 만들어지기 시작했는데 특히 서부영화가 인기가 있었다. 할리우드도 서부영화 로케이션을 위해 찾았다가 아예 자리를 잡은 것이라고 한다. 그래서 할리우드를 건립할 쯤에는 MPPC의 영향력은 약해진 상태였다고 한다. 그리고 MPPC는 훗날 미국 법원으로부터 해산 판결을 받게 된다.

에디슨은 영화 불법 공유를 처음으로 한 인물이기도 하다. 조르주 멜리에스의 영화《달세계 여행》의 필름을 유럽에서 빼돌려 미국에서 복사한 후 전국에서 상영해 큰돈을 벌었던 것이다. 당연히 라이선스 따위는 무시했고 멜리에스는 미국에 영화를 팔지 못해 큰 피해를 보아야 했다.《달세계 여행》은 우리가 알고 있는 영화의 요소들이 처음으로 시도된 대작으로 상업적으로는 오늘날의 블록버스터

자료 : campuscine21.com

✿ 그림 3.5 《달세계 여행》

의 시조라 할 수 있는 작품이다. 그러니 블록버스터 영화의 시조가 최초의 영화 복돌이[3]를 탄생시킨 것이다.

(1) 전구를 발명하지 않은 에디슨

에디슨을 유명하게 만든 물건으로 에디슨 전구가 있다. 하지만 보통 알려진 것과는 달리 에디슨은 전구를 발명한 게 아니다. 백열전구를 처음 발명한 사람은 바로 스코틀랜드 발명가, 천문학자, 철학자인 제임스 보우먼 린제이(James Bowman Lindsay, 1799~1862)이다. 그가 1835년 발명하고 여러 차례에 걸쳐 개량했지만 수명이 너무 짧고 열이 엄청나다든지 여러 단점으로 끝내 상품화하지 못했다. 결국 린제이 본인이 그다지 상품화에 열의를 보이지 않았다. 그러다가 1860년 영국 화학자인 조셉 조지프 스완 경(Sir Joseph Wilson Swan, 1828~1914)이 더 발전된 것을 개발했다. 1875년 여러 번에 걸쳐 개량한 백열등을 만든 스완은 특허를 신청했다.

에디슨은 바로 이 스완의 아이디어를 도용하여 만든 것뿐이다. 그래 놓고 에디슨은 오히려 스완이 자신의 아이디어를 도용했다고 고소했다 패배했다. 다만, 최초로 '상업적으로 성공을 거둘 만한' 전구를 발명한 것은 사

자료 : m.blog.naver.com

♻ 그림 3.6 조셉 조지프 스완

---

3) 복사 + ~돌이를 합친 인터넷 신조어로, 인터넷에 불법으로 업로드된 서적, 음반, 크랙(또는 버그판), 영화, 애니메이션, 성인물, 웹툰, 상용 프로그램 등의 유료 소프트웨어를 사용하는 사람을 비하하는 말.

실이다. 밝기도 적당하고 오래 가는 전구를 개발한 것은 에디슨이 처음이었기 때문이다. 에디슨은 스완이 관련 특허까지 신청한 사실을 알게 되자 스완을 돈으로 매수해 합작회사를 차려 특허권 문제를 제거했다. 그래서 에디슨은 스완과 합작으로 수익을 나누며 Edison & Swan United Electric Light Company 줄여서 Ediswan(에디스완)이란 업체를 만들어 백열전구를 팔았다. 그래 놓고 에디슨은 몇 년 후 '저항력이 강한 탄소 필라멘트'는 자신이 발명한 것이라 주장하며 소송을 다시 내서 승리했다. 그렇지만 이 역시 스완이 이미 개발한 것을 약간 개선한 것에 불과했다. 오늘날에는 에디슨이 이 사실을 숨기기 위해 실험일지의 해당 부분을 찢어버렸다는 것이 밝혀졌다.

이전 글에는 에디슨이 전구를 발명하고 무수한 반복실험을 해서, 성공했다고 나오는데 이건 에디슨만 한 게 아니다. 린제이만 해도 10년 동안 150번 넘게 여러 재료를 쓰며 필라멘트를 새롭게 개량하며 실험했으나 그렇게 실패한 것이었고 스완 또한 15년 동안 수백여 번 실험을 했듯이 반복실험은 에디슨 특허가 아니다. 오히려 이 둘의 엄청난 실험과 실패 경험이 에디슨에게 더 좋은 경험(그 재료가 안 좋다는 걸 알게 되었으니까)이 되게 한 셈임에도 마치 에디슨만 전구를 발명하고 무수한 시행착오를 겪었다는 왜곡으로 알려지게 되었다.

여하튼 에디슨이 전구를 개량할 때는 적합한 필라멘트를 찾기 위해서 자신의 주변에서 구할 수 있는 모든 것을 다 실험해 보았고 심지어는 발명팀 크루에슬리의 구레나룻과 매켄지의 붉은 수염까지 뽑아서 실험해 보았다고 한다. 매켄지의 수염은 상당히 오래 갔다고 한다. 다만, 불빛이 너무 흐려서 상용화하진 못했다. 태워서 탄화된 무명실이란 말도 있다. 사실 양산형 최초는 무명실이고 그 후 널리 대나무를 이용하여 실험에 도전했다.

전구로 에디슨은 큰 명성을 얻게 되고 더불어 한국 국내 최초의 전기는 고종이 경복궁에 설치한 전구인데 이것은 에디슨 전기회사에서 구입하였다. 우리 측 기록인 승정원일기에는 에디슨을 의대손(宜代孫)이라 적었다고 한다. 에디슨 본인은 동양의 궁궐에 자신의 전구가 달린다는 사실에 상당히 기뻐했는데, 그도 그럴 것이 1886년 당시는 에디슨 회사가 전기 사업을 시작한지 만 7년째였을 뿐이었고 조선에서는 전기 시설 설비와 운영 권한에 전권을 준 상태였기 때문이다. 그러나 전구에 들어가는 전기를 생산한 발전기의 냉각수를 궁궐 연못에서 끌어 써서 죄 없는 물고기들만 떼죽음 당해 조선 민심이 흉흉해졌고, 에디슨이 직접 선발해 파견한 책임자 윌리엄 맥케이(조선명 : 맥계, 麥溪)가 불의의 사고로 사망하면서 이 전등소 사업은 단발성에 그치고 만다. 조선에 다시 전깃불이 들어온 것은 조선 정부가 나중에 영국인 퍼비가, 포사이스를 새로 고용한 뒤의 일이다.

자료 : blog.khnp.co.kr

🔩 그림 3.7 경복궁의 전기 점등

에디슨 전등의 매력에 빠진 JP 모건이 전등의 경제적 가치를 감지하고 에디슨에게 투자를 해서 미국에 전등과 발전소가 퍼지게 된다. 그 이전에는 JP 모건과 밴더빌트 등의 극소수 최상류층만 전등을 사용했다. 의도한 건 아니지만 전등의 확산은 당시 등유로 부를 축적한 록펠러에게 위기감을 줬다. 에디슨의 위대한 업적은 에디슨 전광회사를 세워 미국 가정에 전기를 연결한 것이기도 하다. 전구를 개발해 봤자 집에 전기가 없으면 모두 허사다. 따라서 전기사업에서 희대의 숙적이 등장한다.

헨리 포드와도 연관이 있다. 포드는 에디슨을 처음 만났을 때 자신은 가솔린을 이용한 차를 만들고 싶다고 말했고, 에디슨은 포드를 격려했고 이 일을 계기로 포드 자동차를 세우고 포드 T형을 출시한다. 하지만 에디슨은 이 사실을 까맣게 잊어버렸다고 한다. 앞서 말했듯이 에디슨은 전기가 최고라고 굳게 믿고 있

자료 : carlab.co.kr

❂ 그림 3.8 배터리를 탑재한 에디슨 전기자동차

었기 때문에 전기자동차 개발에 치중한다. 그도 그럴 것이 초창기엔 전기자동차
가 대세였다. 에디슨은 전기자동차의 동력원으로 쓰기 위해 니켈-철 전지(에디
슨 전지)를 개발하고 이 전지를 쓰는 자동차도 개발했다. 에디슨 전지는 당시의
납축전지보다 에너지 밀도가 훨씬 더 높고 충전 시간도 절반밖에 되지 않았으나
비싸고 낮은 온도에서는 작동이 잘 되지 않는다는 단점이 있었다. 때문에 에디
슨의 전기자동차[4]는 생산된 지 몇 년 만에 생산중단되었다.

---

4) 전기자동차는 1873년에 처음 만들어진 이후, 1899년 최초로 100km/h를 돌파할 정도로 당
   시 내연기관 자동차를 압도했다. 에디슨도 전기가 최고라고 생각해서 전기자동차 개발에
   몰두했다. 그런데 1920년대 미국 텍사스에서 대규모 원유가 발견되고, 내연기관 자동차
   가격이 하락하면서 에디슨 전기자동차는 세상에 빛을 본지 몇 년 만에 생산이 중단되고
   만다. 절친 '헨리 포드'의 '모델 T'가 대량 생산과 저렴한 가격에 잘 팔린 것도 이유라면 이
   유다. 그로부터 90여 년이 지난 오늘날 전기자동차는 환경오염과 지구온난화를 막기 위한
   대안으로 다시 떠오르고 있다. '니콜라 테슬라'의 교류전기로 충전하고 '토머스 에디슨'의
   직류전기로 움직인다는 것이 아이러니하다.

(2) 니콜라 테슬라와의 갈등과 악의적 선전

인터넷에 떠도는 소문과는 달리, 에디슨과 테슬라는 서로 원만한 관계를 유지하고 지낸 것으로 보인다. AC(교류전기)와 DC(직류전기) 간의 전류전쟁은 테슬라와 에디슨 간의 대립이라기보다는 에디슨과 나중에 테슬라로부터 AC 송전의 특허를 사들인 조지 웨스팅하우스 사이의 대립에 가깝다. 1890년대에는 X선에 대해 서신을 주고받았는데, 에디슨이 사용한 표현을 보면 절대로 숙적한테 보낸 편지가 아니다. 또한 1896년 〈Electrical Review〉 5월호에 올라온 비평에 에디슨은 "나에 대해 뭐라 하든 상관없으나 테슬라는 신경질적 기질이니 이 기사는 그를 비통하게 만들고 일을 방해할 것이다. 테슬라가 불가능해 보이는 낙관적인 발언을 하더라도 그가 최고의 실험가라는 것을 잊지 말아야 하며 시간만 주면 테슬라는 빈말이 아니라는 것을 입증할 수 있다."라고 답변을 했다. 테슬라 측에서 에디슨을 그나마 비판한 것은 에디슨의 실험 방식이 반복실험과 시행착오가 지나치게 많은 등 세련되지 못했다는 것이다. 전류전쟁으로 사이가 틀어졌다고

자료 : comm20.tistory.com

그림 3.9 니콜라 테슬라 vs 토머스 에디슨

해도 테슬라의 어그로[5]를 가장 많이 끈 것은 웨스팅하우스와 진정한 승리자인 JP 모건이었을 것이다. 즉, 에디슨과 테슬라의 라이벌 관계는 흥미를 위해 과장된 면이 많으며 걸러서 듣는 것이 좋다.

에디슨과 테슬라 이 둘은 동시대의 발명가라는 점은 동일하지만 그 방식에는 다소 차이가 있었다. 에디슨은 자신이 발전시킨 DC를 최고라 생각했지만 테슬라는 그 점에 동의하지 않았다. 테슬라는 AC를 발전시켰고 이 때문에 에디슨은 AC의 위험성을 알리기 위해서 교류전기를 이용하여 사람을 사형시키는 기계인 전기의자를 제작해냈다. 그리고 공개적으로 코끼리 한 마리를 교류 방식을 이용해 공개 처형하기도 했다. 이 때문에 상당한 비난을 사기도 했다.

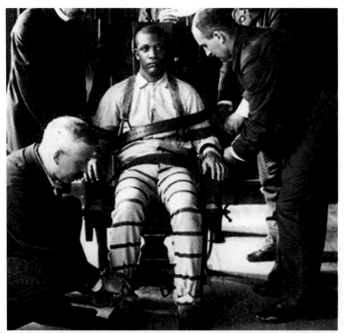

자료 : ohfun.net

🔧 그림 3.10 전기의자에서 사형집행을 맞이할 준비 중인 윌리엄 케믈러

이후 테슬라와 그가 세운 회사가 자신의 직류전원에 대항하는 교류전원을 발명하자 그와 그 회사를 비즈니스로 묻어버리려 했으나 에디슨의 라이벌이었던 조지 웨스팅하우스가 그를 받아들인 덕에 실패했다. 뒷공작으로 테슬라를 몰락시키기 위해 불량배를 풀었다. 그리고 테슬라의 회사를 망하게 할 악의적인 물건을 발명했다는 소문도 있다. 전기의자를 만들기 위해 길거리에 돌아다니던 동

---

5) 'aggression' 또는 'aggressive'의 속어. 공격, 공격성을 의미한다.

물들을 싹쓸이했다는 말도 있다. 오늘날은 교류가 전력을 수송하는 데 우수하기 때문에 장거리 송전에 주로 사용되고, 직류는 철도, 건전지나 알루미늄 생산 같은 전기화학 공정에도 쓰이지만 컴퓨터나 TV를 포함한 대부분의 가정용 전자기기도 교류를 직류로 먼저 전환해야 사용이 가능하다. 테슬라가 전기 시대의 아버지라면 에디슨은 전자(電子) 시대의 아버지인 셈이다.

그 외에도 에디슨의 발명은 태반이 산업스파이에 의한 것이고 창작은 거의 전무하다는 소문도 존재하며 그 외에도 악명은 매우 많다. 스스로도 남의 아이디어를 참고하는 것이 발명의 첩경이란 투의 말을 남겼다.

한국이나 일본에서는 70~80년대 위인전에서 에디슨을 많이 띄워주다 보니 엄청나게 대인배 같이 표현하고 좋은 사람으로 표현했는데, 실제로 당시 몇몇 위인전이나 과학만화에서는 토머스 에디슨을 그저 순수하고 착한 발명왕으로, 반면에 니콜라 테슬라에 대해선 에디슨을 사사건건 방해하고 온갖 더러운 중상모략을 꾸민 비열한 악역이자 희대의 못난이로 왜곡하여 표현한 적도 있었다고 한다. 그나마 좀 부정적인 면이 누그러진 위인전에서도 테슬라는 에디슨의 라이벌이지만 에디슨보단 못하거나 열폭[6]하고 마는 모습으로 표현되었다고 한다. 말 그

자료 : m.blog.naver.com

⚙️ 그림 3.11 산업스파이 이미지의 에디슨

---

6) 열폭은 열등감 폭발의 준말로, 문자 그대로 타인을 질투하며 열등감을 내비친다는 의미이다.

대로 에디슨을 노력의 천재이자 발명의 신으로, 테슬라는 그런 에디슨을 시기한 천하의 잡놈이자 인간쓰레기로 표현했고 한동안 그런 사실로 그 시대 학생들에게 각인된 셈이다. 당연히 이건 고인드립[7]이다. 오히려 에디슨과의 대립 이후 특허 관련으로 엄청난 불이익과 피해를 본 것은 테슬라 측이다. 이는 마치 살리에리가 모차르트에게 열폭하고 질투한 나머지 모차르트를 중상모략하거나 죽였다고 하는 왜곡이나 마찬가지다. 그러나 그 시절에도 가끔은 에디슨이 이중적인 면도 있다고 평가하는 게 위인전으로 나오곤 했다.

물론 다행히도 지금에 와서는 테슬라에 대해 제대로 평가되면서 테슬라도 파란만장한 삶의 천재 학자로 위인전에서 그려진다. 그리고 최근 들어선 에디슨도 긍정적인 업적과 지금까지 알려진 발명 업적은 있는 그대로 설명하되, 재평가되는 여러 단점 또한 위인전이나 과학책 등에 실리기도 한다. 결론적으로 요즘은 위인전이나 과학 매체에서 에디슨이야말로 될 때까지 노력하는 근성가이[8]의 모습과 더불어 수단방법 가리지 않는 잔인한 측면도 지닌 양면적인 천재로 표현된다. 즉, 장점과 단점이 너무도 명확한 천재로 그려지고 있는 셈이다.

(3) 옹호

재평가 유행에 따라 에디슨이 많이 욕먹고 있고, 비판할 점이 있다는 것은 사실이다. 하지만 과학과 공학에 대한 오해와 현대 시점의 렌즈를 사용한 평가로 인해 과장이 심하다는 것을 인지해야 한다. 에디슨이 최초의 전구를 발명하지 않은 건 사실이나, 실용화가 가능한 전구의 발명을 평가절하하는 것은 옳지 않다. 우리가 쓰는 모든 기계나 물건은 절대로 한 사람의 머리에서만 나온 것이 아니다. 타인이나 전 세대가 발달시킨 이론이나 아이디어, 기존의 발명품에 자신

---

7) 고인(故人)을 농담거리나 성적인 소재로 사용하는 개드립의 준말. 일반적으로 죽은 사람을 조롱거리로 삼거나 함부로 모욕하는 행위를 뜻한다. 인터넷 용어를 쓰지 않는다면 '고인 모독' 또는 '고인 모욕'이 적당한 표현이다.

8) '끈기 있는 사람'을 지칭한다. 가이(guy)는 영미권에서 사람을 지칭하거나 부르거나 할 때 쓴다.

의 지식과 노력을 접목시키는 과정이 거듭되어 탄생하는 것이다. 테슬라의 AC도 마이클 패러데이가 이론을 발전시켰고 이폴리트 픽시가 1832년에 실제로 교류 발전기를 만들었다. 테슬라가 AC를 더욱 실용적으로 발전시킨 건 사실이지만, 상용화시킨 것은 웨스팅하우스다. 혁신이란 것은 결국 사회적 상황에서 이루어지는 사회적 과정이다. 그러니 테슬라든 에디슨이든 최초가 아니고 타인의 업적을 참고했다는 이유만으로는 비판할 수는 없다.

자료 : britannica.com

🔧 그림 3.12 조지 웨스팅하우스

에디슨이 자신의 직원들이 이룬 것에 자신의 이름만 걸고 특허를 냈다는 것에 대한 비난이 많은데, 에디슨이라고 직원들이 열심히 일하는 동안 놀고 있었던 것도 아니다. 그들에게 분명하게 연구의 방향을 제시했고 항상 예의주시하고 있었으니 절대로 날로 먹지 않았다. 일방적으로 당했다는 직원들은 에디슨 사후에도 그

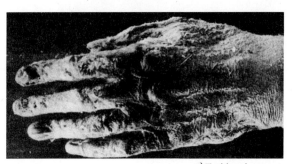

자료 : blog.daum.net

🔧 그림 3.13 클라렌스 달리의 손[9]

---

9) 염증으로 피부가 벗겨져나가고, 손톱이 떨어진 클라렌스 달리의 왼손(1899). X선 노출로 사망하는 최초의 사람이 바로 에디슨의 조수인 클라렌스 달리였다. 먼저 머리카락부터 빠지기 시작하여 왼손에 화상을 입은 것처럼 피부변화가 일어난다. 또한 1900년까지 클라렌스 달리의 얼굴은 궤양으로 가득했다. 그럼에도 클라렌스 달리는 쉬지 않고 일을 계속했는데, 펜을 잡을 수도 없을 만큼 피부 괴사가 일어난 왼손 대신 오른손을 사용해 X선 실험을 계속했다. 1902년, 클라렌스 달리의 얼굴과 왼손에 생긴 궤양은 암으로 진행되며 왼손을 절단했지만 얼마 못가 팔꿈치까지, 다음 해에는 어깨까지 절단한 것을 본 에디슨은 큰 충격을 받는다.

에 대한 충성심을 잃지 않았으니, 에디슨을 단순히 냉혈적인 사업가라고 일축하기는 힘들다. 그 이미지에 반하는 또 하나의 예시를 들자면 에디슨이 X선을 가지고 실험을 했을 때, 당시 방사능에 대한 무지로 인해 X선 실험을 담당하고 있었던 클라렌스 달리와 함께 엄청난 피폭을 당했다. 달리는 결국 방사능으로 인해 고통스럽게 죽었지만, 에디슨은 불구가 된 달리에게 필요한 돈을 모두 지불했고, 과부가 된 그의 아내와 아이들에게 개인적으로 금전적 지원을 해줬다.

자료 : m.blog.daum.net

그림 3.14 클라렌스 달리의 손을 형광 투시경을 통해 바라보는 토머스 에디슨[10]

이게 20세기 초반의 일이라는 것을 잊지 말자. 방사능에 대한 지식이 부족하고 노동자 배상금 따위는 없었던 당시 책임이 없다며 달리를 길로 내쫓았어도 뭐라 할 사람이 없었다. 실험 덕분에 X선을 사용하는 형광투시경이 상용화되지만 에디슨은 더 이상의 X선 연구를 포기했고 위험성에 대한 두려움을 말로 남겼다.

결론은 에디슨을 이익에 눈이 먼 악의 축으로 몰아갈 것이 아니라 그 당시 여느 발명가나 사업가처럼 양면적인 면을 갖춘 한 인물로 봐야 한다는 것이다.

(4) 말년

그 밖에도 탄광업 및 시멘트 업체를 운영하기도 했는데 죄다 말아먹었다. 에디슨 전광회사도 결국은 말아먹고 슈타인메츠라는 기업가에게 넘겨야 했다. 몇

---

10) 자신의 조수 클라렌스 달리의 손을 텅스텐산 칼슘 형광 투시경을 통해 바라보는 토머스 에디슨(1896).

차례의 분열과 재합병을 거쳐 유명한 그룹 기업인 제너럴 일렉트릭(GE, General Electric) 사가 되었다.

말년에는 자기 나름대로 영혼과 영계에 심취했다고 한다. 이와 관련된 발명품들을 몇 가지 만들었다고 하는 얘기가 있지만 실제로 남아 있지는 않다. 이때 발명했다고 하는 것 중 가장 유명한 것이 영계통신기다. 하지만 사실은 이마저도 에디슨이 만우절을 맞이해서 어수룩한 대중잡지 기자한테 거짓말을 한 것이었다는 얘기가 전해진다. 다만, 아서 코난 도일을 비롯해서 당시의 유명인사 중에서 오컬트[11]에 심취하는 사람들의 수는 적지 않았고 그중에 상당수가 사회 고위층 내지는 과학자이기도 했다. 당시로서는 충분히 있을 법한 것이라고 여겨졌기 때문에 에디슨이 오컬트에 빠졌다고 해도 이상할 것은 없다.

숨을 거두기 직전의 마지막 호흡을 친구였던 헨리 포드가 유리관에 담아 놓았고, 지금까지도 남아 있다.

자동차의 아버지 포드와 위대한 발명가 에디슨은 매우 절친한 사이였다. 둘은 실패에 대한 관점이 같았기 때문에 친구가 되었는가? 포드는 실패에 대해 "더욱 지적으로 다시 시작할 수 있는 기회"라고 했고, 에디슨은 "나는 실패하지 않았다. 다만, 이런 식으로 하면 전구를 만들 수 없다는 1,000가지 방법들을 배웠을 뿐이다."라고 말했다. 포드

자료 : m.blog.daum.net

⚙️ 그림 3.15 에디슨과 포드

---

11) 오컬트(occult) 또는 비학(祕學)은 물질과학으로 설명할 수 없는 신비적·초자연적 현상, 또는 그에 대한 지식을 뜻한다.

는 에디슨에게 최초의 8기통과 최초의 링컨 모델 등 신차가 나올 때마다 첫 차를 에디슨에게 선물을 할 정도로 절친했다.

포드는 이상한 부탁을 에디슨 아들에게 했다. 1931년 10월 8일 에디슨이 임종할 때 그의 마지막 숨을 컵에 담아 자신에게 달라는 것이었다. 에디슨 아들은 아버지의 우정을 생각해 마지막 숨을 컵에 밀봉하여 포드에게 건네주었는데 이 에디슨의 숨결은 그 후 19년 후 포드의 부인이 사망했을 때 포드의 모자와 신발 옆에 에디슨의 숨을 담은 병이 발견되었다. 포드는 왜 친구의 마지막 숨결을 간직하고 싶어 했을까? 왜 자신이 아끼는 소지품과 함께 간직해 뒀을까? 아마 포드는 에디슨의 마지막 숨을 갖는 것은 에디슨의 영(spirit)을 간직할 수 있고 또 에디슨의 숨결을 통해서 매일매일 상상력이 불꽃처럼 일어나기를 원해 에디슨의 숨을 간직하고 싶었을 것이다. 포드는 창의적인 에디슨의 숨결을 간직하면서 창조적인 기업가가 되려고 했을 것이다.

(5) 가족관계

에디슨은 한평생 발명·사업에 힘써 왔지만 가족에게는 정말로 소홀했다. 부인은 쓸 만한 발명품을 만들어내지 않는다고 구박했고 대학교육에 대한 콤플렉스 탓에 자식들을 모조리 공과대학으로만 보냈다.

첫 번째 부인 메리 스틸웰이 죽었을 때, 일이 바쁘다며 장례식도 가지 않았다고 한다. 그 후 한동안 적적하게 지내다 두 번째 부인이 된 미나 밀러에게 모스부호로 프러포즈했다는 다소 환상적인 이야기가 전해진다. 참고로 두 번째 부인은 첫 번째 부인보다 성격이 더 드셌는데, 에디슨이 발명한답시고 연구실에만 붙어 있자 밥을 싸들고 찾아가서 다 먹기 전까지는 발명이고 뭐고 하지 못하게 했다는 일화가 있다.

가족에 소홀했던 탓인지 자식들의 삶도 좋지 못했다. 장남 토머스 에디슨 주니어(1876~1935)는 '전기 활력 회복기'라고 이름 붙인 가짜 건강기계를 만들어 팔다 고발당하는 등 아버지 이름을 빌려 사기나 치는 사기꾼이었다. 게다가 사기를 당한 피해자가 아닌 아버지가 직접 고발을 했고, 더 이상 아버지 이름으로 사기를 못 치도록 명예훼손을 이유로 개명을 요구했고, 법원에서 요구가 받아들여져서 토머스 에디슨 주니어는 토머스 윌러드로 개명한다. 물론 윌러드는 거기에 굴하지 않고 이름을 바꾼 댓가로 월 50달러의 용돈을 요구했고, 변함없이 막장 생활을 보내게 된다. 분노한 에디슨은 아예 무시하며 외면했다. 윌러드는 아버지가 돈을 안 준다고 고소하였지만 패소하며 사기 피해자들에게 시달리고 막장으로 살다가 유산 분배에만 관심을 기울였는데, 에디슨은 남에게 뭘 주냐고 무시했다. 결국 에디슨이 죽고 4년 뒤인 1935년 길거리에서 비참하게 죽는다.

차남 윌리엄은 하는 사업마다 망해서 매주 40달러씩 생활비를 대주는 처지가 되었다. 문제는 윌리엄의 부인이 허영심이 많아서 주 40달러 가지고 어찌 사냐고 시도 때도 없이 편지를 보내 에디슨을 닦달했다는 것이다. 이게 뭐가 문제냐면 당시 물가로 40달러면 현재 화폐가치로는 9,000달러 가까이 되는 돈이다. 이러니 에디슨도 편지만 받으면 찢어버리고 무시했으며 답장으로 더 이상 그러면

자료 : magazine.kakao.com

⚙ 그림 3.16 에디슨 전기자동차를 타고 있는 토머스 에디슨과 부인 미나 에디슨

자료 : namu.wiki

🔧 그림 3.17 3남 찰스 에디슨

10달러도 안 줄 테니 닥치라고 분노했다. 기묘하게도 윌리엄도 1937년 59세를 채우지 못하고 형과 같은 나이로 사망했으며 윌리엄의 아내는 에디슨 사후에 고생하다가 1948년에 사망했다.

3남 찰스 에디슨(1890~1969)은 정계로 진출해 훗날 뉴저지 주의 주지사가 되었다. 자신의 아버지와 가장 친밀하다고 자부하던 그였지만 그마저도 아버지 얼굴을 평생 봤던 시간이 채 1주일도 되지 않는다고 털어놓았다.

그리고 막내 시어도어 밀러 에디슨(1898~1992)이 발명가로서 어느 정도 성공했다. 200가지가 넘는 발명품을 만들어내고 100여 가지 특허를 냈으며 사업가로서도 그럭저럭 운영도 잘 했다. 1987년 에디슨 탄생 140주년 행사 때 인터뷰도 했는데 그도 아버지에 대해선 그리 추억이 없다고 섭섭한 마음을 드러냈다.

(6) 여담

세계 최대의 에디슨 박물관은 의외로 국내에 있다. 강릉에 있는 참소리 박물관이 그곳인데, 축음기와 악기 박물관이 명목이나 실상은 주 전시 품목인 축음기의 발명가인 에디슨과 그의 발명품이 많은 양을 차지한다. 에디슨 전기자동차도 있다. 모아 둔 유물이 너무 많아 창고에 있는 것을 돌려가며 전시한다고 한다. 전시된 에디슨 유물들 중에는 친필 편지 등 미국에도 없는 것이 꽤 된다. 내용은 잘 되어 있는 편이고, 일정 기간엔 체험 교육도 운영하고 있어 아이들과 함께 가볼 만하다. 직접 관장이 나와서 설명을 해 주기도 하고, 관람객과 같이 사진을 찍어 주기도 한다. 구내 기념품 매점에서는 꽤 두툼하고 내용이 좋은 박물관 도록을 팔고 있는데, 부탁하면 관장이 사인도 해 준다.

에디슨의 명언으로는 "천재는 1% 영감과 99% 노력으로 이루어진다."(Genius

is one percent inspiration and ninety-nine percent perspiration)가 있다. 이 말은 1929년 기자회견에서 한 말로 알려져 있으며 1932년 하퍼스 매거진에 원래 올라온 이 문장의 전문은 "None of my inventions came by accident. I see a worthwhile need to be met and I make trial after trial until it comes. What it boils down to is one percent inspiration and ninety-nine percent perspiration."(내 발명 중 우연으로 만들어진 것은 없다. 충족되어야 할 가치가 있는 요구를 발견하고 그것을 위해 실험하고 또 실험하는 것이다. 요약하자면 1퍼센트의 영감과 99퍼센트의 땀이다)이다.

자료 : blog.daum.net

그림 3.18 에디슨 박물관

그러나 이 발언은 99%의 노력이 아니라 단 1%의 영감에 밑줄을 그으라는 취지의 발언이다. 성공의 비결에 대해서 묻는 기자의 질문에 에디슨은 "99%는 노력이다. 하지만 노력은 나만 하는 게 아니라 다른 사람들도 다 한다. 그러나 난 그들이 가지고 있지 않은 1%의 영감(靈感)을 지니고 있다."라고 대답했다. 이 영감은 노력의 방향성을 가리킨다. 실제로 방향을 잘못 잡은 노력은 헛수고가 되거나 오히려 재앙을 야기한다.

Genius is one percent inspiration
and ninety-nine percent perspiration
-Thomas Alva Edison

자료 : blog.aladin.co.kr

그림 3.19 천재는 1% 영감

말년에 자기가 태어나서 유년기를 보낸 오하이오 주 밀란의 옛집을 찾았는데 그 집이 아직도 전등 없이 가스등을 켜고 있는 걸 보고 뒷목 잡고 쓰러졌다는 얘기가 있다.

정치적 성향을 이야기하면 평생 공화당을 지지하는 경향이 강했지만 1912년에는 시어도어 루스벨트의 진보당을 지지했고, 1차 대전 무렵에는 우드로 윌슨의 민주당을 지지했다.

제 4 차 산업혁명의 총아 제너럴 일렉트릭

잭 웰치의
리더십 비밀

1 개요

잭 웰치(Jack Welch, 1935년 11월 19일~   )는 미국의 실업가이다. 1981년부터 2001년까지 제너럴 일렉트릭(General Electric) 사의 회장(chairman)직과 최고경영자(Chief Executive Officer ; CEO)직을 역임했으며, '전설적인 경영자', '살아 있는 전설'이라는 별명을 가지고 있다. 본래 이름은 존 프랜시스 웰치 2세(John Francis Welch Jr.)이며, 1935년 11월 19일 미국 매사추세츠 주의 살렘 시에서 태어났다. 2009년 현재 개인 재산은 약 7억 2천 달러(8천4백억 원)이다.

자료 : news.donga.com

🔩 그림 4.1 잭 웰치, 전 세계 경영인에게 매우 존경받는 CEO 중 한 사람

그는 매사추세츠 주의 살렘 시에서 철도기관사였던 존 웰치와 가정주부였던 그레이스 웰치 사이에서 태어났다. 1957년에 매사추세츠 대학교 애머스트에서 졸업했으며, 1960년에 일리노이 대학교 어바나-샴페인에서 박사학위를 취득했다. 박사학위를 받은 같은 해에 제너럴 일렉트릭 사에 엔지니어로 입사했다. 1972년에 부

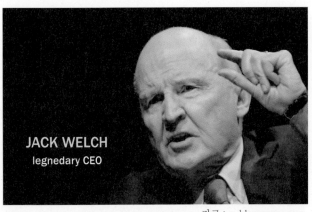

JACK WELCH
legnedary CEO

자료 : m.blog.naver.com

🔩 그림 4.2 20세기 최고의 경영자, 잭 웰치

사장으로 승진, 1979년에는 부회장 직을 맡았으며, 1981년에는 제너럴 일렉트릭 역사상 최연소 회장 겸 최고경영자가 되었다.

1999년에는 〈포춘〉 잡지에서 '20세기 최고의 경영자'로 선정되었다.

그러나 잭 웰치는 1980년과 90년대에 미국의 정리 해고 열풍을 불러일으킨 인물로도 유명하다. 그의 경영 기법은 대규모 정리 해고를 통한 자본력 구조 조정과, 기업의 인수 합병(mergers and acquisitions) 및 국제화 추진에 있다. "세계 1위 또는 2위가 될 수 없는 사업에서는 철수한다."는 경영 방식으로 제너럴 일렉트릭을 이끌어 나갔다. 그는 전 세계 1등 아니면 2등하는 사업만 살리고 경쟁력이 부족한 사업은 과감하게 매각하며, 하위 10% 직원들은 내보낸다는 중성자탄 경영자이다.

자료 : blog.daum.net

⚙ 그림 4.3 중성자탄 경영자, 잭 웰치

2 GE의 신화 잭 웰치

(1) 잭 웰치는 누구인가

잭 웰치는 우리에게도 이미 친숙한 이름이 되어 버렸다. 그는 더 이상의 말이 필요 없을 정도로 세계의 모든 기업인들에게 찬사를 한 몸에 받고 있다. 아무도 그가 '탁월한 경영자'라는 데 이의를 달지 않는다.[1]

---

1) 홍승완, Mentors' note, J. Welch의 GE인가, GE의 J. Welch인가? 2005.10.31.

리더십이나 경영혁신에 관한 서적이나 자료에서 그의 이름만큼 자주 등장하는 사람도 많지 않다. 뿐만 아니라 외국과 국내 언론에서도 가장 많이 다루는 CEO 중의 한 명이 바로 잭 웰치다. 모두들 그의 리더십과 경영능력을 높이 평가하고 배우기 위해 노력한다. 경영서적과 언론 속의 잭 웰치는 '비대한 공룡 기업인 GE를 그만의 독특한 리더십과 능력으로 회생시킨 인물'로 비춰지고 있다. 여기서 몇 가지 주목할 게 있다. 첫째, '과연 현재의 GE가 잭 웰치만의 능력과 노력의 결과인가'하는 점이다. 둘째, 'GE가 현재와 같이 영속적으로 존재하며 번영해나갈 수 있을 것인가'하는 점이다.

GE는 올해로 139년의 역사를 가지고 있는 기업이다. 기업의 평균수명이 30년임을 감안할 때 약 1세기 넘게 최고의 자리를 지키고 있는 셈이다. 1980년대까지 GE는 약 350개의 사업 분야에 진출해 있었으며 종업원은 약 40만 명에 달했다. 하지만 잭 웰치 회장이 취임한 후 GE는 12개의 사업부로 나눠질 만큼 다양화한 사업 분야에 진출해 있었으며, 종업원은 약 28만 명(1998년 기준)이었다. 1997년 기준으로 매출액은 908억 달러, 순이익은 82억 달러에 달한다. GE는 미국의 〈포춘〉 지가 선정하는 '500대 기업 순위'와 '존경받는 기업 순위'에서 오랫동안 상위에 올라 있는 세계 초일류 기업이다.

자료 : blog.daum.net

그림 4.4 실질적인 초대 회장 찰스 코핀

GE는 전통적으로 '다각화'를 통해 발전해 왔다. '보스턴 컨설팅 그룹'의 'BCG 매트릭스'나 '맥킨지'의 '포트폴리오 관리기법'은 모두 GE가 자신의 다각화된 사업들을 효율적으로 경영하기 위해 개발해 낸 경영기법들이다. 하지만 GE의 '성공요인'이 다각화 전략이 전부라고 생각하면 큰 오산이다. 실제로 많은 경영서적에서는 GE의 다각화 전략을 가장 큰 성공요인으로 뽑고 있다. 그러나 GE의 성공요인은 다양하다.

우선 GE에는 초창기부터 그들만의 '살아 있는 비전'이 있었다. 살아 있는 비전의 존재는 조직 구성원들이 비전을 공유하고 그것을 실현하기 위해 열정적이며 스스로 헌신할 수 있었다는 것을 의미한다. 그리고 GE에는 다른 초일류 기업과 마찬가지로 '탁월한 최고경영자와 리더'가 기업을 이끌었다. 창업자인 에디슨은 물론, 2대 회장 찰스 코핀을 비롯하여 공동 CEO인 스워프/영, 코디너, 보치, 존슨 그리고 잭 웰치에 이르기까지 그 시대를 이끌었던 리더들이 존재했다.

다음으로 GE에는 GE만의 독특한 '기업문화'가 존재했다. 예를 들면, GE의 구성원이 된다는 것은 '특별한 집단의 특별한 존재'가 된다는 일종의 자신감을 의미했다. 또한 GE의 비전을 공유할 수 없는 사람은 GE가 결코 '좋은 직장'이 아니었다. 그 정도로 GE는 그들만의 문화를 창조하고 유지했다. 독특한 문화의 또 다른 예로는 '내부승진 문화'를 들 수 있다. 139년 역사에서 외부에서 CEO를 영입한 적이 단 한 번도 없다는 사실이 이 점을 증명해 준다.

위에서 언급한 잭 웰치 당시 GE가 진출해 있던 분야와 GE의 비전을 좀 더 구체적으로 보면 아래 [그림 4.5]와 같다.

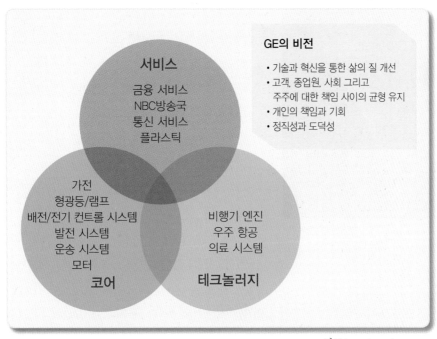

자료 : mentosnote.com

⚙ 그림 4.5 잭 웰치 당시 GE가 진출해 있던 분야와 GE의 비전

(2) 잭 웰치의 GE인가, GE의 잭 웰치인가

잭 웰치 회장에 대해 좀 더 자세히 살펴보도록 하자. 잭 웰치는 1981년 GE의 회장에 취임한다. 그리고 그는 취임사에서 향후 GE는 10년 후에 세계에서 가장 뛰어난 회사가 될 것이고 이를 위해서 큰 변화를 겪게 될 것이라고 주장한다. 그리고 잭 웰치는 10년이 훨씬 지난 2005년 현재 그의 주장을 100% 이루어냈다.

잭 웰치의 GE에 대한 '경영혁신'은 '혁신대상'을 기준으로 크게 두 부분으로 나누어 볼 수 있다. 하나는 사업부문의 정리(사업 포트폴리오 정리)와 같은 '기업의 하드웨어'의 혁신이고, 다른 하나는 조직구조와 기업문화와 같은 '소프트웨어 측면'에서의 혁신이다.

자료 : bhgoo.com

그림 4.6 카리스마 넘치는 잭 웰치

좀 더 구체적으로 '하드웨어의 혁신'은 다음과 같은 잭 웰치의 유명한 말에 그 핵심이 압축돼 있다. "현재 우리가 하는 사업에서 업계 1위나 2위 혹은 그럴 가능성이 높은 사업을 제외한 모든 사업은 매각할 것이다." 잭 웰치는 신속하고 정확하게 이 주장대로 실행했다. 실제로 잭 웰치는 1980년과 1993년을 비교하면 약 90억 달러에 달하는 자산을 매각하였다. 그리고 350개에 달하던 사업 부서를 13개의 사업부로 통합 정리하였다. 자산 매각에 따라 40만 명에 달하던 종업원 수도 절반 가까이 감소한다.

하지만 우리가 여기서 잊지 말아야 할 것은 잭 웰치는 같은 기간에 약 180억 달러에 달하는 새로운 자산을 인수하였다는 것이다. 즉, 잭 웰치 회장의 전략도 기존 GE와 마찬가지로 다각화 전략을 취하고 있다는 점이다. 만약 잭 웰치가 여기서 멈췄다면 그는 지금의 자리에 없을 것이다. 다시 말해, 잭 웰치의 탁월함은 사업 포트폴리오의 통합과 조정보다도 기업 내부의 혁신 측면에서 절정을 이룬다.

잭 웰치의 '기업의 소프트웨어 혁신'은 어떤 방법으로 이루어졌을까? 첫째, 기존의 복잡한 위계질서에 기반을 둔 관료적 조직을 대폭적으로 간소화하여 수평적 조직구조로 변화시켰다. 둘째, '워크 아웃(work out)'과 'Best Practice' 같은 제도를 통해 기업 내부를 혁신한 것이다. 잭 웰치의 혁신 방법을 분석해 보면 '속도'(speed), '단순함'(simplicity), '자신감'(self confidence)을 지향하고 있다는 것을 알 수 있다. 1998년 가을 잭 웰치가 학계와 업계의 요청으로 국내에서 '21세기 경영전략'이라는 주제로 강연을 한 적이 있었다. 그때 국내에서 저명한 대학교수가 잭 웰치에 다음과 같은 질문을 던진 적이 있다. "만약 한국의 재벌 그룹 중 하나에서 잭 웰치 회장을 최고경영자에 초빙한다면 첫 날, 첫 주 그리고 첫 달에 무엇을 하시겠습니까?". 잭 웰치 회장은 어떤 답변을 했을까? 잭 웰치 회장의 답변이 예사롭지 않다.

"첫 날, 저는 한국어를 배우기 시작하겠습니다. 언어를 모르고는 어떤 일도 할수 없기 때문입니다. 그 다음에는 종업원 한 사람 한 사람에게 당신이 회사 발전에 가장 중요한 사람이라는 인식을 갖도록 하면서, 회사 조직에서 관료주의를 철저하게 몰아내겠습니다. 마지막으로 복잡한 사업구조를 정리해서 1등하는 회사만 남겨 두겠습니다. 그래서 모든 종업원이 1등하는 재미를 맛보도록 해주겠습니다. 저는 종업원들을 활짝 핀 꽃 같이 만들려고 합니다. 종업원들에게 비료를 뿌리고 물을 주면서 한 사람 한 사람이 회사 발전에 가장 소중

자료 : economyplus.chosun.com

🔧 그림 4.7 1988년 한국을 방문한 잭 웰치 GE 회장(맨 왼쪽), 파울로 프레스코 GE 부회장(왼쪽서 두 번째)과 함께 당시 정세영 현대그룹 회장을 만나 즐거운 환담을 나누는 강석진 회장

한 사람이라는 것을 인식하도록 한 다음, 이들과 함께 회사를 성공적으로 이끌어 나가겠습니다."

어떤가? 자신감과 속도 그리고 단순함을 느낄 수 있지 않은가! 잭 웰치에게 질문을 했던 대학교수는 잭 웰치 회장의 이런 답변을 듣고 '잭 웰치의 1천억 원짜리 충고'라며 찬사를 아끼지 않았다. 참고로 잭 웰치 회장이 1998년 한 해에 받은 봉급이 우리 돈으로 약 1,000억 원이었다.

이제 서두에 제기한 두 가지 물음에 대한 답변을 해보자.

과연 현재의 GE가 우리들이 읽은 책과 같이 잭 웰치만의 능력과 노력의 결과인가? 답은 '아니다'고 할 수 있다. 잭 웰치가 GE를 재건하는 데 큰 역할을 했으며, 그의 호감 가는 성격이나 놀라울 정도의 추진력과 에너지가 그 과정에 많은 영향을 끼친 사실을 부정할 수는 없다. 하지만 잭 웰치의 지도력만 강조하는 것은 한 가지 중요한 사실을 간과하는 것이다. 잭 웰치는 GE에서 잔뼈가 굵은 사람이다. 잭 웰치가 지금의 GE를 있게 했지만, 마찬가지로 GE가 있었기에 오늘날의 위치가 있을 수 있었다. GE라는 조직이 잭 웰치를 채용하고 키워서 지도자로 선택할 만한 능력이 있었던 셈이다. GE의 내부승진 문화를 기억해보라! GE는 잭 웰치의 임기 훨씬 이전에 이미 번성하고 있었고, 아마 그의 임기 이후에도 오랜 동안 번성할 것이다. 잭 웰치가 GE 역사상 최초의 뛰어난 사장이라고 할 수 없듯이 그가 마지막

자료 : news.donga.com

그림 4.8 2000년 11월 잭 웰치 당시 GE 회장(왼쪽)이 자신의 후계자로 지명한 제프리 이멜트 회장 내정자와 함께 기자회견을 하고 있다.

도 아닐 것이다. GE에서 잭 웰치의 역할은 매우 중요한 것이지만, 100년이 넘는 GE의 전체 역사에서는 아주 작은 부분에 불과하다. GE가 잭 웰치라는 지도자를 선택할 수 있었던 것은 그때까지 GE가 축적해 온 비전과 문화 같은 기업 역량에서 비롯된 것이다.

'GE가 현재와 같이 영속적으로 존재하며 번영해 나갈 수 있을 것인가?'라는 두 번째 의문의 답은 위에서 자연스럽게 나온 것 같다. 잭 웰치를 선택했던 '레지날드 존스'(Reginald Jones)가 그랬듯이 잭 웰치도 그와 같은 현명한 후계자를 선정할 것이다. 그것은 이미 GE의 오랜 '전통' 중의 하나이기 때문이다. 참고로 우리에게 생소한 잭 웰치 바로 전의 CEO인 레지날드 존스는 CEO 자리에서 물러나면서 '미국에서 가장 칭송받는 기업인'이라는 호평을 받았다. 또한 그는 1979년과 1980년 두 해에 걸쳐서 'US 뉴스 앤드 월드 리포트'지가 행한 조사에서 '미국에서 가장 큰 영향력을 발휘하는 사람'으로 선정된 바 있다. 뿐만 아니라 〈포춘〉지와 〈월스트리트 저널〉의 1980년 조사에서도 1위에 선정됐으며, 1980년의 '갤럽' 조사 결과 '올해의 최고경영자'로 뽑히기도 했다. 그 외에도 잭 웰치 같이 탁월한 리더들이 GE에는 대부분의 시기에 존재해 왔다.

'잭 웰치의 GE'인가, 아니면 'GE의 잭 웰치'인가? 답은 'GE의 잭 웰치'다. 탁월한 조직에서 탁월한 상품(서비스)뿐만 아니라 탁월한 지도자도 나온다는 것이다. 따라서 잭 웰치 회장에 대해 무엇인가 배우고 본받고 싶다면, 우리는 먼저 GE라는 기업부터 이해하고 배워야만 한다.

잭 웰치의 31가지 리더십 비밀

잭 웰치는 1935년 매사추세츠 주(州) 피바디에서 태어나 세일럼에서 어린 시절을 보낸 뒤, 1960년 일리노이대학교에서 화학공학 박사학위를 취득하였다. 같은 해 GE에 입사해 독특하면서도 뛰어난 경영방식으로 승진을 거듭해, 1981년 최연소로 GE 회장이 되었다.

이후 '고쳐라, 매각하라, 아니면 폐쇄하라'는 경영전략을 통해 10만 명 이상의 직원을 해고함으로써 언론으로부터 '중성자탄 잭(Neutron Jack)'이라는 별명을 얻었고, '6시그마·e비즈니스·세계화' 등의 전략으로 GE를 혁신해 세계 최고의 기업으로 성장시켰다.

2001년 말 현재 GE의 회사가치는 4,500억 달러로, 이는 1981년 회장으로 부임할 당시의 120억 달러보다 40배나 늘어난 것으로, 세계 1위이다. 이러한 경영능력으로 그는 2001년 영국의 〈파이낸셜 타임스〉가 선정한 '세계에서 가장 존경받는 경영인'에 선정되었고, GE 역시 2000년에 이어 '세계에서 가장 존경받는 기업'으로 선정되었다.

JACK WELCH
CEO, GE; 1981~2001

자료 : faganasset.com

🛠️ 그림 4.9 세계에서 가장 존경받는 경영인, 잭 웰치

2001년 9월 45세의 제프리 이멜트(Jeffrey R. Immelt)에게 회장 자리를 물려주고 퇴임할 때까지 총 1,700여 건에 달하는 기업의 인수합병을 성사시켰다. '경영의 달인', '세기의 경영인' 등 많은 별칭으로 불리며, 퇴임 직후 자서전 《잭 웰치, 끝없는 도전과 용기》(청림, 2001)가 번역 출간되었다.

잭 웰치가 세계에서 가장 존경받는 경영자로 칭송받게 된 그의 리더십 31가지를 소개하기로 한다.

(1) 늦기 전에 변화하라

Change, before it's too late.[2]

어느 누구도 변화를 좋아하지 않는다. 특히 기득권자들은 그렇다. 그들 모두는 '나는 이대로가 좋아. 내가 이곳에 존재하는 이유는 바로 그거라고. 이 자리가 마음에 들지 않고서야 지금 나는 이곳 아닌 다른 곳에 있겠지'라는 고정관념을 갖고 출발한다. 변화를 원하는 사람은 현실에 불만을 느끼는 사람이나 혁명가들이다.

변화와 개혁, 그것은 언뜻 보아 아주 손쉬운 일처럼 여겨진다. 경영자가 내린 결정에 따라 구성원들은 자신들의 행동양식을 바꾸게 된다. 옛 방식을 버리고 새로운 방식을 취한다. 하지만 말같이 변화하기가 쉬운가? 결코 그렇지 않다.

수많은 다른 기업 경영자들과는 달리 잭 웰치는 1970년대를 지나 80년대에 이르기까지 GE와 같은 거대 기업이 피할 수 없었던 위험의 본질을 잘 파악하고 있었다. 그는 기업 환경이 급변하고 있으며 그러한 변화로 인해 GE뿐만 아니라 다른 거대 기업 역시 아주 위험한 상황에 처하게 되리라는 것을 직감했다.

1980년대 초 산업 분야에서 아주 새로운 조짐이 나타났다. 그것은 바로 하이테크 산업과 세계

자료 : content.time.com

그림 4.10 세계적 경쟁자의 등장

---

2) 로버트 슬레터 지음, 이진주·박기호 옮김, 잭 웰치의 31가지 리더십 비밀, 명진출판, 1994.

적 경쟁자의 등장이었다. 또한 그것은 동시에 최고의 품질을 갖춘 생산품과 새로운 기준을 갖춘 생산성의 출현을 예고하는 것이기도 했다. 그리고 무엇보다도 이 산업의 발전과정이 이전의 어느 산업 분야에서도 체험하지 못한 빠른 속도로 이루어질 것이라는 점이었다.

마이클린 버그도 말했다. 모든 것에는 때가 있으며, 모든 때와 마찬가지로 상처를 치유하는 일 또한 때를 놓치면 안 된다. 하루가 가고, 한 주가 가고, 한 달이 지난다고 눈에 띄게 나아지는 것은 없다. 잃어버린 것을 다시 찾고 무너진 것을 다시 세우는 일만이 우리를 치유할 수 있다. 늦기 전에 대처해야 한다.

자료 : imgrum.org

그림 4.11 변화가 필요하기 전에 변해라.

(2) 눈앞의 현실을 직시하고, 그것을 회피하지 말라

Look reality in the eye and don't flinch.

빨리 앞으로 나아가려는 조급함은 때로 진실을 가려 보이지 않게 한다. 그러나 자신이 보고 싶어 하는 것만 본다고 해서 현실이 사라지는 것은 아니다. 레이네메스의 말이다.

현실을 직시하지 않고서는 경쟁에서 승리를 거둘 수 없다. 잭 웰치가 승자가 될 수 있었던 것은 경쟁자의 능력을 정확하게 평가하고 그에 적절하게 대응했기 때문이다. 그에 반해 다른 기업의 경영자들이 패배한 것은 현실을 외면했기 때문이다.

(3) 언제라도 실행계획서를 고쳐 쓸 수 있는 마음자세를 가져라

Be ready and eager to rewrite your agenda.

잭 웰치는 자신의 계획이 잘못된 것으로 드러나면 주저하지 않고 그 계획을 폐기시켰다. 그는 관리자들이 열심히 일하기를, 때로는 마치 새로운 작업에 임하는 자세로 일해주기를 원했다.

자료 : photog.com

🔩 그림 4.12 예일 대학교 경영대학에서 강연하는 잭 웰치(1998.11.11.)

잘되고 있는 사업에 안주하면 그만이지 왜 어렵고 힘들게 변화해야 하느냐고 물을 수도 있다. 그러나 잭 웰치는 "과거에 집착하지 말라. 열린 마음으로 변화를 받아들여라."라고 말한다. 이것이 바로 잭 웰치의 리더십 비밀이다.

(4) 관리를 적게 하는 것만큼 경영성과는 높아진다

Managing less is managing better.

"우리는 간소경영을 함으로써 불필요한 간섭이나 형식적인 절차가 줄어들어 과거에 비해 훨씬 나은 의사소통이 이루어지고 있음을 알았다. 또한 조직 계층의 수가 줄어들었는데도 경영의 폭은 훨씬 넓어졌다."

(5) 당신이 맡은 사업 전반을 주의 깊게 관찰하라. 그리고 가능한 한 빨리 무엇을 개선할 필요가 있는가, 무엇을 육성할 필요가 있는가, 그리고 무엇을 버려야 할 것인가를 결정하라

자료 : m.blog.naver.com

🔧 그림 4.13 GE & 잭 웰치 웨이

Take a hard look at your overall business. And decide as early as possible what needs fixing, what needs to be nurtured, what needs to be jettisoned.

"미국의 기업계는 기업 내부에만 초점을 맞춘 관료주의 체제를 구축해 왔고, 관료주의가 한때는 올바른 경영방식으로 인식된 적도 있었다. 하지만 시대는 무서운 속도로 변하고 있다. 변화는 비즈니스가 대처하지 못할 정도로 빠르게 진행되고 있다. 통제된 관리는 신속한 경영을 방해한다."

(6) 현실을 직시하라

Face reality.

"경영과 지도의 기술은 결국 단순하다. 현실을 규정하고 직시한 다음 현실에 바탕을 두고 단호하고 신속한 조치를 취해야 한다. 그동안 우리는 그저 나아지겠거니 하는 막연한 희망을 안고 얼마나 자주 멈칫거리고만 있었는지 기억하라. 당신이 저지른 실수 중 대부분이 눈앞의 현실을 그대로 직시하려 하지 않았기 때문에 일어난 것이다. 당신 앞에 있는 현실이라는 거울을 똑바로 직시하라. 그리고 타당한 조치를 취하면 그만이다. 이것이 경영의 모든 것이다."

(7) 한 가지 핵심 아이디어만을 쫓지 마라. 오히려 몇 가지 명확하고 범용성 있는 목표를 사업전략으로 설정하라

Don't pursue a central idea, but rather, set only a few clear general goals as business strategies.

잭 웰치는 구체적이고 단계적인 전략계획에 따라 GE의 사업을 이끌기보다는 그저 몇 가지 명확하고 범용성 있는 목표 설정을 더 좋아한다. 그러면 구성원들은 그들 앞에 놓인 길을 가기 위해 어떤 기회들을 개척하기만 하면 된다. 전략이

> 나는 건설적인 갈등을 좋아한다. 그리고 사업상의 현안에 대한 최선의 결정을 도출해 내는 개방적이고도 진솔한 토론을 좋아한다. 만일 한 가지 아이디어가 철저히 자유롭게 이루어지는 토론에서 살아남지 못한다면 그것은 시장에서도 살아남지 못할 것이다.
> – 잭 웰치 GE 전회장

자료 : icandoit.sitecook.kr

🔧 그림 4.14 한 가지 핵심 아이디어만을 쫓지 마라.

란 구체적인 행동계획이 아니다. 그것은 끊임없는 환경변화 속에서 핵심 아이디어가 진화해 온 결과물이다.

(8) 1위 또는 2위가 되라

Be number one or number two.

"제품과 서비스 분야에서 보통 수준의 기업이 들어설 여지는 결코 없다. 성장률이 낮은 경영환경에서도 성장가능성이 있는 사업을 찾아내어 참여하고, 참여하는 모든 사업에서 1위 또는 2위가 되고자 노력하는 기업만 승자가 될 수 있다.

즉, 유연하고 싼 가격으로 최고의 제품과 서비스를 1위 또는 2위로 제공하는 기업이나 틈새시장에서 뚜렷한 기술적 우위를 지닌 기업만 승리할 수 있다."

(9) 너무 늦기 전에 조직 규모를 줄여라

Downsize, before it's too late.

잭 웰치가 추진한 다운사이징의 여파로 수천 명의 GE 종업원들이 일자리를 잃게 되었다. 어쩔 수 없이 잭 웰치는 종업원들에게 가혹하기 이를 데 없는 일단의 조치를 감행한다는 비난의 표적이 되었다. 하지만 그는 대대적인 수술 없이는 GE가 더 이상 발전할 수 없다는 자신의 주장을 굽히지 않았다. 결국, 회사가 가능한 한 높은 이윤을 내도록 하는 것이 그의 임무였던 것이다.

(10) 기업 혁신에는 성역이 없다

In deciding how to change your business, nothing should be scared.

"당신이 관여하고 있는 사업을 정확하고 엄격한 눈으로 관찰하라. 회사의 경비 절감을 위해 필요하다고 생각되는 방법을 결정하고, 실행에 옮기는 작업을 두려워하지 마라. 당신에게 필요한 종업원과 사업 분야, 그렇지 못한 종업원과 사업 분야를 결정하라. 그 다음 당신이 내린 결정이 아무리 괴로울지라도 감정적으로 흐르지 마라. 두려워하지 마라. 이러한 결정은 빨리 하면 할수록 당신과 당신의 사업은 더 나은 결과를 얻을 것이다."

(11) 유망한 시장을 찾을 때 가능한 한 경쟁을 피할 수 있는 분야를 선택하라. 하지만 경쟁이 불가피하다면 반드시 이겨야 한다. 이길 수 없다면 퇴로를 찾아라

When seeking the right marketplace, there's no virtue in looking for a fight. If you're in a fight, your job is to win. But if you can't win, you've got to find a way out.

"몇몇 사람들은 내가 경쟁을 두려워한다고 말한다. 경영자들의 임무 중 하나는 공연한 싸움을 벌일 것이 아니라 이익을 얻을 수 있는 구체적인 위치를 확보

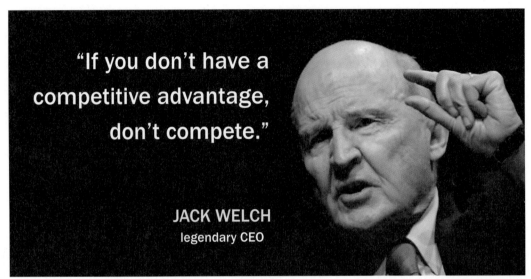

"If you don't have a
competitive advantage,
don't compete."

JACK WELCH
legendary CEO

자료 : doggish.tistory.com

그림 4.15 경쟁력이 없으면 맞서지 마라.

하는 것이다. 기본적으로 나약함을 물리치고 감히 누구도 당신에게 해를 가할 수 없는 안전지대를 구축해야 한다. 구태여 싸울 필요는 없다. 하지만 이미 싸우고 있다면 당신은 반드시 이겨야 한다. 이길 수 없다면, 퇴로를 찾아야 한다."

(12) 새로운 기업문화를 만들고 전파하라

Create a culture, then spread it.

잭 웰치는 경영철학을 만드는 작업이 개혁만으로는 부족하다는 것을 알았다. 무엇보다도 그의 아이디어에 귀 기울여줄 우호적인 청중을 확보하는 것이 중요했다. 그는 이러한 구성원의 관심을 가능한 한 많이 끌기 위해 뉴욕의 크로톤빌에 있는 GE의 경영개발원을 활용했다. 이를 통해 잭 웰치의 메시지는 쉽고 빠르게 그리고 더 많은 사람들에게 전달될 수 있었다. 잭 웰치는 이를 회사 내의 문화혁명이라 부른다.

(13) 과거에 집착하지 마라. 열린 마음으로 변화를 받아들여라

Don't get stuck in the past. Be open to change.

잭 웰치는 '관리한다'는 단어가 이미 과거에 속한다고 생각한다. 그리고 그는 과거를 좋아하지 않는다. 그의 생각에 경영자란 그저 관리하는 것이 아니라, 기업을 이끌어가는 것이다. 즉, 그는 지난 날의 영광에 연연해하며 회사를 경영하고 싶지 않았다. "나는 과거로부터 가능한 한 많은 것을 얻어내려고 노력하지만, 나는 내일을 사는 사람이다."

(14) 실행계획서를 끊임없이 재점검하라. 필요하다면 계획을 다시 쓰라

Reexamine your agenda constantly and, if necessary, rewrite it.

사람들은 GE가 토스터, 다리미 같은 소형가전제품을 포기한다는 것은 회사의 전통적 유산을 팔아 치우는 것이라고 비판했다. 하지만, 잭 웰치는 이렇게 묻는다. "21세기에 접어들어 당신은 토스터 생산라인에서 일하고 싶은가, 아니면 CT 스캐너 생산라인에서 일하고 싶은가?" 그는 소형가전제품이 과거에는 GE에게 명성을 가져다 준 핵심 사업이었지만, 미래의 산업구조를 생각할 때 더 이상 성장가능성이 없다고 판단했다.

(15) 아이디어를 제공하고 자원을 분배하라. 그리고 간섭하지 마라

Transfer ideas and allocate resources. And then, get out of the way.

잭 웰치는 거대 기업을 경영하는 자신의 임무를 간단히 요약했다. "내 임무는 최고의 성공을 거둘 수 있는 사업에 최상의 능력을 발휘할 수 있는 인재를 배치하고 가장 올바른 사업을 선택하여 자본을 투자하는 것이다. 그것이 내 임무다. 즉, 아이디어를 제공하고, 자원을 분배한 후 간섭하지 않고 내버려 둔다. 훌륭한 비즈니스 리더란 관리하기를 포기하는 사람이다."

(16) 조직 구성원들에게 의사결정에 필요한 모든 정보를 얻을 수 있도록 분명히 하라

Make sure everyone in your business gets all the information required to make decisions.

"분명히 경영자란 타인에게 아주 편안한 인상을 줄 수 있도록 열린 자세를 취하고자 노력해야 한다. 경영자의 아이디어가 부하 직원들이 갖고 있는 아이디어를 능가해야 한다든가, 경영자가 부하 직원들보다 많이 알아야 한다고 생각하던 시대는 지났다. 경영자는 모든 사람에게 정보를 공유하도록 하는 역할을 해야 한다."

(17) 조직 구성원들이 성장에 필요한 자원을 가질 수 있고, 교육기법을 활용하여 자신들의 미래지평을 넓힐 수 있도록 분위기를 조성하라

Provide an atmosphere when people can have the resources to grow, the educational tools are available, and they can expand their horizons.

경영자는 분위기, 풍토, 기회, 능력에 따른 승진 등을 제공해야 한다. 구성원들에게 성장할 수 있는 자원을 마련해 주고 성장을 위한 교육수단을 활용할 수 있게 하여 그들의 미래지평을 최대한 넓힐 수 있도록 도와야 한다. 만일 이런 열린 근무환경을 준비할 수 있다면, 구성원들은 당신과 더불어 기꺼이 기업의 비전에 동참할 것이다. 잭 웰치는 말한다. "구성원들을 통제하기보다는 그들을 신뢰하고자 노력한다."

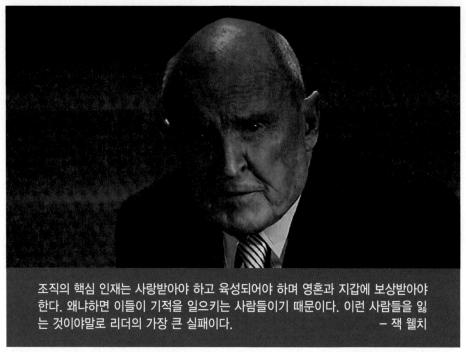

조직의 핵심 인재는 사랑받아야 하고 육성되어야 하며 영혼과 지갑에 보상받아야 한다. 왜냐하면 이들이 기적을 일으키는 사람들이기 때문이다. 이런 사람들을 잃는 것이야말로 리더의 가장 큰 실패이다.　　　　　　　　　　　　－ 잭 웰치

자료 : icandoit.sitecook.kr

⚙️ 그림 4.16　조직의 핵심 인재는 사랑받아야 하고 육성되어야 한다.

(18) 조직계층을 줄이고 군살을 빼라

Delayer: Get rid of the fat.

"불필요한 여러 부문을 제거함으로써 4천만 달러를 절약했다. 하지만, 진정한 가치는 그 수준을 넘는다. 리더십의 질적인 향상이나 신속한 시장개척 같은 측면은 제외된 수치다. 또한 조직계층이 줄어들면서 의사소통의 속도가 빨라졌다. 권한과 책임을 사업부로 넘겨줬고 각 사업부에서는 자율경영 분위기를 만들었다."

(19) 비전을 제시하라. 그리고 구성원들 스스로 비전을 실천토록 하라

Express a vision. Then, let your employees implement it on their own.

훌륭한 경영자는 조직 구성원들이 기업의 실상뿐만 아니라 시장이 어떻게 형성되는지에 대해서 경영자 자신보다 더 잘 파악하고 있다고 생각한다. 훌륭한 경영자는 비전을 제시하고 조직 구성원들에게 이해시켜 그들 역시 비전을 자신의 것으로 삼도록 한다. 이때 비전의 역할은 가능한 한 많은 조직 구성원들이 비전에 관심을 갖게 만들고 그들을 의기소침하게 만드는 것이 아니라 오히려 모험에 대면할 수 있도록 용기를 주는 것이다.

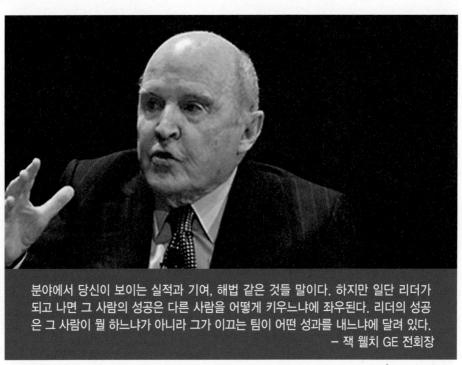

분야에서 당신이 보이는 실적과 기여, 해법 같은 것들 말이다. 하지만 일단 리더가 되고 나면 그 사람의 성공은 다른 사람을 어떻게 키우느냐에 좌우된다. 리더의 성공은 그 사람이 뭘 하느냐가 아니라 그가 이끄는 팀이 어떤 성과를 내느냐에 달려 있다.
– 잭 웰치 GE 전회장

자료 : injaeedu.kr

그림 4.17 리더의 성공은 그의 리더십에 달려 있다.

(20) 작은 회사처럼 움직여라

Act like a small company.

잭 웰치는 작은 회사의 이점을 설명한다. 첫째, 작은 회사는 의사소통을 더 원활히 할 수 있다. 둘째, 작은 회사는 더 빨리 움직인다. 그들은 시장에서 멈칫거렸을 때의 대가가 무엇인가를 잘 알고 있다. 셋째, 작은 회사의 경영자는 분명하게 회사경영의 청사진을 제시할 수 있으며, 업무 수행성과나 효과가 모든 사람들에게 선명하게 드러난다. 넷째, 작은 회사는 시간을 절약한다. 그들은 끊임없는 재검토, 승인, 정책, 서류작성 훈련 등에 시간을 낭비하지 않는다.

(21) 큰 도약을 향해 나아가라

Go for the quantum leap.

잭 웰치는 큰 도약을 이루기 위해서는 대규모 M&A도 마다하지 않았다. 하지만 거기에는 뚜렷한 목표가 있었다. 단순히 GE를 끝없이 확대하는 것이 아니라, 회사의 이익과 가치에 도움이 되는 것이 목표였다.

(22) 아무리 큰 저항이 있더라도 비용을 절감하라

No matter how creates the resistance, get those costs down.

경영자가 경비절감을 시도하면 반대나 저항은 불가피하다. 경비절감안을 처음부터 수용하지 않으려는 사람들의 호소력 있고 설득력 있는 주장들이 논쟁을 주도한다. 잭 웰치는 이러한 논쟁들의 대부분이, 과거와의 비교에서 나왔다는 사실을 알게 되었다. 그는 과거의 방식은 그 당시 타당하고 옳은 것이었을지모르지만 상황이 바뀐 지금까지 과거 방식을 그대로 유지하는 것은 파멸로 가는길이라는 점을 누구보다 잘 알고 있었다.

자료 : sisnewsn.co.kr

⚙ 그림 4.18 아무리 큰 저항이 있더라도 비용을 절감하라.

(23) 더 빨라져라

Get faster.

"스피드가 최선이다. 경쟁세계에서 반드시 필요한 것은 바로 스피드다. 스피드는 기업을, 그리고 사람에게 젊음을 준다. 또한 스피드는 분위기를 고양시키고 에너지를 불어넣어 준다. 관료주의의 폐단을 몰아내고 시장개척을 가로막는 장애물을 제거하면서 적절한 아이디어를 찾아준다. 그리고 여러 부서 간의 장벽이나 관료주의자들을 물리치고자 하는 사업장에서 스피드는 필수불가결한 요소다."

(24) 조직 간 장벽을 없애라

Remove the boundaries.

잭 웰치는 수직적인 장애물은 비교적 처리하기 쉬운 표적물이지만 오히려 수평적인 장애물은 각 기능부문들 사이에 버티고 있어 훨씬 처리하기가 힘들다고 생각했다.

그는 장벽 제거야말로 GE가 목표로 하는 생산성 향상을 이룰 수 있는 유일한 길이라고 주장하며 기능, 계층, 지역 간의 장벽을 없애갔다.

(25) 사업부문 간의 시너지를 추구하고 다양성을 통합해가라

Search for the synergies between your business and strive for integrated diversity.

"만일 당신이 특정영역만 고수하는 자기중심적인 사람이라면 타인들과 공존할 수 없으며 새로운 아이디어를 추구하는 사람이 아니라면 GE에 속할 필요도 없다.

장벽을 없앤다면 우리가 서로 어깨를 툭툭 치면서 농담을 주고받을 수 있는 여유를 찾을 수 있다. 모름지기 조직이란 형식에 매이지 않고 편안한 분위기에서 서로를 신뢰할 수 있는 곳이어야 한다."

(26) 현장으로 권한을 넘겨라

Empower your workers.

"종업원들의 능력을 제대로 활용하려면 그들을 존중해야 한다. 그들을 억누르는 것이 아니라 소신껏 일할 수 있는 자유를 주고 모든 것을 그들에게 맡기는 것이다.

이를 위해서는 그들을 짓누르는 조직계층을 없애고, 그들의 발목을 조이고 있는 관료주의라는 족쇄를 풀어주고, 그들이 가는 길을 가로막고 있는 여러 부서 간의 장벽을 제거해 주는 것이다."

(27) 종업원들이 편하게 의견을 개진할 수 있는 분위기를 만들어라

Create an atmosphere where employees feel free to speak out.

그러니 승리하는 기업을 만드는 게
여러분이 할 일입니다!

자료 : youtube.com

그림 4.19 종업원들에게 권한을 넘겨라.

잭 웰치는 모험을 감수할 준비가 되어 있었다. 그는 관리자만 아이디어를 낼 수 있다고 생각하지 않았다. 또한 관리자들만 매일매일 일어나는 문제점들을 해결할 수 있다고도 생각하지 않았다. 오히려 생산성 향상에 기여하는 대부분의 창조성과 혁신성은 현장의 종업원들에게서 나온다는 사실을 믿어 의심치 않았다. 우리는 종업원들이 자신에게 도움을 줄 수 있는 누군가에게 자신의 문제점을 솔직하게 털어놓을 수 있는 분위기를 만들어야만 한다.

(28) 실제로 일하는 현장 목소리에 귀 기울여라

Listen to the people who actually do the work.

"비체계적인 일, 조직계층, 조직구조들 중에서 불필요한 부분들을 대거 없애고 항상 문제를 일으키는 관료주의의 잡음을 제거하고서야, 우리는 조직 내부를 더욱 깊이 들여다 볼 수 있었다. 실제로 현장에서 일하는 사람들의 목소리에 귀를 기울이고 고객들에게 관심을 보이기 시작했다. 우리는 워크아웃(work-out)이라는 프로그램을 통해 그들의 창조성을 이끌어내고, 더 주의 깊게 그들의 아이디어를 듣고, 회사 전체에 좀 더 많은 것을 실행하고자 하는 그들의 열망을 실현할 수 있었다."

(29) 불필요한 일을 없애라

Eliminate unnecessary work.

더 높은 생산성은 매우 중요한 목표다. 그렇다고 해서 지나치게 높은 목표를 세우면 그 누구도 목표를 달성할 수 없다. 불필요한 업무를 제거함으로써 종업원들이 워크아웃 프로그램의 의도에 적응 하여 빠르고 확실한 성과를 거두게 될 것이다.

(30) 종업원들 앞에 가서 그들의 모든 질문에 답하라

Go before your workers and answer all their questions.

"시간과 손만 제공할 뿐, 어떤 것도 질문한 적이 없던 사람들이었지만 이제는 그들의 마음, 그들이 추구하는 바가 무엇인지를 알았다. 그리고 그들의 아이디어를 듣는 과정에서, 현장 가까이에서 일하는 그들의 의견이 그 누구의 의견보다도 좋다는 사실을 알게 되었다."

직원들에게 자유롭게 활동할 기회를 주는 것이 더 중요한 겁니다!

자료 : blog.daum.net

🔩 그림 4.20 종업원들 앞에 가서 그들의 모든 질문에 답하라.

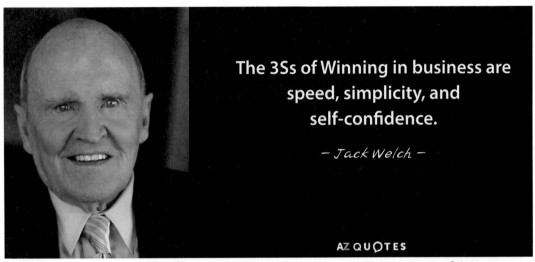

자료 : azquotes.com

⚙ 그림 4.21 신속성, 단순성, 자신감을 목표로 삼아라.

(31) 신속성, 단순성, 자신감을 목표로 삼아라

Aim for speed, simplicity, and self-confidence.

신속성이란, 사람들이 머리를 맞대고 가능한 한 빨리 의사결정을 내림으로써 몇 달에 걸쳐 처리해야 할 일거리나 서류더미를 만들지 않도록 할 때 비로소 가속도가 붙는다는 의미다. 단순성이란, 비전을 제시하여 방향성을 통일하고, 종업원들은 솔직하고 정직해져야 한다는 뜻이다. 또한 대규모 조직에서는 대단한 자신감이 요구된다. 그러나 회사가 자신감을 나눠 줄 수는 없다. 다만, 회사는 모험하고 승리할 수 있는 기회를 제공함으로써 종업원들은 자신감을 얻을 수 있다.

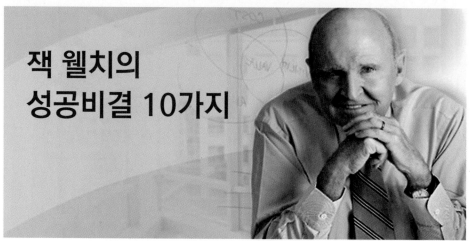

 그림 4.22 잭 웰치의 10가지 성공비결

4 잭 웰치의 10가지 성공비결

(1) 사람에게 투자하라

가장 소중한 것은 당신과 일하는 사람들이며, 그들의 능력을 개발하면서 함께 일해 나갈 수 있는 자질이다.[3]

(2) 시장을 지배하지 못하면 차라리 물러나라

망설임은 시간과 돈을 낭비할 뿐이다. 만약 선두에 설 수 없다면 당장 포기하고 다른 일을 알아보아야 한다.

---

3) 출처 : 잭 웰치의 10가지 성공 비결

(3) 현실에 안주하지 마라

한 곳에 머물지 않고 끊임없이 변화함으로써 목표에 더욱 가까이 다가설 수 있다.

(4) 서비스를 지향하라

잭 웰치는 서비스 개념을 도입해 GE를 제조업체 겸 서비스업체로 변모시켰다.

(5) 과거는 버리고 미래를 준비하라

GE는 IT건 인터넷이건 새로운 것은 무엇이든 포용한다. 잭 웰치는 미래를 지향하고, GE는 미래를 창조한다.

(6) 학습하는 리더가 되어라

끊임없이 학습하고 올바른 의사결정을 위해 노력하라. 실패를 통한 학습은 성공의 환희보다 훨씬 중요하다.

자료 : cigol.tistory.com

그림 4.23 트럼프를 만나 그의 성공비결을 말하는 잭 웰치

(7) 독불장군은 곤란하다

잭 웰치는 사람들과의 의사소통을 중시한다. 그는 늘 솔직하며 있는 그대로를 말하기 좋아한다.

(8) 관료주의를 타파하라

잭 웰치는 입사 후 GE를 떠날 결심을 했다. 그리고 최고경영자에 오른 직후 관료제와 전면전에 돌입했다.

(9) 인내심을 가져라

하나의 조직에만 머무르는 사람은 도태될 수 있다. 그러나 잭 웰치는 한 조직에 머물면서 모든 것을 이루어냈다.

(10) 구멍가게를 경영하듯 하라

잭 웰치는 GE를 구멍가게처럼 경영한다. 막대사탕을 팔건, 원자력 발전소를 팔건 그것이 중요한 것은 아니다.

자료 : cigol.tistory.com

⚙ 그림 4.24 구멍가게를 경영하듯 하라.

제4차 산업혁명의 총아 제너럴 일렉트릭

GE를 재탄생시킨 제프리 이멜트

Chapter 05

① GE가 걸어온 길

(1) GE의 상징, 에디슨

주지하는 바와 같이 GE는 1878년에 발명왕 토머스 에디슨이 창업한 회사를 모태로 하는 기업이다. 지난 1898년 〈월 스트리트 저널〉을 창간한 찰스 다우

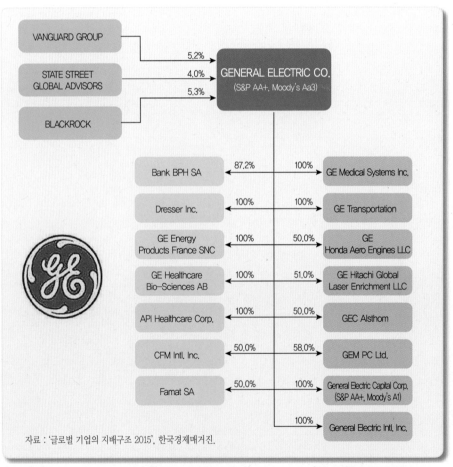

자료 : '글로벌 기업의 지배구조 2015', 한국경제매거진.

자료 : magazine.hakyung.com

🔩 그림 5.1 GE의 지분 구조

(Charles Henry Dow)가 최초로 다우존스 산업평균지수를 발표하면서 성과가 높은 미국의 대표적인 12개 우량기업을 선정했는데, GE는 그 안에 이름을 올렸다. 그때 선정된 우량기업 중에서 오늘날까지 생존하고 있는 유일한 기업이 GE이다. 미국인들이 GE를 위대한 미국 기업의 상징적인 아이콘으로 인식하는 이유가 여기에 있다.

139년에 걸친 역사를 자랑하는 GE는 성장과 번영을 거듭해왔다. GE에는 소위 주인(owner)이 없다. GE는 전 세계에서 주식 소유 구조가 가장 잘 분산된 기업으로 알려져 있다. 주주 수만 해도 무려 500만 명에 이른다. 2015년 현재 지분 구도를 봐도 창립자 가문의 흔적을 찾아보기 어렵다. 최대 주주인 블랙록은 뉴욕에 본사를 둔 세계 최대의 자산 운용사다. 최대 주주의 지분율은 5.3%에 불과하다.[1]

1878년 에디슨은 자신의 발명품들을 판매할 목적으로 에디슨 전기회사를 설립했는데, 그것이 바로 GE의 모태이다. GE의 상징적인 존재라고 할 수 있는 에디슨은 오늘날에도 GE를 움직이는 원동력으로 살아 있다. 에디슨의 수많은 혁신적인 제품의 유산을 발판으로 GE는 1920년에 산업용 전기제품에서 가전 분야로 사업을 확대했다. 이어서 제2차 세계대전을 계기로 제트엔진, 전투기, 원자력 부문으로 사업다각화에 대성공을 거두게 된다.

기업도 생명체와 마찬가지로 성장기를 거쳐 성숙하고 쇠퇴한

자료 : gekorea.tistory.com

🔩 그림 5.2 X선 관(1913)

---

1) 박병규, GE의 역사를 새로 쓰는 제프리 이멜트, 일송북, 2008.

다. 각 단계별로 사업과 경영의 성공 포인트가 달라진다. GE의 경영은 그 사업과 경영시스템의 특징에 따라 세 개의 시기로 나눌 수 있다. '개발의 시기'를 시작으로 하여 '사업의 시기'를 거쳐 '경영의 시기'로 변화해 왔다.

(2) 개발의 시기

자료 : gereports.kr

⚙ 그림 5.3 1890년대 톰슨 휴스톤 공장, GE와 합병한 직후의 모습

오늘날 많은 미국인들이 에디슨을 GE의 창업자라고 알고 있으나, 경영이라는 측면에서 보면 에디슨이 GE에 실제로 미친 영향은 그렇게 크지 않다. 에디슨 전기회사는 1892년 톰슨 휴스톤(Thomson Houston)과 합병할 때 소수의 파트너로 흡수되었다고 볼 수 있다.

따라서 기업으로서의 GE 역사를 뒤돌아볼 때 성장의 첫 단계는 1892년부터 1939년까지

자료 : bjlee.org

⚙ 그림 5.4 개발의 시기 세 CEO, 왼쪽부터 코핀, 라이스, 스워프

로 보는 것이 타당하다. 이 시기의 GE는 세 명의 CEO에 의해서 운영되었다. 초대 CEO인 찰스 코핀(Charles A. Coffin, President, 1892~1913), 2대 CEO인 에드윈 라이스(Edwin Rice Jr., President, 1913~1922), 3대 CEO인 제라드 스워프(Gerard Swope, President, 1922~1939, 1942~1944)가 바로 그들이다. 바꾸어 말하면, 에디슨은 GE의 상징적인 존재이며, 실질적인 설립자는 찰스 코핀이다.

(3) 사업의 시기

2차 세계대전 기간 동안 군수품을 제조하면서 GE는 전기 기반 기술을 핵심역량으로 하여 인접 산업으로 차츰 진출하게 된다. 그리하여 1950년대에는 대단히 복잡하고 다각화된 기업으로 성장하게 된다. 이 시기도 세 명의 CEO가 경영을 하게 된다. 찰스 윌슨(Charles E. Wilson, President, 1940~1942, 1944~1950), 랄프 코디너(Ralph J. Cordiner, President, 1950~1963, CEO, 1958~1963), 프레드 보치(Frederick 'Fred' Borch, CEO, 1963~1972) 등이 그 주인공이다.

이 시기부터 공학이나 엔지니어링을 전공하지 않은 사람이 최고경영자가 되기 시작한다. 윌슨은 중학교를 중퇴하고 공장에 취직하여 현장에서 성장했고,

자료 : bjlee.org

⚙ 그림 5.5 사업의 시기 세 CEO, 왼쪽부터 윌슨, 코디너, 보치

코디너는 경제학을 전공한 후 영업 부문에서 업무 경험을 넓혀 갔다. 보치 역시 경제학을 전공하고 감사팀에서 경력을 쌓아 나갔다. 다시 말하면, 엔지니어가 중심이 되었던 '개발의 시기'와 달리 사업가가 필요한 시기였던 것이다.

(4) 경영의 시기

자료 : bjlee.org

🔧 그림 5.6 경영의 시기 세 CEO, 왼쪽부터 존스, 웰치, 이멜트

1970년대 오일 쇼크와 일본기업의 도전에 직면하여 미국 경제가 어려워졌다. 이때 GE의 경영에도 큰 변화가 찾아온다. 특히 1960년대 후반 시도했던 새로운 사업의 실패로 인해 '이윤 없는 성장'의 시기를 경험한 이후 사업 포트폴리오 조정을 진지하게 진행한다. 이 시기는 와튼 스쿨에서 경영학을 전공하고 재무 분야에서 성장한 렉 존스(Reginald 'Reg' Jones, CEO, 1972~1980)를 비롯하여 잭 웰치(John J. 'Jack' Welch Jr., CEO, 1981~2001), 현재 CEO인 제프리 이멜트(Jeffrey R. Immelt, 2001~현재)에 의해서 경영되고 있다.

GE를 벤치마킹하는 데 있어서 주의할 점이 두 가지 있다. 첫째, GE는 설립 시점부터 일등이었던 회사고 지금도 일등이다. 둘째, 기업마다 성장 단계별로 그에 걸맞는 리더십이 있고 전략이 존재한다는 사실을 명심해야 한다.

② GE의 재탄생

(1) GE의 재발명

모든 건 2009년 단순한 대화에서부터 시작됐다. 제프리 이멜트 당시 GE 회장 겸 CEO는 뉴욕 니스카유나에 위치한 GE글로벌리서치센터에서 과학자들과 제트엔진에 센서를 내장하는 것과 관련한 대화를 나누고 있었다. 운항 중 제트엔진은 항공기에 필요한 전원 및 동력을 제공할 뿐만 아니라, 수조(trillions) 바이트에 달하는 데이터를 생성한다. 이 데이터는 엔진 운영 상황을 파악하는 데 있어 매우 귀중한 정보이다. 데이터 분석을 통해 GE는 기계 운영을 최적화할 수 있을 뿐 아니라, 미래에 더 좋은 엔진을 만들 수 있기 때문이다. 하지만 그 데이터로 GE는 그때까지 무엇을 하고 있었을까?

자료 : gereports.kr

🛠 그림 5.7 GE글로벌리서치센터

사운을 바꿀 수 있는 이 대화 직후에, 이멜트는 GE를 전혀 다른 종류의 기업으로 가는 길에 올려놨다. 연결된 기계로부터 생산성 향상을 이끌어낼 수 있는 디지털 산업기업으로 가는 길로 말이다.

자료 : aviationpros.com

🛠 그림 5.8 GE 제트엔진, 지상에서 세상을 움직인다.

그때까지 GE가 걷던 길과 전혀 다른 길로 인도한 그 결정은 2017년 7월 31일로 끝난 제프리 이멜트 회장의 16년 임기 중 매우 중대한 결정이었다. 그는 125년 된 산업기업인 GE를 기계 데이터에 대한 과학자적 통찰력을 중심으로 하는 스타트업 기업처럼 경영했다. 미국의 상징과도 같은 GE를 제트엔진, 의료 진단영상장치, 가스터빈 등 산업 기계를 판매하는 180개국에 걸친 글로벌 인프라의 핵심 기업으로 만들었다. 또한 동시에 미국 본토에서의 제조 비중을 늘렸다. 사업규모를 1,000억 달러 규모로 성장시켰으며, 산업기업이라는 회사의 본질로 회귀했으며, 핵심 산업 관련 사업의 수익을 두 배로 늘렸고, 성장 전략으로써 혁신에 초점을 맞췄다.

특히 GE항공의 CF6 제트엔진은 현재 미국의 대통령 전용기인 에

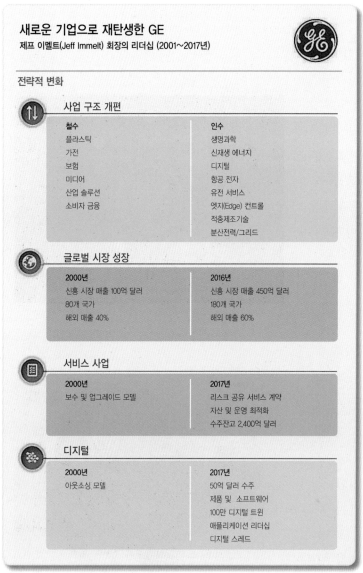

새로운 기업으로 재탄생한 GE
제프 이멜트(Jeff Immelt) 회장의 리더십 (2001~2017년)

전략적 변화

↕ **사업 구조 개편**

철수	인수
플라스틱	생명과학
가전	신재생 에너지
보험	디지털
미디어	항공 전자
산업 솔루션	유전 서비스
소비자 금융	엣지(Edge) 컨트롤
	적층제조기술
	분산전력/그리드

🌐 **글로벌 시장 성장**

2000년	2016년
신흥 시장 매출 100억 달러	신흥 시장 매출 450억 달러
80개 국가	180개 국가
해외 매출 40%	해외 매출 60%

▤ **서비스 사업**

2000년	2017년
보수 및 업그레이드 모델	리스크 공유 서비스 계약
	자산 및 운영 최적화
	수주잔고 2,400억 달러

⚛ **디지털**

2000년	2017년
아웃소싱 모델	50억 달러 수주
	제품 및 소프트웨어
	100만 디지털 트윈
	애플리케이션 리더십
	디지털 스레드

자료 : ge.com

그림 5.9 이멜트 회장 임기 중의 전략적 변화

어포스 원(Air Force One)과 수많은 보잉 747 기종에 동력을 제공하고 있다. 항공엔진 기술에서 파생된 발전용 터빈을 '항공엔진파생형 가스터빈'이라고 부른다. 하늘에서 항공기를 움직이던 제트엔진, 이젠 지상에서 세상을 움직인다.

어떤 의미에서 이멜트는 발명으로 유명해진 회사를 재발명했다.

(2) 언제나 진실을 말해라

제프리 이멜트 회장은 9·11 테러가 일어나기 나흘 전인 2001년 9월 7일 GE CEO로 취임했다. 비극적인 사건의 여파로, 거의 즉각적으로 전 세계 주식시장은 폭락했고, GE 시가총액은 10억 달러가 증발해 버렸다. 존 라이스 GE 부회장은 이 혼란 속에서 어려움을 겪는 산업분야에 대해 이멜트가 내린 결단에 대해 이렇게 말한다. "당시 GE는 항공사에 많은 자본을 투자했습니다. (테러로 인한 공항 폐쇄 등으로 인해) 항공사들은 운영 자체를 할 수 없었기 때문에 자금이 필요했습니다. 이멜트 회장은 GE 고객의 편에 서겠다는 어려운 결정을 내린 것이지요."

이멜트 회장은 GE에 입사한 후 초창기부터 꾸준히 이런 태도를 견지했다. 다스머스 대학(Darthmouth College)에서 수학과 경제학을 전공하고, 하버드 비즈니스 스쿨을 졸업했고, 1982년에 GE에 입사했다. 입사 직후 GE의 가전 부서에 배치됐고, 냉장고 컴프레서와 관련된 품질관리 문제에 직면하게 됐다. 그는 수백 명의 영업사원을 관리하면서, 7,000명의 직원을 동원해 300만 개의 컴프레서를 고쳤다. 당

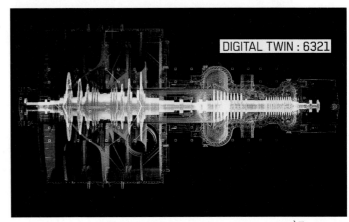

DIGITAL TWIN : 6321

자료 : ge.com

🔧 그림 5.10 이멜트는 GE를 전혀 다른 종류의 기업으로 가는 길에 올려놨다: 연결된 기계로부터 생산성 향상을 이끌어낼 수 있는 디지털 산업 기업으로 가는 길로

시 CEO였던 잭 웰치에게 해당 문제를 대충 둘러대는 것이 아니라, 비용이 얼마나 드는지 직설적으로 보고했다. 이후 이멜트 회장은 〈패스트컴퍼니(Fast Company)〉 매거진에 이렇게 말했다. "항상 진실을 말해야 한다는 걸 배웠습니다."

(3) 완전히 변모한 사업구조

후임 존 플래너리 CEO에게 넘겨주는 현재의 GE는, 이멜트 회장이 선임으로부터 물려받았을 때와 비교해 크게 바뀌었다. 이멜트는 GE의 부동산, 금융 서비스, NBC유니버설을 포함한 미디어 사업부를 분사해 수천억 달러 규모의 유동성을 확보했다. 이런 결정으로 인해 GE는 2008년 금융 위기 이후 안정화되었다. 이후 이멜트는 전력 인프라 산업에 중점을 두고, 2015년 알스톰 통합, 2016년 GE오일 앤가스 사업부를 베이커 휴즈와 합병함으로써 GE를 세계 최대의 에너지 서비스 기업으로 탈바꿈시키며 회사의 핵심을 강화했다. 존 라이스 부회장은 이렇게 말한다. "이멜트의 변함없는 유산은 바로 사업구조의 변모입니다."

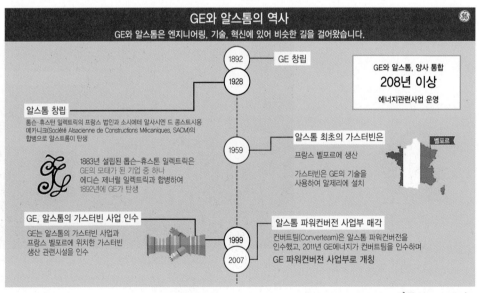

자료 : gereports.kr

그림 5.11 GE-Alstom의 역사

또한 제프리 이멜트 회장의 경영하에, GE는 고객에게 중요한 문제에 집중했다. GE의 에코매지네이션(Ecomagination) 이니셔티브는 환경을 기업 의제의 최상위로 올리는 데 도움이 되었다. GE는 가스 터빈 및 제트 엔진으로 세계 최고수준의 효율성을 창출하고, 세계 최대의 풍력 터빈을 개발했으며, 기계를 인터넷에 연결하고 최적화할 수 있는 소프트웨어에 투자했다.

GE의 9HA 가스터빈은 세계에서 가장 효율적이라고 기네스북에 등재됐으며, 풍력터빈 제조사업은 세계에서 가장 큰 규모를 자랑한다. 산업인터넷을 위한 소프트웨어 플랫폼인 프레딕스

자료 : slideshare.net

⚙️ 그림 5.12 산업용 클라우드 플랫폼–프레딕스

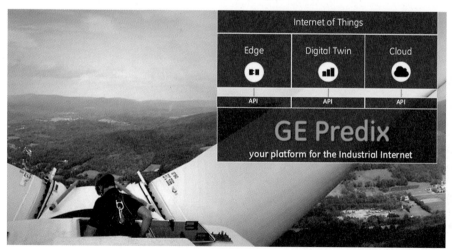

자료 : gereports.kr

⚙️ 그림 5.13 GE의 프레딕스는 산업용 사물인터넷(산업인터넷) 플랫폼

(Predix)는 디지털 산업 전환을 주도하고 있다.

　재정적으로도 성공적이었다. 2005년 이후 에코매지네이션은 3천억 달러의 매출을 창출했다. 이 프로그램은 GE가 온실 가스 배출량을 53% 줄이는 데도 도움이 되었다.

　베스 콤스탁 GE 부회장은 제프리 이멜트 회장에 대해 이렇게 말한다. "모든 세대에 걸쳐, 미래를 예측하고, 다음엔 무엇이 중요한지 상상할 수 있는 능력을 가진 사람들이 존재합니다. 그리고 이 중 아주 적은 수의 사람들만이 이런 지식을 토대로 행동에 옮기며, 다른 사람들을 고취시키며 함께 가자고 합니다. 제프리 이멜트 회장은 그런 사람이었습니다. 그의 선견지명이 있는 리더십 덕분에 저를 포함하여 많은 사람들의 삶과 경력을 변화시켰습니다. 또한, GE와 이 세상을 바꿨죠."

(4) 해결사

2017년 8월 1일 부로 CEO로 취임하고, 2018년 1월에 회장 취임이 예정되어 있는 존 플래너리(John Flannery)는 이멜트 회장의 주요 정책의 핵심 임무를 수행해 왔다. GE 사업개발을 총괄했던 55세의 그는 GE 역사상 가장 큰 규모의 인수였던 135억 규모의 알스톰 통합을 총괄했다. 이전에는 라틴 아메리카와 아시아 지역 사업을 이끌었고, 일본에서의 수익을 두 배로 늘렸으며, 인도에서 3년을 보냈다. 2014년 180억 달러 규모의 헬스케어 사업을 진두지휘하며 매출을 5% 증대시켰다.

자료 : biz.chosun.com

그림 5.14 현 CEO인 제프리 이멜트(좌)와 차기 CEO로 내정된 존 플래너리

존 플래너리 CEO는 2017년 6월 12일에 진행한 페이스북 라이브를 통해 GE는 이멜트 덕분에 '훨씬 심플한 회사'가 되었다고 말했다. 플래너리의 최우선 과제는 투자자와 고객의 목소리에 귀 기울이고, 실행에 집중하며, 회사 전반을 긴박감을 갖고 새로운 시선으로 살펴보는 것이라고 했다.

(5) 지속성과 탄력성

제프리 이멜트 회장은 회사가 앞으로 전진하도록 헌신하는 임직원들이 있기에, GE는 이미 미래를 위해 준비된 회사라고 말한다. 그러면서 동시에 125년 된 회사의 과업이 아직 완수되려면 멀었다는 걸 잘 알고 있다.

자료 : ttimes.co.kr

🔩 그림 5.15 이멜트가 배운 리더십, 지속성과 탄력성

2016년 NYU(뉴욕대) 스턴 스쿨 경영대학원 졸업생과 이야기하면서 이멜트는 이렇게 말했다. "제 경력 초기에는 사람들이 어떻게 생각할지에 대해 너무 걱정이 많았습니다. 시간이 지남에 따라, 완벽해지려는 것보다 앞으로 나아가는 것이 더 중요하며, 무엇이든 가치 있는 것을 이루려면 지속성과 탄력성이 필요하다는 것을 깨달았습니다."

3 **이멜트가 GE의 CEO로 16년간 재임하면서 배운 것들**

다음은 제프리 이멜트 GE 전 회장 겸 CEO가 최고경영자로서의 마지막 날, 전 세계 GE 임직원과 공유한 글이다.

오늘은 제가 GE의 CEO로서 근무하는 마지막 날입니다. 내일부터는 존 플래너리(John Flannery) 신임 CEO가 세계 최고의 디지털 산업기업 GE를 이끌 것입니다. 플래너리 신임 CEO를 안지 20년이 되었습니다. 그는 사려 깊고, 성실하며, 열의와 의욕을 갖도록 주변 사람들을 고무하는 리더입니다. GE 팀과 고객들은 그의 판단과 글로벌 시각을 존중합니다. 미래의 GE를 이끌어 가기에 적합한 인물입니다.

제가 GE를 이끌며 배운 교훈 몇 가지를 여러분과 공유하고자 합니다. 리더십이란 하나의 단막극과도 같다고 생각합니다. 플래너리는 자신만의 방식대로 GE를 이끌어 나가겠지요. '학습'은 훌륭한 리더가 지니고 있어야 할 자질 중 하나입니다. 저 역시 배움을 멈추지 않았고, 플래너리도 역시 그러할 것입니다.

(1) 목표는 높게 설정하라

자료 : etoday.co.kr

{% icon %} 그림 5.16 목표는 높게 설정하라.

항상 미래를 개념화하고, 미래에 대한 관점을 가지는 것이 중요합니다. 목표를 높이 설정하고, 사람들이 책임감을 느낄 수 있도록 하세요. 평판을 유지하기 위해선 그 어떤 싸움에서도 물러서지 마세요. 매 순간 주의를 기울이고, 늘 존중하며 동기를 부여할 수 있는 경쟁자가 되세요. 중요한 것에 집중하세요.

(2) 힘들지만 중요한 결정을 내릴 수 있어야 한다

배당을 낮추고, NBC유니버설을 매각하며, 알스톰(Alstom)을 인수했습니다. 이런 것들은 누구라도 하고 싶지 않은 힘든 결단입니다. 하지만 CEO는 비판과 평가를 두려워해서는 안 됩니다. 실제 자신이 그 위험에 노출되지 않으면, 어떤 결단도 쉽게 보이는 법입니다. 그리고 언제든 적극적인 방법을 택해야 한다는 것도 잊지 마세요. 저는 세상 일은 통제할 수 없지만, 자기 자신은 통제할 수 있다는 사실을 (아주 어려운 방법으로) 배워 왔습니다. 좋은 리더란 정공법을 택하는 법입니다.

(3) 미래는 결국 온다

미래를 위한 투자에 대해 사과할 필요는 없습니다. '장기적'이라는 것은 단순히 '단기적'인 것이 연속적으로 놓여 있는 것 그 이상의 의미를 갖고 있습니다. 거기엔 사상이라는 것이 존재합니다. 산업인터넷(industrial internet)이나 적층제조(additive manufacturing)기술은 미래의 GE를 정의하게 될 것입니다. 포기하지 마세요. GE의 뛰어난 사업부는 정북을 정확히 나타내는 나침반처럼 미래를 형성하는 지침을 가지고 있습니다. 어떤 경우 주주는 다른 시간의 축이나 가치를 중시할 수 있습니다. 그러나 훌륭한 사업가는 미래를 위한 여정에 가치를 둡니다.

자료 : etoday.co.kr

🔧 그림 5.17 미래는 결국 온다.

(4) 인식과 현실을 일치시켜야 한다

정직성에 대한 말을 하려는 것이 아닙니다. 오히려 정직해지는 것은 쉽습니다. 맥락(context)이 없는 사실(fact)은 진실(truth)이 아닙니다. 사람들은 '속에 있는 것을 모두 말하고'는 이를 정직함이라고 생각하고 싶어 합니다. 하지만 이는 내 마음만 편해질 뿐, 주변은 불편하게 만들고 맙니다. 항상 투명해야 하지만, 이에는 솔루션이 동반되어야 합니다. 사실은 발전을 위한 과정 중 일부이지, 비판을 위한 수단이 아닙니다. 진실에는 사실과 문맥 모두가 필수불가결합니다.

(5) 크게도 작게도, 길게도 짧게도 행동하라, 더 깊게 생각하라

최고의 리더들은 다양한 것을 생각하는 사상가들입니다. 전체적인 전략도, 하나하나의 세부사항도 모두 이해할 수 있어야 합니다. 10~20년 후 세상에 대한 장기적 시각뿐만 아니라 분기별로 바라보는 단기적인 시각도 필요합니다. 하지만 다른 사람들이 생각하고 있는 것을 말할 수 있는 여지를 남겨 두세요.

(6) 모든 일을 직접 다 처리하지 말고, 위임하라

자료 : ttimes.co.kr

🔧 그림 5.18 믿고 위임하라.

자신의 팀을 신뢰하는 것이 중요합니다. 목적과 권한이 생길 때 팀은 재빠르게 움직입니다. 글로벌, 디지털, 에코매지네이션(Ecomagination) 등 GE가 성공적으로 이끌어 온 사업의 이면에는 민첩하고 GE의 규모를 잘 활용하는 팀이 있었습니다. 조직 내 권한은 분배되어 있어야 합니다.

(7) 성공은 시장에서 거두는 것이지, 회의실에서 거두는 것이 아니다

회사라는 틀에 갇혀 버리기 십상이지만, 저는 우리의 성공을 결정하는 것은 우리의 고객이라고 굳게 믿고 있습니다. 미래를 위해 협상을 해 줄 척후병과 같은 사람들(scouts)을 주위에 두고, 그들에게 귀를 기울이세요. 기꺼이 도전하고 실패하세요. 성공에는 말이 아니라 행동이 필요합니다. GE는 기록적인 수주잔고와 시장점유율을 보유하고 있으며, 시간이 흐르면 이익을 가져다 줄 것입니다. 기업으로서 시장을 선도하는 것은 너무나 당연합니다. 마치 공기 중의 산소처럼 말이지요.

(8) 직함보다는 일 자체를 좋아하라

저는 지금까지 직원과 투자자를 위해 일해왔습니다. 그래서 컨퍼런스나 외부 회의에 참석하는 등 주요 업무 외의 일은 약간의 휴식과도 같았습니다. 제 자신이 CEO라는 점에 크게 신경은 쓰지 않았지만, CEO가 감당하는 일의 다채로움을 매우 좋아했습니다. 지금껏 어떤 일도 소홀히 한 적이 없습니다. GE에선 목적의식과 헌신이 의미를 가지는 것입니다.

(9) 결코 포기하지 말라

마이크 타이슨(Mike Tyson)은 이렇게 말한 바 있습니다. "모든 사람은 계획을 갖고 있다, 코에 주먹 한 방 맞기 전까지는." 우리 모두 지금보다 더 잘 할 수 있다고 생각합니다. 얼마나 빨리 배울 수 있는가? 얼마나 변화

자료 : clien.net

🔩 그림 5.19 마이크 타이슨의 명언: 누구나 그럴싸한 계획을 갖고 있다.

시킬 수 있는가? 무엇을 줄 수 있는가? 무엇을 참아야 하는가? 리더십이란 자신의 내면 깊이 파고 들어가는 여정과도 같은 것입니다.

(10) 모든 순간 리더로서 최선을 다하라. 일, 직원, 직무에 항상 감사해야 한다

저에게는 GE의 팀과 보낸 매 순간이 세상 모든 것보다 소중했습니다. 제가 만난 항공기 엔지니어나 의료기기의 부품을 다루는 엔지니어들, 그렇게 자신의 일에 헌신하는 사람들을 본 적이 없습니다. 그런 사람들과는 개인적으로도 관계를 구축해야 합니다. 어떤 분야에서든 그 부문에서 활약하고 있는 사람들은 의미 있는 일을 하고 싶다, 더 큰 규모의 일에 힘을 보태고 싶다고 생각합니다. GE를 이끌어 나가기 위해선 이런 사람들의 마음을 듣고 함께 최고의 결과를 낼 수 있도록 지원해야 합니다.

이제 GE는 세계적으로 막강한 인프라 기업입니다. 세계에서도 가장 중요한 산업 영역에서 시장을 주도하고 있으며, 폭 넓은 사업 포트폴리오를 구축함으로써 기업의 전략과 문화를 재구성하고 있습니다. 하지만 그럼에도 변함없이 강한 목적의식을 갖고 헌신적이고 의욕 넘치는 사람들이 일하는 기업입니다. 최고의 기준을 가진 능력주의 기업입니다. 세계 곳곳에 분포한 글로벌 팀과 고객을 위해 최선을 다하고, 다양성을 수용하는 기업입니다.

GE에서 일하는 우리 모두는 다양한 이유로 이 유서 깊은 기업에 닿

자료 : gekorea.tistory.com

그림 5.20 오늘도, 내일도, 우리는 변화를 만들어 갈 것입니다.

앉겠지요. 많은 사람들은 무언가를 더 이루고, 더 큰 일에 참여하고, 자신들이 관련된 세상에 변화를 가져오고 싶다는 생각에서 GE에 입사했을 것입니다. 오늘도, 내일도, 우리는 변화를 만들어 갈 것입니다.

 ## 4 생각하는 기계

(1) GE 디지털데이 - 산업인터넷 그리고 혁신

지난 2016년 7월 일본 도쿄에서 GE의 산업인터넷 기술을 선보이는 행사로 GE 디지털데이 2016 행사가 열렸다. 소프트웨어와 혁신, 강력한 디지털 산업기술에 중점을 둔 행사였다. GE의 파트너와 고객을 비롯한 여러 참가자들은, 산업인터넷 기술에 기반하여 디지털 산업기업으로 변신하는 GE가 그동안 축적한 새로운 지식, 새로운 기회와 성과를 함께 나누었다.

참가자들은 각자에게 필요한 디지털 전환을 어떻게 시작할 것인지를 배울 수 있었다. 산업인터넷을 위한 클라우드 기반 플랫폼 프레딕스를 비롯한 GE의 최신 첨단기술에 대한 정보를 얻는 한편, 새로운 산업인터넷 혁신이 제조업을 비롯한 산업 전반을 어떻게 바꿀 것인가에 대한 통찰도 얻을 수 있는 자리였다.

자료 : gereports.kr

🔧 그림 5.21 GE 디지털데이 2016

캘리포니아 샌 라몬에 위치한 GE디지털에서 이머징 버티컬(emerging verticals) 팀의 사용자 경험(UX)을 담당하고 있는 데이비드 빙햄(David Bingham)이 참석했다. 그는 GE 디지털데이 2016 행사에서 GE의 디자인 사고(Design Thinking)를 주제로 발표하여, 많은 관심을 받은 바 있다.

데이비드 빙햄에 따르면, 산업인터넷은 새로운 산업을 만들어냄은 물론이고 세상이 움직이는 방식에도 영향을 미칠 것이라고 한다. 하지만 이런 혁신기술이 산업에 적용되려면, 기존의 관행에 익숙해져 있던 사람들에게서 저항이나 거부를 경험하게 될 수밖에 없다. 사용자 경험을 담당하고 있는 이답게, 데이비드 빙햄은 사람들의 의사와 요구를 업무에 반영하여 일의 순서를 최적화하는 것이 올바른 방법이라고 제언한다. 이런 관점은 GE에서 진행하고 있는 패스트웍스 방법론과도 상통한다.

디지털 산업기업으로 훌륭히 변신하고 있는 GE가 혁신기술을 통해 사람들과 소통하고자 하는 통로 중 하나로 '마인드 앤드 머신'을 들 수 있다. 하지만 이 행

자료 : gereports.kr

🔩 그림 5.22 발표하는 데이비드 빙햄

사의 명칭에서 '기계'보다 '사람'이 앞서서 등장하고 있음에 유의해야 한다. GE는 사람들이 일에 대해 어떻게 생각하고, 일에 어떻게 접근하는지를 이해하고자 한다.

(2) 사물인터넷, 산업을 강타하다

애플은 2007년 아이폰을 출시하고 1년도 채 안 된 시점에 앱스토어(App Store)를 론칭했다. 그 결과 아이폰 사용자가 자신의 니즈에 맞는 앱을 선택할 수 있게 되면서 아이폰의 활용도는 점점 증가했다. 앱 스토어 등장으로 소비재 시장은 되돌릴 수 없는 변혁의 길로 접어들었다.

2015년 9월 말, 산업계에서 이와 비슷한 일이 일어났다. GE의 연례 콘퍼런스 마인드+머신 2015가 열린 것이다. 이 자리에는 제조업, 발전, 항공 등 각 산업의 리더와 소프트웨어 개발자 등 약 1,500여 명이 모여 산업인터넷의 지평에 대해 이야기를 나누었다. GE는 이 콘퍼런스를 통해 소프트웨어, 인터넷에 연결된 기계, 고도의 분석 기술을 융합한 서비스를 선보였다. 또한 GE는 디지털 산업기업으로 변모를 선언하고 차세대 산업시대를 선도하겠다는 포부도 밝혔다.

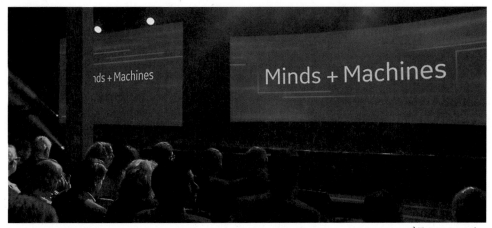

자료 : gereports.kr

🔩 그림 5.23 GE의 산업인터넷 행사 마인드+머신 2015

마인드+머신 2015에서 가장 주목할 점은 소프트웨어 개발자를 위한 사이트 공개다. 개발자들은 이제 predix.io 사이트에서 프레딕스 플랫폼에서 운용되는 다양한 산업용 앱(애플리케이션)의 개발 도구를 확인할 수 있다. 클라우드 기반의 프레딕스는 실시간으로 각종 기계에서 발생하는 데이터를 가져와 분석하여 운영자를 의사결정을 위한 통찰로 바꿔 놓는다. 수준 높은 분석 기술로 빅데이터를 활용한 결과이다. 운영자는 이런 통찰을 바탕으로 기업 자원을 최적화하여 효율적으로 운영할 수 있다. 발전, 항공, 헬스케어, 조선해양 등 전통적인 분야에서 활동하는 기업이 니즈에 적합한 산업용 앱을 마음대로 선택할 수 있게 된 것이다.

① 산업이 다시 주인공이 되는 시대로

GE가 제안하는 새로운 소프트웨어 플랫폼을 통해 기업 자산이 운영되는 현장 상황이 개선될 수 있다. 실시간 데이터와 예측 분석 기술과 고객의 니즈에 기반해서 말이다.

기업이 기계와 자산에 센서를 부착하여 데이터를 수집하기 시작하면 데이터가 클라우드로 전달되어 고도의 분석 도구로 분석된다. 이 데이터는 기업에게 다시 가치 있는 정보와 통찰을 제공한다. 단순한 과정 같지만 이를 실행으로 옮기는 것은 결코 만만한 과제가 아니다. 특히 소프트웨어 개발은 전통적인 산업기업에게는 매우 도전적인 과제다. 설령 소프트웨어 개발을 무사히 완료했다 해도 소프트웨어를 계속 시의적절하게 업데이트해야 하며 새로운 버전의 소프트웨어 배포 관리에도 신경을 써야 한다. 즉, 사업의 본질에서 벗어난 부분까지 기업이 감당해야 하는 상황이 기하급수적으로 발생하는 것이다.

산업기업에는 스마트한 엔지니어들이 많지만 아직 산업인터넷에 익숙한 개발자들은 찾기 쉽지 않다. 엔지니어들의 분야에 따라 가진 스킬세트가 서로 다르기 때문이다. 따라서 기업 입장에서는 스스로의 니즈를 만족시키는 솔루션을 처음부터 끝까지 내부에서 개발하기보다 최적의 메이크 바이(Make-Buy) 전략을 구사하는 편이 낫다. GE의 프레딕스 플랫폼에서 제공하는 다양한 서비스와 소프트웨어 모듈 카탈로그에서 원하는 솔루션과 서비스를 찾고 저마다 구체적인 상황에 맞추어 커스터마이즈한다면 산업기업의 고민은 한층 가벼워질 것이다.

기업은 서비스/솔루션 개발에만 집중하고 나머지는 클라우드 플랫폼인 프레딕스가 처리해준다. 기업이 특정 분야에서 축적해온 전문지식과 GE의 산업인터넷 앱을 결합하면 최고의 성과를 가장 효율적으로 얻을 수 있다.

자료 : gereports.kr

⚙ 그림 5.24 GE의 산업인터넷 클라우드 플랫폼 프레딕스

GE는 이미 여러 분야에서 프레딕스 클라우드 기술 산업용 앱을 사용하고 있다. 발전 분야에서는 '버추얼배터리(Virtual Battery)'라는 앱을 사용하여 발전기가 주파수 변동의 10%까지 축적한다. 그 결과 송배전 시스템에 전력을 제공할 수 있어 발전 사업자는 추가 매출을 기대할 수 있다. 디지털 트윈(Digital Twin) 방법론으로 풍력발전단지 운영을 최적화하여 발전량을 20% 이상 향상시켰다. 제조업 분야에서는 '생각하는 공장' 기술을 적용하여 고객사의 가동 정지 시간을 10~20%나 줄였다. 이 기술은 GE 내부에서 사용하고 있지만, P&G 같은 외부 기업에서도 이미 사용 중이다.

물론 predix.io는 아직 베타 단계이고 앞으로 더 해결해야 할 과제도 많다. 하지만 소비자 시장은 세계적으로 점점 포화 상태에 이르고 있고 이제 자연스럽게 다시 산업이 주인공인 시대가 열리게 될 것이다.

② 주인공이 되기 위해 준비할 것은?

새로운 산업인터넷 시대를 앞서 나가기 위해 기업은 어떤 능력을 갖추어야 할까? 기업에게는 무엇이 필요할까? 미래를 위해 기업은 다음 세 가지 능력을 능숙하게 사용할 수 있어야 한다.

첫 번째, 모델링 능력을 갖추어야 한다. GE 프레딕스는 첨단 알고리즘을 사용하여 다양한 조건에서 산업 현장이 어떻게 운영되는지 시뮬레이션하여 얻은 통찰을 기반으로 산업 현장의 효율 개선가능성을 예측한다. 기업은 이런 가상 모델링을 통해 물리적 자산에 맞닥뜨릴 위험이 현실화되지 않게 하고 잠재적인 결과에 대해 확신을 가질 수 있게 된다. 기업은 가치 사슬의 모든 단계에 존재하는 자산을 모델링하거나 사업에 필요한 다양한 자원을 모델링할 수 있어야 한다. 중요한 점은 모델링이 더 상세할수록 최적화 수준이 높아진다는 사실이며 그럴 경우 재무적인 이익도 증대된다는 사실이다.

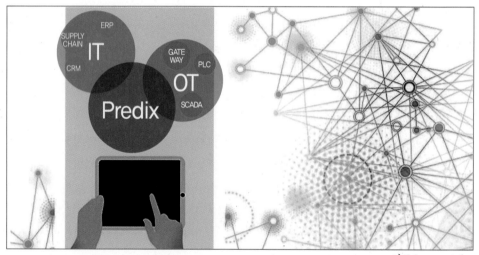

자료 : gereports.kr

⚙ 그림 5.25 프레딕스 클라우드

모델링 대상이 되는 산업 자산이 이미 산업인터넷 서비스를 기반으로 제작된 것이라면 상세한 모델링이 용이할 것이다. 그러나 산업인터넷을 염두에 두지 않은 기계들은 모델링이 더 어렵다. 이런 문제를 해결하기 위한 좋은 방법 중 하나가 표준화이다. 석유와 가스 산업에서는 표준화 트렌드가 이미 나타나기 시작했다. 하지만 이런 방식이 모든 산업에서 현실적으로 구현되기는 어렵다. 상황이 이렇다면 조금 느슨하게 모델링을 하더라도 모델링 결과 실현할 수 있는 재무적 이익을 먼저 실증해보는 것이 중요하다. 물론 결과는 실제로 경험해야 알 수 있다. 프레딕스가 물리 세계에서 성공적이라 말할 수 있기 위해서는 다양한 산업 현장에서 거둔 성과로 입증할 필요가 있다.

두 번째, 네트워크화 기술이다. 산업 자산들을 어떤 방식으로 인터넷에 연결하느냐가 중요하다는 말이다. 제작된 지 10년이 넘은 산업 자산은 네트워크 연결을 염두에 두지 않고 제조되었다. 이런 자산을 어떻게 네트워크로 연결할까? 철도 산업을 보자. 자동 운전 기관차가

자료 : gereports.kr

🔧 그림 5.26 GE와 산업인터넷 전 세계를 연결하다

존재할 정도로 이미 디지털화가 진행 중이지만 철도망 전체 수준에서 디지털 기술로 최적화하기는 쉽지 않다. 철도망에서 중요 노드를 네트워크화하는 것부터 만만치 않다. 이 모든 활동이 여전히 현재진행형이다. 그렇다고 오래 전 출시된 제품들을 방치해 둘 수는 없다. 디지털의 수용 여부가 중요한 것이 아니다. 어떻게 효율적으로 활용할지 고민해야 한다. 이런 문제에 대비해 GE는 향후 '프레딕스 레디(Predix ready)'를 염두에 두고 모든 제품을 개발하고 출시할 것이다.

세 번째로는 보안이다. 사이버 보안은 산업 분야뿐 아니라 우리 삶 전반에서 중요해졌다. GE는 월드테크를 인수하면서 파이어월 기술을 프레딕스의 핵심 서비스로 포지셔닝했다. 최근 EU가 세이프 하버(Safe Harbor)를 무효화함에 따라 현지에 데이터센터를 세우는 일이 더욱 중요해졌다. 따라서 데이터를 현지화하여 저장하는 것이 중요하다. 적어도 사업의 초기 단계에서라도 말이다.

산업인터넷을 위한 네트워크는 정교하고 보안이 철저해야 하기 때문에 이를 구

축하는 일에는 시간과 노력이 수반된다. 현재 디지털 트윈 모델링을 만들기 위해서는, 엔지니어가 사이트에 직접 가서 고객과 함께 모델을 구체적으로 정의해야 한다. 최근 고객사들은 점점 더 많은 관심을 보이고 있다. 사우스웨스트 항공은 700여 대의 보잉 737 항공기 운영을 최적화하기 위해 GE와 계약을 체결하기도 했다.

자료 : gereports.kr

GE는 이미 차세대 사업도 준비 중이다. 궁극적으로 모든 것은 재무 측면과 연결되며 결과적으로 새로운 사업 모델이 만들어지기도 한다. 현재로는 어떤 사업 모델이 될지 명확하지 않지만 모델링, 기계학습, 클라우드, 데이터 분석기술이 결합된 모습일 것임은 틀림없다.

그림 5.27 기계와 디지털의 통합 시대가 시작되어 사이버 보안의 중요성이 대두되고 있다.

③ 포인트는 산업의 생산성 향상이다

업계에서는 생산성 향상이 가장 큰 과제이다. 하지만 최근 5년간은 생산성 향상의 폭이 그리 크지 않았다. 전 세계 산업 생산성 향상은 1% 수준으로 하락했다. 1990년대부터 2010년까지 연간 4%의 향상을 기록했던 것과 비교하면 아주 큰 차이다. GE의 경우 공급망에서 생산성을 1% 향상시키면 약 5천만 달러의 비용을 절감한다. 세계적으로 산업 생산성이 1% 향상된다면 향후 15년간 글로벌 GDP는 10~15조 달러나 증가할 것으로 추산된다.

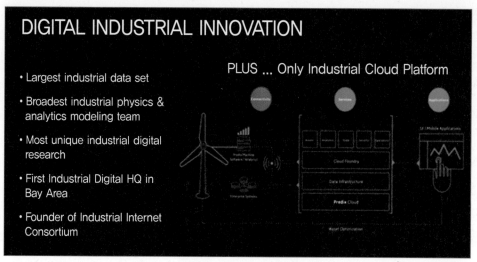

자료 : gereports.kr

그림 5.28 Digital Industrial Innovation

GE는 물리 세계와 디지털 세계의 융합을 선도할 수 있는 몇 안 되는 기업 중 하나이다. GE가 산업인터넷 기술로 스스로 효과를 증명했던 것처럼 기업이 오랜 시간 축적한 산업지식과 전문기술을 고객과 공유하게 되면 생산성은 더욱 향상될 것이다. GE의 산업지식과 전문기술을 촉매로 활용한다면 실시간으로 통찰과 결과를 도출해 낼 소프트웨어를 만들 수 있다. 결국 이런 활동이 모여 2,250억 달러 이상의 산업 앱 경제의 등장으로 이어질 것이다.

④ 가치 제안은 명확하다

GE가 디지털 산업 기업으로 변모하려는 시도는 아직 초기 단계 진행 중이다. 그러나 GE는 소프트웨어와 솔루션 포트폴리오로 50억 달러의 매출을 올리고 있으며 60억 달러 규모의 주문을 추가로 수주한 상태이다. GE는 이미 2만 명의 개발자가 프레딕스 플랫폼에서 앱을 개발하고 있다. 2020년이면 매년 150억 달러 규모의 비즈니스가 구축될 예정이다. 이 모든 계획이 예정대로 진행된다면 머지 않아 GE는 산업 앱 혁명의 중심에 서 있을 것이다.

(3) 전방위 디지털화 - 산업 생산성 향상의 핵심

GE는 독자적으로 개발한 산업인터넷 플랫폼 프레딕스(Predix)를 보유하고 있다. 또한 2020년까지 소프트웨어 사업 부문에서 매출을 150억 달러까지 늘리고, 소프트웨어 기업 세계 톱 10에 진입하고자 한다.

이런 공격적인 전략을 결정하고 소프트웨어 사업에 매진하는 GE의 행보를 상징하는 인물이 바로 제프리 이멜트 회장이다. 이멜트 회장은 '디지털 소프트웨어에 의한 혁신'을 이야기하면서, 산업계가 다시 성장 동력을 되찾기 위해서는 디지털화를 추진하는 방법 외에는 다른 길이 없다고 단언한다.

2016년 6월 13일 프랑스 파리에서 열린 Minds + Machines Europe 2016 컨퍼런스에서 제프리 이멜트 회장의 기조연설이 많은 주목을 받았다. GE의 디지털화 행보에 대한 핵심적 내용을 잘 담고 있는 이 기조연설을 지면으로 만나본다.

자료 : youtube.com

그림 5.29 Minds + Machines Europe 2016 컨퍼런스에서 기조연설하는 제프리 이멜트

① 생산성, 생산성, 생산성

GE가 Minds + Machines 컨퍼런스를 시작한 지 올해로 4년째가 됩니다. GE가 디지털화에 나선 것은 작금의 경제성장률이 낮고 변동이 심하며 포퓰리즘이 만연한 세계 정세 속에서, '순풍'을 기다리기보다 스스로의 손으로 미래를 개척할 수밖에 없기 때문입니다.

제가 GE에서 일한 지 34년이 됩니다만, 디지털화는 GE의 역사상 가장 큰 변화입니다. GE는 디지털화를 매우 진지하게 추진하고 있습니다. 지난 5년에 걸쳐 GE의 구조와 문화를 디지털화를 위해 완전히 바꾸고 있습니다.

'인더스트리 4.0', '산업인터넷', '사물인터넷' 등 디지털화를 가리키는 말은 다양합니다. 하지만 명칭은 중요하지 않습니다. 중요한 것은 오직 '생산성'뿐입니다.

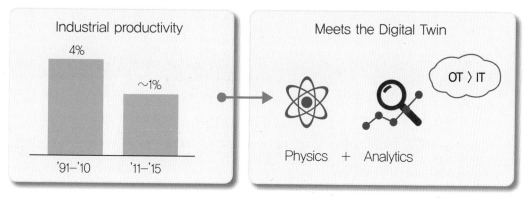

자료 : gereports.kr

🔩 그림 5.30 산업 생산성 향상을 위해서 산업과 데이터를 융합하는 디지털 트윈이 중요하다.

1991년부터 2010년까지 산업계의 생산성은 연평균 4%였지만, 지금은 연평균 1%까지 떨어졌습니다. 산업계는 생산성을 가속화할 수 있는 '무엇인가'를 필요로 하고 있습니다. 그것이 디지털화입니다. 여러분, 유행어에 현혹되지 말고 차세대 생산성만을 생각하십시오. GE가 디지털 트윈(Digital Twin)이라고 부르는, 산업과 데이터의 융합을 고려해야 합니다. 이는 정말 중요한 기술적인 변화입니다. 유행어라고만 생각하지 말고 차세대 생산성이라는 단어로 바꾸어 생각해야 합니다.

② 산업의 디지털화, 여덟 가지 원칙

GE가 2009년부터 추진 중인 산업의 디지털화에는 몇 가지 원칙이 있습니다. 간단히 살펴보겠습니다.

● 성과(Outcome) 중시

산업인터넷이 집중해야 하는 것은 바로 연료 효율, 운영 효율, 안전성, 품질, 진단기술 향상 등의 성과입니다.

● 산업인터넷은 소비자 인터넷과는 다르다

아이폰이 망가지면 신품으로 교환하면 되지만, 발전소 가스터빈을 교체하기는 쉽지 않습니다. 산업 제품과 소비자 제품에 대한 접근 방법은 달라야 합니다.

● 뛰어난 아이디어에 인재가 모인다(Talent Follows Ideas)

만약 산업계의 CEO가 "우리는 전통적인 분야의 회사라, 좋은 소프트웨어 엔지니어를 모을 수 없다."라고 한탄한다면 잘못된 생각입니다. 뛰어난 인재는 훌륭한 아이디어를 중심으로 모입니다. 산업의 디지털화, 이것이야말로 바로 훌륭한 아이디어입니다.

● 기기와 산업 자산이 중요하다

산업 부문에서는 기계와 여러 자산이 중요합니다. 산업인터넷은 이런 기기와 산업 자산을 위해 존재합니다.

● 콘텐츠가 가치를 창출한다

콘텐츠는 소비자 미디어의 전유물이 아닙니다. 산업계도 '산업용 기계에 관한 지식'이나 '공급망에 관한 지식' 같은 콘텐츠가 중요합니다.

● 내부 IT를 바꿔야 한다

이 말은 CIO(최고정보책임자)를 재교육하자는 의미가 아닙니다. 산업계는 IT에 관한 생각을 완전히 바꾸고, 스스로 디지털 플랫폼이 되어야 합니다. 지금까지 산업 부문의 IT 리더는 경영 회의에서 뒤쪽에 앉아 있었습니다만, 이제는 가장 앞쪽에 앉아야 합니다.

● 간소화 문화

기업 문화의 간소화(Simplification)는 길게 말할 필요가 없을 정도로 중요합니다.

● 생태계 육성

산업기업들은 각 세대의 인재들과 교류하며 생태계를 육성해야 합니다. 성공을 위해 반드시 필요한 일입니다.

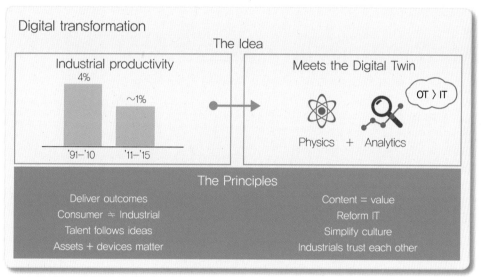

자료 : gereports.kr

🔩 그림 5.31 GE가 추진 중인 산업의 디지털화에 필요한 여덟 가지 원칙

③ 산업인터넷의 세 가지 구성 요소

산업 디지털화의 빌딩블록(구성 요소)은 '인재와 문화, 기술, 성과' 이 세 가지입니다. GE는 6~7년에 걸쳐 이 빌딩블록을 만들었습니다.

● 인재와 문화

산업인터넷을 잘 활용하기 위해 가장 중요한 것은 항공산업, 에너지산업 등과 같은 특정 산업에 대한 깊은 전문지식입니다. 데이터과학 같은 기술적인 능력 역시 중요합니다. GE에서는 실리콘밸리의 린(Lean) 스타트업 이론을 GE 스타일로 내재화한 패스트웍스(FastWorks) 같은, 새로운 기업문화를 사내에 정착시키려 노력했습니다.

● 기술 플랫폼

다음은 기술입니다. GE는 산업인터넷 운영체제 프레딕스(Predix)를 개발했습니다. 프레딕스를 활용하여 OT(산업기기 제어기술 및 운영기술)와 IT를 융합했고, 산업 자산이 어떻게 작동할지를 시뮬레이션하는 디지털 트윈 기술을 개발했습니다. 또한 산업용 사이버보안 기술을 도입했고, 소프트웨어와 분석기술의 발전과 발맞춰 엣지 디바이스인 컨트롤러 성능을 강화했습니다.

● 성과 중심

서비스 중심으로 사업 모델을 전환하는 것, 생태계와 협업하는 것, 고객 기업의 생산성 향상을 위해 노력하는 것이 GE가 추진하고 있는 변화의 핵심입니다. 산업자산(산업시설)이 서비스 모델 형태로 바뀌어 갑니다. 산업 기업은 이러한 거대한 변화에 도전할 필요가 있습니다.

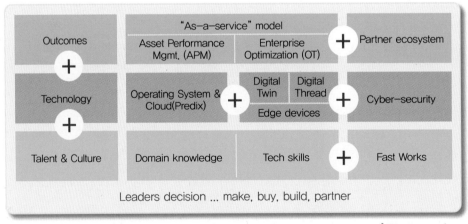

자료 : gereports.kr

그림 5.32 산업인터넷의 세 가지 구성 요소

혼자서 모든 것을 다 해내려 할 필요는 없습니다. 리더는, 어떻게 구축하고 협업하고 제휴할 것인가 등의 문제를 고민해야 합니다.

④ 산업인터넷을 견인하는 핵심 기술

● 프레딕스(Predix)

프레딕스는 산업인터넷을 위한 플랫폼입니다. 기계학습, 인공지능, 물리적인 시뮬레이션 등 산업의 디지털화에 필요한 다양한 기능을 '마이크로 서비스'로 제공합니다.

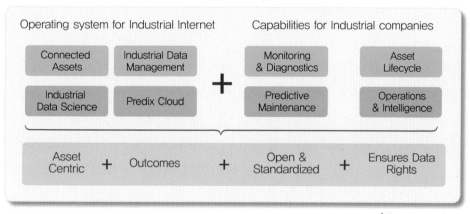

자료 : gereports.kr

그림 5.33 프레딕스

GE는 139년 역사를 가진 자사의 사업을 프레딕스 기반으로 바꾸어 가는 중입니다. 또한 이 프레딕스를 외부에도 제공합니다. 산업의 디지털화에 필요한 기술을 고객 기업이 굳이 독자로 개발하지 않고, GE가 사용하는 프레딕스를 사용할 수 있다는 의미입니다. 프레딕스는 전체 산업의 디지털화에 도움이 된다고 확신합니다.

● 디지털 트윈(Digital Twin)

GE의 목표는, 데이터 분석과 시뮬레이션의 융합에 의한 자산(산업설비)의 생

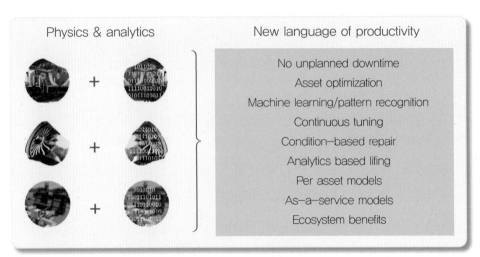

자료 : gereports.kr

그림 5.34 디지털 트윈

산성 향상입니다. 현재 산업계에서는 산업용 기기가 만들어내는 데이터의 10%밖에 활용하지 못합니다. 기계학습 등의 인공지능 기술을 활용하여 잠자고 있는 나머지 90%의 데이터를 활용하면, 산업용 기기의 고장을 예측하여 사전에 수리하는 것이 가능해지고, 돌발적인 가동 중단 시간도 줄일 수 있으며, 산업자산의 운영을 최적화할 수 있습니다.

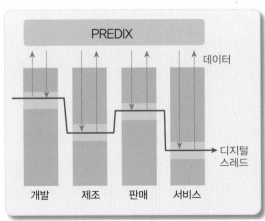

자료 : gereports.kr

그림 5.35 디지털 스레드

● 디지털 스레드(Digital Thread)

GE의 각 사업부가 활용하는 IT 기술을 OT와 연결하고, 고객 기업들도 참여할 수 있도록 시스템을 개발하여 서비스를 혁신할 수 있도록 도구나 앱 등을 연결했습니다.

⑤ 산업 디지털화의 본질

산업 디지털화의 본질은 자산성과관리(APM)입니다. 산업용 기기를 인터넷과 연결하여 클라우드에 데이터를 수집하고 이 데이터를 분석하여 산업 설비의 운영 결과(성과)를 극대화합니다.

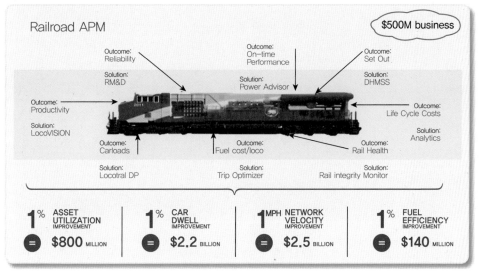

자료 : gereports.kr

그림 5.36 자산성과관리

산업계에서는 작은 변화라도 큰 이윤으로 이어질 수 있습니다. 예를 들어, 철도 기관차의 가동률이 1% 증가하면 전체 산업에서는 8억 달러의 이익이 발생합니다. 화물 철도의 평균 속도가 시간당 단 1마일(1.6킬로미터)만 향상되어도 25억 달러의 이익을 얻게 됩니다. 그래서 APM이 중요합니다.

⑥ 모든 사업을 서비스화하라

프레딕스를 활용하여 GE는 기존의 설비 판매를 중심으로 하는 비즈니스 모델에서, 고객의 성과를 목표로 하는 새로운 비즈니스 모델로 전환하기 시작했습니다. LED 사업 부문의 'Current by GE'는 이런 전환의 성공사례 중 하나로 꼽을 만합니다. 여기에서는 현재, LED 조명시설 정보 및 분석 서비스 등 '에너지 애즈 어 서비스(Energy as a Service)' 같은 서비스를 제공합니다.

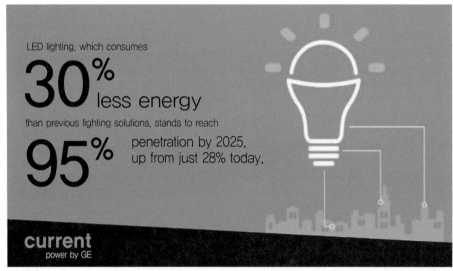

자료 : gereports.kr

그림 5.37 Current by GE

앞으로의 산업계에서는 모든 산업시설(자산)이 '애즈 어 서비스 모델'로 변해 갈 것입니다. 산업기업은 이 거대한 변화에 도전해야 합니다.

(4) GE의 생각하는 공장이 현실화되고 있다

제조업이 한국 경제의 새로운 화두로 자리 잡았다. 저성장이 고착화되고 일자리 창출의 성과가 그리 좋지 않은 상황에서 그동안 한국 경제를 이끌어왔던 조선산업과 화학산업마저 꺾이고 있으며, 굴지의 국내 기업들도 위기를 겪는 중이다. 이것이 2016년 말 현재 한국 경제의 모습이다. 이런 속에서 전문가들은 오히려 한국 경제를 견인해 나갈 동력으로 제조업을 거론한다.

물론 이때의 제조업이란 전통적인 범주에서 벗어난 스마트 산업, 즉 제조업

4.0을 의미한다. 이런 전환은 한국에서만 볼 수 있는 현상은 아니다. 증기기관에서 시작한 산업혁명, 조립 생산라인의 등장, 디지털과 3D 프린팅 기술의 출현 등의 계기에서 볼 수 있듯이, 제조업은 항상 독창성의 출발점으로서 산업의 새로운 패러다임을 열어왔다고 볼 수 있다.

전 세계의 기업들은 "디지털 역량을 사업과 어떻게 통합할 수 있을까?"라는 주제로 고민하고 있다. 제조업에서 하드웨어와 소프트웨어가 통합할 때 생산성을 어떻게 극대화시킬지에 대한 관심이 큰 것이다. 제조업의 기본 운영방식을 변화시키는 네 가지의 생산성 요소들을 고찰한다.

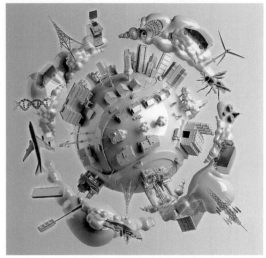

자료 : gereports.kr

그림 5.38 생산성, 생산성, 생산성 – GE가 그리는 제조업의 미래

① 린 제조방식

린 제조방식은 생산의 모든 과정에서 낭비를 줄이고 지속적으로 공정을 개선하기 위해 노력하는 것이다. 이는 도요타의 생산시스템을 기본으로 하는 것으로, 담당자의 참여와 소비자 가치를 극대화시키는 것이 목표다.

② 첨단제조기술

첨단제조기술에는 레이저 유도 방식의 절삭공구 로봇, 코봇(Cobot, 사람과 협업하는 로봇),[2] 외골격(Exoskeleton) 기술, 자동화 기술 등이 있다. 이 중 어떤 기술은 소비자 시장에서 이미 일상적으로 적용되고 있기도 하다. 레이저 기술의 경우 조명 쇼부터 미용 제모에 이르는 모든 분야에서 사용되고 있지만, 사실은

---

2) 인간처럼 협업, 협동하는 로봇이 나오고 있다. 코봇(Cobot)은 콜라보하는 로봇이라는 의미다.

자료 : gereports.kr

그림 5.39 포장라인에서 작업 중인 백스터(Baxter) 협업 로봇

이제 막 여러 산업의 제조 공정에서 그 잠재력을 완전하게 발휘하고 있다. 제조 공정에 적용된 레이저 기술은 생산비용을 줄이고, 작업장을 인체공학적으로 더 발전된 공간으로 만들 수 있다.

③ 적층제조기술

흔히 3D 프린팅이라고 알려진 적층제조기술은 정밀성과 더불어 전대미문의 효율성을 제공한다. 덕분에 기존에는 생산이 불가능했던 부품도 만들 수 있게 되었다. 이러한 기술 발전으로 각 나라에서는 자국의 자원을 활용하는 방향으로 눈을 돌리게 될 것이다.

자료 : gereports.kr

그림 5.40 GE 적층제조기술센터(CATA)의 DMLM 3D 프린터는 코발트크롬 합금, 초고온 합금 인코넬, 스테인리스로도 부품을 만들 수 있다.

④ 디지털 숙성도

소프트웨어와 하드웨어의 결합은 제품의 설계, 생산, 설치의 방식을 바꾸고 있다. 이것이 바로 산업계에서 말하는 제4차 산업혁명이다. 이제 기계에 센서를 설치하고, 데이터를 수집하고 분석하여 통찰을 얻어, 궁극적으로 생산성 향상을 추구한다. GE는 이를 디지털 스레드(Digital Thread)라 부른다. 디지털이 가진 역량을 수평적으로는 GE의 시설에, 수직적으로는 가치사슬에 엮어 넣기 때문이다. 이 모든 것은 산업 클라우드 기반 플랫폼 프레딕스(Predix) 덕분에 가능해졌다.

자료 : gereports.kr

그림 5.41   이탈리아에서 GE의 작업자들은 위와 같은 거대한 파워 모듈을 제작한다. 사진은 호주 고르곤(Gorgon) 천연가스 채굴지역에서 사용하기 위해 설계된 것이다.

이런 제조방식은 이론에 그치고 않고 현실에서 실현되고 있다. 앨라배마 주 오번(Auburn)에 위치한 GE항공의 시설에서는 30개의 3D 프린터가 제트엔진에 들어가는 연료 노즐을 생산하고 있다. 3D 프린터로 제작된 부품 중 최초로 미국 연방항공청의 승인을 받은 이 노즐은 상용 항공기에 장착된다. 펜실베이니아 주 그로브 시티(Grove city)에 위치한 GE운송에서는 새로운 제조방식을 도입한 결과, 돌발적인 가동 중지 시간을 10~20% 줄이는 성과를 기록했다. 한편 이탈리아 피렌체에서는 기계에 부착된 센서가 생산 중단 시간을 최소화하고 유지보수를 할 수 있는 일정을 판단해낸다. 심지어 교대근무를 추가하지 않고도 생산라인 전체를 새롭게 추가할 수도 있다.

이런 모습이 바로 GE가 바라는 '생각하는 공장'의 비전이다. 세계 곳곳의 GE 공장에서 생각하는 공장이 실현되고 있다. 그 가운데 몇 곳의 공장에서는 이미 디지털역량, 적층제조기술, 첨단제조기술 등이 생산성 향상에 기여하고 있다.

오늘날 제조업은 50년이나 10년 전의 제조업을 뛰어넘고 있다. 미국 제조업에 일어나는 이런 변화는 미국의 경제와 근로자들에게 영향을 미치면서 세계 각국으로 그 파급효과를 넓히는 중이다. 미국 첨단제조 산업들은 2,400만 개의 일자리를 제공하는데, 이는 미국 전체 일자리의 13%를 차지한다. 이 일자리 1개는 공급사슬 전반에서 또 다른 3.5개의 일자리를 뒷받침한다. 이러한 영향은 세계에 팽배한 보호무역의 경향을 고려해 볼 때 더욱 의미가 깊다. 한때 세계화 전략에 강하게 의존해 온 GE 같은 기업들은 이제, 지속 가능한 성장을 유지하기 위해 빠르게 현지화를 진행하라는 압박에 직면한 상태다.

앞으로도 제조업 분야의 일자리는 계속 존재할 것이다. 하지만 일자리의 양상은 다르게 전개될 것으로 보인다. 고도로 긴밀하게 상호 연결된 생태계에서 기업은 지방 정부, 교육기관과 협력하여 근로자들이 경쟁력을 가지고 미래의 공장에서 일할 수 있는 기술을 갖출 수 있도록 체계를 구축해야 한다.

GE는 미국 교육부와 함께 보스턴에 위치한 노스이스턴(Northeastern) 대학과 협약을 체결하여, 첨단제조 기술 프로그램 학부 과정을 제안할 예정이다. 미국 최초로 개설

자료 : ddaily.co.kr

🔧 그림 5.42 GE가 PTC의 사물인터넷(IoT) 플랫폼인 씽웍스를 기반으로 '생각하는 공장(Brilliant factory)' 사업을 강화한다.

되는 이 프로그램은 2017년 봄에 시작되었다. 또한 GE는 카네기멜론 대학과 함께 적층제조 연구 컨소시엄을 구성하였다. 그러나 이런 과정은 시작일 뿐이다. 제조 현장에서 GE는 앞으로 더 많은 일을 해야 한다. 생산과정 전반에 걸쳐 가치 있는 기술들로 무장한 공장들에서 기술을 갖춘 근로자들이 만족할 만한 급여를 받으며 그 공장을 관리하는 미래를 만들고 있는 GE는 앞으로도 미국과 글로벌 경제의 근간이 될 것이다.

(5) 세계 3대 폭포 중 하나인 '나이아가라'에 산업인터넷을 연결하라

이제는 옛날 고전영화가 되어버린 1953년도 작품 〈나이아가라〉는 마릴린 먼로의 출연작으로도 유명하다. 이 영화에서 먼로는 나이아가라 폭포로 신혼여행을 온, 흔들리는 눈빛의 여성으로 등장했다. 미국 뉴욕 주의 북서지역과 캐나다 사이의 국경선을 가로지르는 나이아가라 강으로 흘러가는 폭포에 매료된 사람은 영화 속 마릴린 먼로만이 아니다. 영화가 나온 바로 몇 년 후, 엔지니어들은

자료 : gereports.kr

🔧 그림 5.43 나이아가라 폭포 이미지

나이아가라 폭포 가까이에 미국에서 가장 큰 수력발전소를 건설했다.

　이 발전소가 다시 한 번 새로운 역사를 기록하게 되었다. 뉴욕 주의 발전이 디지털 시대로 접어들게 된 것이다. 발전소 운영 주체인 뉴욕전력공사(New York Power Authority, NYPA)는 발전소의 16개 터빈(뿐만 아니라 뉴욕 주에 위치한 다른 발전 시설 포함)을 산업인터넷을 통해 클라우드에 연결하는 프로젝트 계약을 GE와 체결하였다.

　이 계약은 2017년 1월 기준 향후 10년간 기반시설을 현대화하려는 NYPA의 11억 달러 규모의 프로젝트 중 일부이다. GE의 산업인터넷 기술이 제공하는 소프트웨어와 데이터 분석기술을 이용하면, 신뢰성과 효율성을 높이고 가동 중지 시간을 줄일 수 있다. 이로 인해 뉴욕 주 전력의 1/5을 생산하고 뉴욕 주 송전선의 1/3을 소유한 NYPA는 약 22억5천만 달러를 절약할 수 있게 되었다.

　이번 계약은 지금까지 GE디지털이 체결한 계약 중 가장 큰 것이다. NYPA의 가스터빈과 수력발전터빈, 발전기, 그 밖의 수백 대의 기계에 수천 개의 센서를 부착하여 데이터를 수집하고, GE의 클라우드 기반 산업인터넷 운영체제 프레딕스에 의해 구동되는 NYPA의 APM(자산성과관리) 시스템으로 데이터를 보내 분석한다.

자료 : gereports.kr

⚙ 그림 5.44 나이아가라 폭포에 위치한 NYPA의 수력발전소

이 시스템은 발전소 장비의 최적화를 위해 베어링 가속도, 진동, 마모, 열, 습도 등의 실시간 데이터를 활용할 예정이다. 또한 이런 데이터를 통해 '디지털 트윈(Digital Twin)'을 구축할 것이다. '디지털 트윈'이란 엔지니어들이 다양한 시나리오를 시뮬레이

션하고 가능한 결과를 예측할 수 있도록 하는 NYPA 네트워크의 가상 '도플갱어'라고 할 수 있다. 또한 이 시스템으로는 GE만이 아니라 다른 제조업체들이 생산한 장비들까지도 모니터링할 수 있다.

이렇게 수집한 데이터의 분석 결과는 2017년 12월에 개소 예정인 뉴욕 주 화이트 플레인즈(White Plains)에 위치한 NYPA의 신규 스마트 오퍼레이션센터로 전송된다. 운영자들은 데이터를 분석한 결과를 보고 고장 발생가능성을 몇 주일 전에 미리 알 수 있을 뿐만 아니라, 여러 다른 이슈들도 이해할 수 있다. 이런 운영 개선을 통해 이산화탄소 배출도 감소시킬 수 있다.

길 키니온(Gil Quiniones) NYPA 대표는 이 계약이 "디지털 시대를 향한 여정에서 다음 단계에 진입한 것이며, NYPA와 고객들을 위한 85년 역사 중에 기억할 만한 변화의 순간"이라고 밝혔다.

NYPA는 뉴욕 시와 웨스트체스터 카운티 당국에 전력을 공급하며 유틸리티를 통해 전력을 판매한다. NYPA는 GE와 전사적인 디지털 계약을 맺은 최초의 미국 전력 공급자이다.

이미 GE는 '투르 드 프랑스(Tour de France)' 경주에서 가장 힘들기로 유명한 코스인, 프랑스 산악지역에 위치한 브리앙송(Briançon)에 있는 댐에서 전력을 생산하기 위해 물리적, 디지털 요소의 결합을 시험한 바 있다. 2016년 12월부터 2017년 7월까지 7테라바이트 이상의 데이터를 수집하고 분석했으며, 댐에서 수집한 3년 동안의 온도, 유지, 가동 중지 시간 관련 데이터를 분석했다.

GE파워의 최고디지털책임자인 가네시 벨(Ganesh Bell)은 100년 전에 시작된 전력생산망에 디지털 역량을 결합하면 엄청난 비용을 절약할 수 있는 잠재력이 생긴다고 말했다. "전력산업의 디지털화는 향후 10년간 1조 달러 이상의 사회경제적 가치를 창출해낼 가능성이 있습니다. NYPA는 연결, 모니터링, 분석을 통해 전체 전력사업 가치사슬의 성능을 최적화함으로써 선도적 가치창출을 하는 진정한 개척자입니다."

GE는 다른 5개 기업과의 경쟁 끝에 NYPA 계약을 수주했다. 앞으로 NYPA는 이 센터를 활용하여 발전장비와 전송시스템에 대한 사이버 보안과 물리적 보안 등의 성능까지 향상할 계획이라고 한다.

(6) 천문학을 위한 기계학습이 산업도 혁신하다

2016년 11월 중순 미국 샌프란시스코에서 개최된 마인드+머신 2016 컨퍼런스에서 GE는 와이즈아이오(Wise.io) 인수를 발표했다. 기계학습과 지능형 시스템의 선두 기업인 와이즈아이오, 그 사업의 시작은 밤하늘의 별들을 관찰하는 것이었다.

지난 2008년 미국 캘리포니아 대학교 버클리 캠퍼스의 천문학과 조슈아 블룸(Joshua Bloom) 교수는 밤하늘을 망원경으로 찍은 사진 수만 장을 이해하려고 고군분투했다. 밤하늘의 사진은 모두 검은 사진에 하얀 가루가 뿌려진 것 같아, 육안으로 차이를 판별하기 어려웠다.

자료 : gereports.kr

그림 5.45 초신성이 되어가는 별이 만들어내는 행성상 성운. 초신성 잔해 SN 1006은 지구에서 약 7천 광년 떨어져 있다.

이 문제를 해결하기 위해 블룸 교수는 통계학과 및 컴퓨터공학과 교수진에게 자문을 구했는데, 기계학습 소프트웨어를 사용해보면 어떨까 라는 조언을 들었다. 기계학습 소프트웨어는 대량의 데이터를 고속 처리하여 수초 만에 결과를 얻는 강력한 알고리즘으로 구성되어 있다.

와이즈아이오의 CEO 제프 에르하르트(Jeff Erhardt)에 따르면, 이 알고리즘이 적용된 소프트웨어는 마치 강력한 망원경과 같다. 왜냐하면, 사진 속에 찍힌 수백만 개의 흰 점들을 분석하여 백색 왜성 같은 가장 희귀한 우주 현상을 더욱 정확히 파악할 수 있기 때문이다.

블룸 교수에게 이 경험은 아르키메데스의 유레카와 같은 순간이었다. 이후 블룸 교수는 에르하르트와 함께 와이즈아이오를 설립했고, 지금은 버클리에 본사를 둔 이 회사의 CTO(최고기술책임자)를 맡고 있다. 와이즈아이오는 기계학습 및 인공지능 기술을 천체 관측뿐만 아니라 지상의 과제 해결에도 적용하고 있다. 비즈니스 커뮤니티와 산업계 사람들이 은하계 별들의 수만큼 많은 데이터를 이해할 수 있도록 돕는 매우 정교한 소프트웨어를 제공한다.

기계학습 소프트웨어는 과거의 패턴으로

자료 : gereports.kr

⚙ 그림 5.46 블룸 교수는 시리우스 쌍성계의 시리우스 B(Sirius B, 우측)와 같은 백색 왜성들을 구분하기 위해 처음 기계학습 소프트웨어를 사용하기 시작했다.

이루어진 지도를 바탕으로 예측 모델을 생성한다. 이러한 예측 모델들은 컴퓨터에 새로운 정보가 입력되면서 지속적으로 업데이트된다. 에르하르트는 이러한 소프트웨어를 거대 산업 기계에 통합하면 지금까지 실현 가능한지조차 몰랐던 수준의 효율성을 달성할 수 있게 된다고 설명한다.

그렇다면 과연 어느 수준의 비용을 절감할 수 있을까? 와이즈아이오 솔루션을 포함한 소프트웨어 및 분석도구를 활용할 경우 2020년까지 매출 150억 달러를 예상하고 있으며, 이 중 10억 달러는 운영 효율성 개선으로 얻어질 것으로 보고 있다.

특히 와이즈아이오는 각종 기계의 가상 복사본을 생성하는 디지털 트윈(Digital Twin)을 비롯해 GE가 산업인터넷 플랫폼 프레딕스(Predix)에서 이미 활용하고 있는 여러 기계학습 응용프로그램(앱)을 더욱 보강할 계획이다. 현재 엔지니어들은 디지털 트윈을 이용해 사용 시나리오와 관련된 여러 디지털 모델을 만들어, 기계의 부품이 유지보수가 필요한지 아닌지를 결정하고 있다.

와이즈아이오의 기계학습 기술을 적용하면 이러한 결정의 일부를 사람의 개입 없이 내릴 수 있게 된

자료 : wise.io

그림 5.47 Wise.io – 산업사물인터넷(IIoT)을 위한 기계학습

다. 와이즈아이오의 소프트웨어는 별들을 분석했을 때와 마찬가지로 인간의 눈으로 확인할 수 없는 패턴을 파악하여 즉시 결정을 내리고 필요한 변경 조치를 취할 수 있을 것이다.

와이즈아이오는 이미 핀터레스트(Pinterest), 시트릭스(Citrix), 폭스바겐(Volkswagen) 등의 기업과 협력하고 있다. 소셜미디어 기업인 핀터레스트의 경우, 와이즈아이오가 수천 건의 사용자 질문을 분석하여 패턴을 파악함으로써 고객의 불만사항을 훨씬 신속하게 해결할 수 있도록 도움을 주었다.

또 다른 예로 오일 및 가스 파이프라인 기업에 대해서는 음압 측정으로 수많은 데이터를 획득하여, 불필요한 잡음을 제거하고 오일 누출 위험을 알려줄 수 있는 데이터에만 집중할 수 있도록 지원했다. 에르하르트는 이러한 방식으로 점

검 보고에 소요되는 시간이 수주에서 수일로 단축된다고 말했다.

GE는 다양한 사업 부문에 와이즈아이오의 소프트웨어를 활용할 예정이다. 일례로 헬스케어 부문에서는 기계학습 기술을 통해 진단 과정을 대폭 개선할 수 있을 것이다. 에르하르트는 "기계가 수십만 장의 이미지를 생성하면 기계학습 기술로 종양이나 암의 기형 진단 과정을 강화하고 자동화할 수 있을 것"이라고 말했다.

(7) 산업사물인터넷(IIoT)이 전력산업의 한계를 돌파한다

변화의 시대인 오늘날, 많은 기업에서 경영의 핵심으로 '디지털 변혁(Digital Transformation)'을 꼽는다. 전 세계 트렌드를 예측하는 능력이 뛰어난 기업일수록 IoT나 AI(인공지능) 분야에 대한 관심과 투자에서 앞서가고 있다.

① 마루베니, 사물인터넷과 빅데이터로 혁신하다

마루베니(丸紅)는 일본을 대표하는 종합상사의 하나로 전력사업에 강점이 있다. 최근 디지털 기술을 활용해 경영을 혁신하기 시작했는데, 그 결과를 주목할 만하다. 마루베니는 IoT 기술과 빅데이터에 대한 수년의 연구

자료 : gereports.kr

🔧 그림 5.48 산업사물인터넷(IIoT)이 전력산업의 한계를 돌파한다.

를 거쳐 'IoT·빅데이터 전략실'을 신설했다. 후쿠무라 도시히로(福村俊宏) 전략실 부실장은 "오랜 역사의 마루베니는 종합상사로서 이제 제3의 전환점을 맞이하고 있습니다."라고 말한다.

마루베니의 첫 번째 전환점은 1980년대였다. 엔고와 수출 무역의 침체로 마루베니는 무역에서 해외사업투자로 사업을 확장했다. 두 번째 전환점은 2000년대였다. 자원 가격의 상승과 신흥 국가들이 주도한 글로벌 경제 성장의 파도를 타고 투자 수익 확대에 주력한 것이다. 그러나 현재는 자원 가격의 침체와 신흥국의 발전 속도가 느린 현실에서 볼 수 있듯이 세계 경제의 모든 부문에서 성장이 둔화되고 있다. 또 정치 상황과 지정학적 리스크 역시 세계 경제의 불확실성에 일조한다.

자료 : yonhapnews.co.kr

그림 5.49 마루베니 본사

"제3의 전환기에서는 규모를 추구할 뿐만 아니라, 비용을 절감하고 수익성을 향상시킬 필요가 있습니다. IoT와 인공지능은 큰 시장이 될 것이 틀림없습니다. 그러나 마루베니는 이런 솔루션을 판매하고 신규 사업을 성장시키는 것보다는 기존 사업에서 가치를 창조하는 쪽을 더 중시합니다. 따라서 먼저 디지털 변혁으로 마루베니의 경영을 혁신해 기존 사업자와의 경쟁에서 차별화를 도모하려 합니다." 후쿠무라 도시히로 부실장의 설명이다.

② 발전 운영의 효율화, 일본에서 세계로

식품부터 의류, 화학, 항공 그리고 선박까지 16개의 영업 본부로 구성된 마루베니에서 전력본부의 수익은 안정적이다. 일본에서는 '마루베니 신전력(丸紅新電力)'이란 브랜드로 전력을 판매하고 있다. 하지만 마루베니는 아시아, 중동, 유럽, 오세아니아 등 전 세계에 발전소를 가진 글로벌 발전기업이기도 하다. 마루베니는 세계적으로 1,180만kW의 전력을 생산하는데, 이는 싱가포르 전체 발전 용량의 90%에 달하는 큰 규모의 발전량이다.

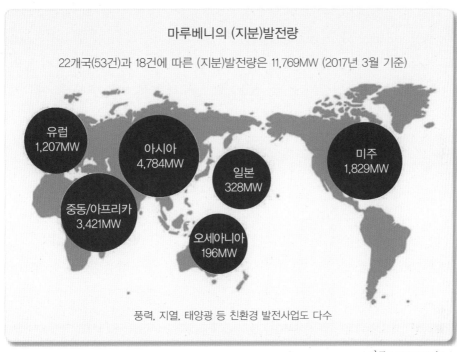

마루베니의 (지분)발전량

22개국(53건)과 18건에 따른 (지분)발전량은 11,769MW (2017년 3월 기준)

유럽
1,207MW

아시아
4,784MW

일본
328MW

미주
1,829MW

중동/아프리카
3,421MW

오세아니아
196MW

풍력, 지열, 태양광 등 친환경 발전사업도 다수

자료 : gereports.kr

🔧 그림 5.50 마루베니의 (지분)발전량

"이 정도 규모로 전력을 생산하면 연간 2,000억 엔(약 2조 원) 가량의 비용이 소요됩니다. 발전소의 운영 과정과 현장 작업은 꾸준히 개선해 왔습니다. 하지만 여기에서 1%라도 운영 효율을 더 높일 수 있다면 연간 20억 엔(약 200억 원) 규모의 비용을 절감할 수 있죠. 전력사업자에게는 안전하고 안정적인 전력을 공급하는 것이 제일 중요하지만, 저렴하게 전력을 제공할 수 있어야 경쟁력을 갖게 됩니다. 우리는 IoT와 빅데이터를 활용해 효율성과 차별화를 꾀할 것입니다." 마루베니의 쿠리하라 마사유키(栗原聖之) 전력본부 IoT·신에너지 솔루션 사업추진 부장의 말이다.

마루베니는 먼저 치바현 소데가우라(袖ヶ浦) 시 천연가스 복합화력발전소와 나카소데(中袖)의 클린 파워 설비에 GE의 산업인터넷 클라우드 플랫폼인 프레딕스를 연결해 신뢰성과 생산성을 향상하기로 결정했다.

신뢰성 향상을 위해, 프레딕스에서 동작하는 솔루션인 자산성과관리(APM ; Asset Performance Management)를 활용한다. 이는 물리적 엔지니어링 모델과 경험적 지식을 살린 고급 분석 능력을 제공한다. 가스터빈이나 보일러 등의 설비에 장착된 센서는 설비의 온도, 진동, 액체나 가스의 압력 수준 등 다양한 상태를 감지한다. 프레딕스를 통해 실시간으로 수집된 데이터는 APM으로 분석되며, 기존 점검 시 사람의 능력으로는 알아차리지 못했을 정도의 작은 이상도 초기 단계에 발견해 성능 저하나 고장, 예상치 못한 설비 정지를 미연에 방지한다. 각 부품의 상태를 정확히 파악하면 전력 수요가 높은 시기를 피하는 등으로 유지 관리 계획이 가능하고, 그 밖에도 유지 보수를 위한 다운타임(전력 생산이 불가능한 가동 중지 기간)을 최소화하기 때문에 수익이 상당히 개선된다.

발전소의 생산성 향상을 위해서는 프레딕스에서 운영최적화(OO ; Operation

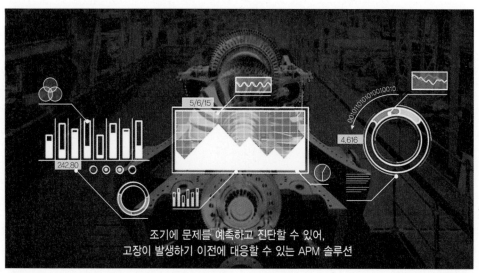

조기에 문제를 예측하고 진단할 수 있어,
고장이 발생하기 이전에 대응할 수 있는 APM 솔루션

자료 : gereports.kr

✿ 그림 5.51 자산성과관리(APM)

Optimization) 솔루션을 활용한다. 경영 측면에서 자산 관리 운영에 도움이 되는 수준까지 해석해주는 이 솔루션은, 연료 가격과 날씨에 따라 수요 동향 같은 변동 요인과 배출 규제를 반영해 최적의 발전 계획을 지원한다. 또한 각 KPI(Key Performance Indicator, 핵심성과지표) 달성에 필요한 정보를 하나의 대시보드에 표시할 수 있으며, 관리자와 엔지니어에게 변동 요인을 감안한 통찰을 제공하여 빠른 의사결정과 생산성 향상에 기여한다.

자료 : gereports.kr

🛠 그림 5.52 나카소데 클린 파워

나카소데 클린 파워에서 프레딕스가 본격적으로 가동될 시점은 2018년 3월로 예정되어 있다. "일본을 시작으로 전 세계에 있는 다른 발전소에도 IoT 기술을 적용할 계획입니다." 쿠리하라 씨의 이야기다.

세키 마코토(関真) GE 프로젝트 리더는 "발전 사업에 적

자료 : gereports.kr

🛠 그림 5.53 마루베니 나카소데 클린 파워, 일본 치바 현 천연가스 복합화력(복합사이클) 형식으로 100MW의 발전능력 보유

용되는 IoT는 센서와 소프트웨어 기술을 투입한다고 곧바로 결과가 나오는 것이 아닙니다. 데이터와 분석이 보여주는 통찰을 최대한 활용하려면 현장의 일하는 방식과 업무 프로세스 개선 등 사람에 의한 변화의 노력이 필요합니다. 개선과 변화에 매우 적극적인 나카소데 클린 파워는 회사의 전력사업 변혁의 핵심을 담당하는 기업답게 GE팀과 함께 전력으로 변화를 지원하고 있습니다."라며 열의를 밝힌다.

③ 전력산업이 산업인터넷에 투자할 시기가 왔다

전략실의 후쿠무라 부실장은 "IoT와 인공지능이 맞지 않는 사업도 있다."고 말한다. "IoT 기술은 어디까지나 수단입니다. 우리가 추구하는 목표는 가치 창조를 통해 차별화하고 경쟁력을 높이는 것입니다. 이 목적을 달성하기 위해서는 데이터 활용이 아니라 우선 프로세스 개선 및 직원 교육 등의 다른 방안을 강구하는 것이 좋을 수도 있습니다. 이런 분위기에서 전력사업은 IoT 기술을 바로 활용하기에 적합한 기회를 맞이한다고 말할 수 있습니다."

전력사업과 함께 걸어온 쿠리하라 부장은 이렇게 말한다. "그동안 전력사업은 미래로 나아갈 방법을 모색해 왔습니다. GE와 진행한 산업인터넷 도입 계획은 매우 신속하게 진행되었습니다. 사고방식이나 업무 프로세스가 성숙했던 기반이 있다면, 데이터의 힘으로 성과를 만들 포인트가 명확합니다. 또 기술자의 연구를 모델링하고 전개해 나갈 수 있을 것입니다."

원래는 무역상사로 플랜트의 수출입을 담당하던 마루베니는 신흥국에서의 사업 기회가 빠르게 확대된 시대에는 EPC(설계, 조달, 건설) 사업을 다루었고, IPP(민자발전개발사업자)로 발전사업을 펼쳤다. 일본과 유럽에서 유통사업도 하고 있으며, 전력에 대해 수직적인 사업능력까지 갖춘 기업으로 발전했다. "전력의 세계에서 산업인터넷은 결국 '(전력을) 만드는 측의 최적화'와 '사용 측면의 최적화', 이 두 가지를 연결해 전체를 최적화하는 방향으로 나아갈 것입니다. 마루베니는 이와 같은 미래를 앞장서서 실현하고 싶습니다." 쿠리하라 씨는 이렇게 포부를 전한다.

여러 동료들이 그랬던 것처럼, 과거 쿠리하라 부장도 '동남아시아의 작은 마을에 발전소를 만들기 위해 촌장의 집에 매일 찾아가, 처음 보는 식재료로 만든 음식으로 술을 나누며' 발전소 건설을 추진했다. 그러나 이제 마루베니 전력본부는 새로운 장으로 접어들었다. 사물인터넷의 경험을 축적하고 체계화하여 미래에는 국내외 파트너 기업에게 사물인터넷 활용방법을 지원할 계획이다. 예를 들어, 마루베니가 취급하는 선박 또한 발전소와 유사한 방법으로 해상의 추력발전이 가능하기 때문에 발전사업에서 쌓은 노하우를 쉽게 공유할 수 있다. 전력본부가 배양한 사물인터넷 활용의 지식과 경험은 마루베니 전체의 경영 혁신에서 엔진이 될 것이다.

(8) 인공지능, 인간이 정복하지 못한 암 패턴을 찾다

　브라질의 대장암 환자들은 의사가 권하는 치료법 중 하나인 결장 제거 수술을 거부하는 경우가 많다. 이 수술을 받는 경우 환자는 남은 평생 장루 주머니를 달고 살아야 하기 때문이다. 외모에 민감한 브라질 문화에서 이는 매우 중요한 문제이기 때문이다.

　이처럼 결장 제거 수술에 대한 혐오감으로 인해 브라질 종양 전문의는 방사선 치료와 화학 요법을 비롯한 대체 요법을 활용해야 한다. 놀랍게도 환자 중 20%는 이러한 대체 요법에 차도를 보인다. 그럼에도 불구하고 의사들이 대체 요법의 수용을 망설이는 이유는 어떤 환자가

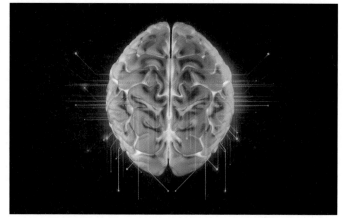

자료 : gereports.kr

🔩 그림 5.54 인공지능, 암 패턴을 찾다.

이 20%에 해당하는지 예측이 불가능하기 때문이다.

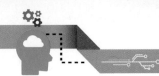

① 의료 분야의 딥 러닝

현재 과학자들은 이 의문에 대한 답을 찾기 위해 인공지능(AI) 기술을 활용하고 있다. 독일 베를린에서 열렸던 GE의 '마인드+머신(Minds+Machines) 유럽 2017' 콘퍼런스에서는 의료 분야에서 AI 활용에 대한 논의도 활발히 이루어졌다. 현재 급속히 발전 중인 분야이기도 하다. 과학자들이 활용하고 있는 소위 딥 러닝(Deep Learning)은 수천까지는 아니어도 수백 개의 데이터 포인트를 연결하여 다양한 알고리즘으로 동시에 처리함으로써 인간의 뇌를 모방하는 기술이다.

예를 들어, 보행자는 길을 건널 때 다가오는 차량의 수와 속도, 도로의 상태, 다른 보행자들, 심지어 착용하고 있는 신발이나 들고 있는 짐 등 수많은 요인을 고려한다. 딥 러닝은 인간의 능력과는 비교할 수 없을 만큼의 더 많은 데이터와 더 빠른 속도로 동일한 기능을 수행할 수 있는 잠재력이 있다.

이 개념은 사실 수십 년 전에 등장했는데, 최초의 인공 신경망은 1954년[3] MIT에서 개발되었다. 그러나 신경망에서의 효과적 산출에 필요한 수준의 컴퓨팅 파워는 최근에서야 확보되었기에, 최근 다시 각광을 받고 있다.

② 대체 요법 적합성 판단을 위한 AI 활용

위에 언급한 브라질 문제를 해결하기 위해, 과학자들은 AI가 암 치료 대체 요법에 적합성이 높은 환자를 예측할 수 있는 패턴을 찾을 수 있게 노력하고 있다.[4]

연구진은 국가 등록 시스템으로 수십 년간 수집한 결장 관련 데이터, 수천 장의 MRI 및 CT 스캔, 유전자 패널, 생체지표 등 수백만 개의 데이터 포인트를 클라우드에 입력한다. 이후 소프트웨어를 이용해 인간이 따라갈 수 없는 속도와

---

3) 벨몬트 팔리(Belmont Farley)와 웨슬리 A. 클라크(Wesley A. Clark)는 1954년 최초로 당시 계산기(calculator)라 칭하던 전산 기계를 이용하여 MIT에서 헵의(Hebbian) 네트워크를 시뮬레이션했다. 마가렛 앤 보덴(Margaret Ann Boden) 저,《인간의 정신을 기계로: 인지 과학의 역사(Mind as Machine: A History of Cognitive Science)》.

4) '관찰 및 대기(watch and wait)' 방식의 접근법은 2009년 브라질에서 안젤리타 하브르-가마(Angelita Habr-Gama) 박사가 최초로 제안했다.

정밀도로 패턴, 연결성 및 연관성을 분석한다.

GE헬스케어 디지털의 최고의료책임자(Chief Medical Officer)로서 AI를 연구 중인 마이클 댈위드(Michael Dahlweid) 박사는 다음과 같이 말한다. "우리는 미지의 영역을 탐색하고 있습니다. 인간이 발견하기 힘든 영역을 파악하는 것이 우리의 목표입니다."

자료 : gereports.kr

그림 5.55 뇌파(Brainwave, the Latest in a Surge of Deep Learning Acceleration Platforms)

③ 진단 의학의 AI 활용

인공지능(AI)은 질병 진단 분야에도 사용될 수 있다. 현재 연구 중인 이 방식은 딥 러닝 시스템에 입력하는 데이터를 기반으로 한다. 이 경우, 임상의와 데이터 과학자가 서로 긴밀하게 협력하며 알고리즘을 검토하고 정밀하게 조정함으로써 인체 스캔 분석 시 의사가 특별히 주목해야 할 부분을 AI가 알려줄 수 있도록 학습시키고 있다.

댈위드 박사는 "이는 몇 차례, 혹은 수백 차례의 시도 끝에 갑자기 AI가 의료 분야에서 의사결정 시 활용할 수 있는 신뢰도 높은 보조 기술이 될 것이라는 발

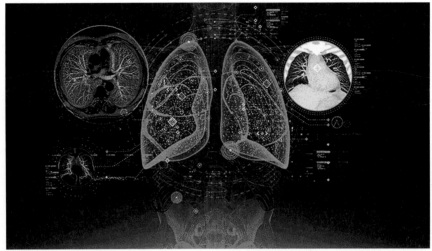

자료 : gereports.kr

✿ 그림 5.56 진단 의학의 AI 활용

상"이라고 설명했다. 이 시스템은 진단을 직접 내리는 것이 아니라, 의심스러운 부분을 의사에게 알려주어 알맞은 치료 방법을 결정할 수 있게 도와준다.

AI는 의료업계의 판도를 바꿀 수도 있다. 댈위드 박사는 다음과 같이 말한다. "지난해 의료 목적의 AI를 개발하는 스타트업이 70개나 설립되었습니다. 2021년에 이르면 의료용 AI에 대한 투자 규모가 66억 달러에 달할 것으로 예상됩니다."

댈위드 박사는 의료 분야에서 AI가 더욱 흔한 기술이 되면, 의대에서도 의사들이 AI를 효과적으로 활용할 수 있도록 새로운 기술과 스킬 세트 및 방법론을 갖출 수 있도록 훈련 체계를 바꾸어야 할 것이라고 말한다. "미래에는 이러한 기술이 청진기나 페니실린처럼 평범해질 것입니다. 그러나 이 기술을 활용하는 방법을 먼저 학습해야 합니다."

(9) Minds + Machines 2017 컨퍼런스

GE는 매년 세계 최고의 디지털 산업 컨퍼런스라고 할 수 있는 '마인드 + 머신(Minds + Machines)'을 주최한다. 업계의 전문가들이 모여 배우고, 혁신하고, 네트워킹을 하는 자리다. 지난 2017년 10월 말 개최된 2017년 행사는 사상 최대 규모였다. 행사장인 샌프란시스코 모스콘 센터는 행사 기간 동안 산업을 선도하는 가장 뛰어난 인재들이 모인 산업인터넷의 허브 역할을 하기도 했다.

자료 : gereports.kr

🌀 그림 5.57 Minds + Machines 2017 컨퍼런스

① 마인드 + 머신 키노트와 세션

컨퍼런스 무대의 주인공은 디지털 산업 변혁(Digital Industrial Transformation)이었다. 리더들과 혁신가는 디지털 산업 세계의 현재 상태와 낙관적인 미래를 논의했다. 존 플래너리(John Flannery) GE 회장 겸 최고경영자, 사티아 나델라(Satya Nadella) 마이크로소프트 최고경영자, 월터 아이작슨 전 CNN 회장 등이 무대를 빛냈다. 존 플래너리(John Flannery) GE 회장은 다음과 같이 키노트 세션을 열었다.

"1987년 8월 제가 입사했을 때 GE는 더 나은 세상을 위해 기계를 만드는 기업이었습니다. 물론 현재도 그렇습니다. 그러나 세상은 믿을 수 없을 만큼 급격히 바뀌었지요. 산업계도 이런 변화의 흐름에 거스를 수 없습니다. 단순한 기계 이야기가 아닙니다. 디지털 솔루션으로 하드웨어, 서비스를 연결하고 새로운 비즈니스 모델을 만들어야 한다는 말입니다. 이제 모든 것이 달라졌습니다. 디지털

자료 : gereports.kr

🔩 그림 5.58 키노트 세션을 여는 존 플래너리(John Flannery) GE 회장

을 IT 담당 부서가 담당하는 시대는 지났습니다. 기계, 사람, 소프트웨어 공급망 등 기업 전체가 완전히 바뀌고 통합하는 변혁이 필요합니다."

GE와 마이크로소프트는 이 자리에서 산업용 클라우드 시장을 함께 공략하는 것을 발표했다. GE의 산업인터넷용 운영체제 프레딕스 개발자들이 애저(Azure) 클라우드에서 앱을 개발하고 배포하기 쉽도록 하여, 상호 운용성을 높이고 성능과 생산성 향상을 기대할 수 있게 되었다.

자료 : gereports.kr

🔩 그림 5.59 GE와 마이크로소프트는 이 자리에서 산업용 클라우드 시장을 함께 공략하는 것을 발표했다.

다양한 브레이크아웃 세션과 현장 활동을 통해 참석자들은 산업인터넷에 필요한 다양한 솔루션들을 접할 수 있었다. 프레딕스(Predix) 앱 개발을 위한 GE의 새로운 개발환경인 프레딕스 스튜디오(Predix Studio)가 관심을 받았다.

코딩을 적게 하는, 고생산성 개발 환경인 프레딕스 스튜디오를 활용하면, OT 분야 전문지식을 가진 인력들도 쉽게 IT 개발(프레딕스 앱)에 뛰어들 수 있어 APM(자산성과관리) 등의 성능과 역량을 개선하는 데 직접 현장의 노하우가 녹아들 수 있는 장점이 있다.

또 테크홀(Tech Hall) 전시장에서는 GE가 그동안 키워낸 디지털 산업 생태계를 확인할 수 있었다. 산업인터넷이 어떻게 생산성을 향상시키고, 산업 전반의 신뢰성을 높일 수 있는지를 전문가들이 서로 논의할 수 있는 자리였다.

서비스맥스(ServiceMax)도 주목을 받았다. 데이브스 야놀드 CEO는 GE의 APM 솔루션과 통합된 새로운 앱을 소개하기도 했다. 물론 극적으로 생산성 향상과 비용 저감이 가능해진다. 2016년 GE가 인수하여 수많은 산업 현장에서 좋은 평가를 받는 서비스맥스의 강점과 GE의 산업인터넷 기술의 결합을 알렸다.

GE는 애플의 iOS에서 동작하는 앱 개발을 위해 Predix SDK를 발표했다. 산업

자료 : gereports.kr

🔧 그림 5.60 테크홀(Tech Hall) 전시장에서 GE가 그동안 키워낸 디지털 산업 생태계를 설명하고 있다.

자료 : gereports.kr

⚙ 그림 5.61 서비스맥스(ServiceMax)

인터넷용 앱을 아이폰, 아이패드에서 손쉽게 활용할 수 있어 더 나은 사용자 경험과 신속한 시장 출시를 기대할 수 있게 되었다.

② Appathon

개발자들은 이번 컨퍼런스의 Appathon에서 185,000달러 상당의 상금을 놓고 경쟁했다. 프레딕스를 기반으로 솔루션을 구축하여 신재생에너지 통합, 다중모

자료 : gereports.kr

⚙ 그림 5.62 Appathon

드 운송 그리고 배기가스, 효율 및 출력의 최적화 등과 같은 핵심적인 에너지 문제 해결에 도전했다.

약 100여 명의 개발자가 Appathon[5])에 참가했다. 참가팀들은 현장의 데이터 세트, 하드웨어, 그리고 프레딕스 마이크로서비스를 공통으로 공유받았으며, 현재 산업의 도전과제를 해결하는 것을 목표로 경쟁을 시작했다. 2일 이내에 실제로 동작하는 프로토타입을 만들고 프레젠테이션을 했다. 영광스러운 우승자는 아래 링크에서 확인할 수 있다.

- 스타트업 트랙 우승자

  https://devpost.com/software/integrated-power-management

- GE 트랙 우승자

  https://devpost.com/software/matching-micro-capacity-with-mobile-load

- 엔터프라이즈 트랙 우승자

  https://devpost.com/software/byodevice-demand-response

③ 기업 문화의 변화도 필수

이처럼 산업적인 변혁도 중요하지만, 그에 못지않게 중요한 것은 기업 문화의 변화이다. 베스 컴스탁 GE 부회장은 이렇게 전한다.

"GE는 스스로 디지털화를 추진했습니다. 우리는 우리가 일하는 방식을 디지털화할 필요가 있습니다."

자료 : gereports.kr

🔩 그림 5.63 산업인터넷과 빅 데이터의 성장과 함께 변화 중인 기업문화

---

5) Appathon은 해커톤(hackathon)과 유사한 행사로 소프트웨어 개발자, 그래픽, UX, UI, 프로젝트 매니저 등이 집중적으로 작업하고 경쟁하는 이벤트이다.

(10) 산업은 디지털 미래로 전환 중이지만, 준비는 부족하다

산업계의 리더들에게 산업인터넷(Industrial Internet of Things ; IIoT)에 대해 질문하면, 대부분 비즈니스에 혁명을 일으킬 것이라고 말한다. 그러나 산업인터넷을 준비하기 위해 무엇을 하는지 물어본다면, 자신의 조직은 아직 강력한 계획이 없다는 것을 인정할 것이다.

사물인터넷은 TV, 초인종, 자동차와 같은 소비재를 연결하지만, 산업인터넷(IIoT)은 기계와 공장의 데이터를 수집하고 분석한다. 빌 루(Bill Ruh) GE디지털 CEO는 이런 차이를 "산업계의 요구는 매우 독특하고 때때로 어려운 일입니다."라고 설명한다.

지난 2017년 10월 샌프란시스코에서 열렸던 디지털 컨퍼런스 Minds + Machines 2017을 앞두고 GE디지털은 제조업, 공공인프라, 전력/에너지, 운송, 항공 등 5개 분야의 IT 및 OT 의사결정자 250명을 대상으로 설문을 실시했고, 산업인터넷에 관한 비즈니스 리더들의 인식을 파악할 수 있었다. 설문 결과를 보면 디지털 전환의 기회와 전망은 낙관적이지만, 준비성은 부족한 것으로 확인되었다.

설문에 따르면 응답자의 80%는 산업인터넷이 기업과 산업에 변혁을 가져올 것으로 생각했으며, 86%는 디지털 산업 전환이 기업의 경쟁력 유지에 매우 중요한 역할을 할 것이라고 응답했다. 전문가들은 산업인터넷 덕분에 향후 세계 GDP에 10~15조 달러의 생산성 향상이 추가될 것이라고 추정한다.

자료 : gereports.kr

🜲 그림 5.64 산업인터넷 이미지

그러나 동시에 응답자의 8% 미만이 디지털 전환이 자사의 조직과 사업에 깊이 뿌리내리고 있다고 답했고, 단지 41%만이 자신들의 기업이 산업인터넷을 지원하는 솔루션으로 사업을 업그레이드하고 있다고 답했다. 대부분의 응답자는 업계가 산업인터넷의 잠재력을 실현하기까지 최대 8년이 소요될 것으로 예상하기 때문에, 초기 디지털 전환에 관해서는 행보가 느린 것으로 보인다고 대답했다. 또한 응답자들은 모든 산업 분야에 걸쳐 디지털 변혁이 진행될 것이라고 생각한다고 응답했다.

① 디지털 전환은 시간이 걸리지만, 긴박한 사안이다

그러나 빌 루 GE디지털 CEO은 좀 더 긴박성을 느낀다. "디지털 변혁은 세상에 매우 중요합니다. 그래서 더 빨리 변화할 필요가 있습니다. 완전히 새로운 방식으로 전 세계에 전력을 공급하고, 환자를 치료하고, 경제를 건설하고, 사람과 재화를 안전하고 효율적으로 운송하는 것이 바로 디지털 변혁이기 때문입니다."

기업들이 빠르게 변화하지 못하는 이유는 무엇일까? 설문에 따르면 디지털 전환에 대한 가장 큰 장벽은 비용 문제이다. 응답자 중 운송산업 임원이 가장 높은 비율을

자료 : gereports.kr

그림 5.65 주요 5개 산업의 IT/OT 임원 250명을 대상으로 한 설문조사에 따르면, 대다수의 리더는 디지털 전환이 경쟁력 제고에 핵심이라고 생각한다. 그러나 인력의 기술과 지식 격차를 포함한 디지털 전환의 장애물을 언급한다.

보였고(54%), 가장 낮은 비율은 제조산업 응답자(34%)였지만, 여전히 비용을 최고 관심사로 꼽았다. 다른 응답자들은 투자수익률(ROI)을 장벽으로 꼽았다.

또 하나 의미 있는 설문 결과는 직원들의 준비 상태와 산업인터넷 관련 사업의 요구조건 사이의 격차이다. 기술 관련 응답자들은 현재 직원들에게 부족한 기술은 디지털 인터페이스와 프로세스(59%), 인공지능(AI)과 기계학습(머신러닝)에 대한 이해(48%), 기술 데이터(48%)를 해석하는 능력 등을 뽑았다.

② 산업인터넷 활용으로 사업 방식을 개선

GE는 산업인터넷으로 고객의 사업 방식을 개선할 수 있는 방법을 제시함으로써, 고객의 문제해결을 돕고 있다. 예를 들어, 호주의 항공사 콴타스(Qantas)는 GE의 산업인터넷 플랫폼 프레딕스(Predix)를 활용하여 평균 엔진속도부터 개별 항공기의 유지보수 기록 등에 이르기까지 100억 건의 데이터를 처리하여 더 효율적으로 기업을 운영할 수 있게 되었다.

두 기업은 협업으로 '플라이트펄스(FlightPulse)'라는 앱을 개발했다. 이 앱은 파일럿에게 자신의 비행 데이터에 대한 통찰을 제공하여 연료를 절약하고 탄소 배출량을 저감할 수 있는 기회를 제공한다. 또 파일럿은 자신과 동료의 비행 패턴을 자신의 비행 패턴과 비교하기 위해 앱을 사용할 수도 있다. 이러한 가시성 덕분에 파일럿은 실시간으로 피드백을 얻게 되고, 그 결과 비행 행동에 변화를 주고, 데이터를 측정하는 항목의 결과를 향상시킬 수 있다. 콴타스는 이 앱을 사용하여 1년 전에 비해 연료를 거의 두 배나 절약할 수 있었다.

GE는 미국 최대의 항구인 로스앤젤레스 항만국

자료 : gereports.kr

그림 5.66 FlightPulse 앱 화면

(Port of Los Angeles)의 운영자들이 데이터를 활용하여 병목 현상을 줄이고 화물을 더 신속하게 이동하도록 돕고 있다. 과거에는 항만에 어떤 화물이 도착하는지 이틀 전에야 알 수 있었기 때문에 적절한 장비, 인원, 운송수단을 준비하기 어려웠다. 하지만, 이제는 GE가 여러 데이터베이스의 데이터를 수집하여 실시간으로 제공함으로써 화물이 도착하기 2주 전부터 관련 정보를 제공할 수 있다.

■ 참고 - 디지털 항만 관리 프로젝트

미래에는 디지털 기술이 산업의 모든 운영 방식을 변화시켜, 숨겨진 효율성을 발굴하고 비용을 절감하며 배출량을 줄이는 등 더 많은 변화를 견인하는 것을 목격하게 될 것이다.

"미래의 산업 기업은 예전보다 더 빠른 속도로 움직이고, 더 풍부한 통찰을 기반으로 감지, 예측, 반응할 수 있는 능력을 가진 기계를 만들 것입니다. 몇 년 전만 해도 디지털화된 산업기업의 개념은 선례가 없거나 시나리오가 없는 아이디어였습니다. 하지만 이제는 현실입니다." 빌 루의 통찰이다.

자료 : gereports.kr

⚙ 그림 5.67 디지털 항만 관리 프로젝트

제 4 차 산업혁명의 총아 제너럴 일렉트릭

GE 변화의 경영

 GE 사상 최대의 개혁

(1) 복합기업으로부터 IoT 시대의 승자로

제5장에서 살펴본 바와 같이 제프리 이멜트가 행한 사업 포트폴리오의 교체는 후술하는 바와 같이 종래의 산업 인프라 사업의 전 영역에서 소프트웨어 솔루션에 의한 디지털화를 실현한 '디지털 인더스트리얼 컴퍼니'라고 하는 장대한 구상으로의 포석이었다. 그러면 먼저 그 포트폴리오 변혁으로부터 뒤돌아보기로 한다.

이멜트는 회장 겸 CEO에 취임하기 전부터 산업구조의 급격한 변화에 의해 경쟁이 격화되고, 제품에 의해서 급속히 커머디티화(동질화)[1]가 진행되어 온 것에

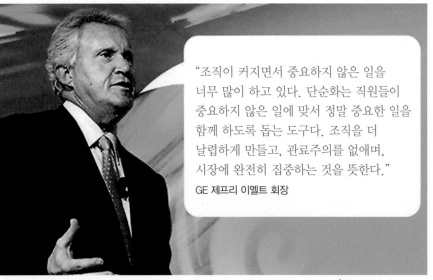

"조직이 커지면서 중요하지 않은 일을 너무 많이 하고 있다. 단순화는 직원들이 중요하지 않은 일에 맞서 정말 중요한 일을 함께 하도록 돕는 도구다. 조직을 더 날렵하게 만들고, 관료주의를 없애며, 시장에 완전히 집중하는 것을 뜻한다."

GE 제프리 이멜트 회장

자료 : biz.chosun.com

🔩 그림 6.1 제프리 이멜트 회장은 주주들에게 보낸 연차 보고서에서 GE의 진보는 단순화를 통해 더 강력해질 것이라고 다짐했다.

---

1) 참여기업이 증가하고 상품의 차별화가 곤란해져서, 가격경쟁의 결과, 기업이 이익을 올릴 수 없을 정도로 가격이 저하하는 것

위기감을 느끼고 있었던 것 같다.

그러한 환경변화 속에서 더 높은 수익성을 구하고, 더 강해지기 위해서는 무엇을 해야 할 것인가. 이멜트는 회사의 장래를 똑똑히 확인하고 현 상태 그대로는 어느 사업도 이도 저도 아닌 어중간한 상태가 되어버릴 것을 두려워했다.

그래서 GE가 자신이 있는 분야에 '선택과 집중'을 추진해서 강한 사업을 더 강화함과 동시에 핵심이 아닌 사업은 미련 없이 손을 뗐다. 그 포트폴리오를 다시

	잭 웰치	제프리 이멜트
출생	1935년 11월 19일, 메사추세츠 주 피바디	1956년 2월 19일, 오하이오 주 신시내티
성장 배경	집안 환경이 어려워 골프장 캐디, 배달, 판매, 사무보조 등 다양한 아르바이트를 경험함	아버지와 어머니 모두 GE에서 근무했기 때문에 웰치에 비해 부유한 가정 환경에서 성장
학교	메사추세츠대, 일리노이대 공학박사	다트머스대, 하버드대 MBA
GE 입사	1960년 10월 GE 엔지니어로 입사	1982년 GE플라스틱에 입사
외모	작은 키에 평범한 외모	195cm의 거구, 훤칠한 이미지
GE 사업 포트폴리오	첨단 기술 사업, 핵심 사업, 서비스 사업의 세 분야로 사업부를 나눔	13개의 사업군을 6개의 사업군으로 정리
경영 철학	"GE의 사업 중 세계에서 1위 또는 2위에 들어가지 않는 사업은 매각하거나 폐쇄한다."	"GE는 디지털 제조업을 할 것이다. 앞으로 우리의 경쟁자는 구글과 같은 디지털 기업들이 될 것이다."

자료 : m.post.naver.com

그림 6.2 웰치가 '불도저식 경영'으로 단기 실적에 집중한 것과 달리 이멜트는 미래 성장 산업을 발굴하는 데 주력했다.

짜는 데 십수 년이 걸렸던 것이다.[2]

세계를 전망했을 때, 큰 사회적 과제는 의료, 전력, 수송이라고 하는 인프라 영역에 집중해 있다. 특히 신흥국의 성장에 따라 그 시장은 급격히 확대하고 있었다. GE에게 있어서 예전부터 '글로벌화'는 단지 활동 영역을 넓히는 것이 목적이 아니라, 세계의 과제를 해결해 가는 데 있다고 하는 비전을 가지고 있다. 그것이야말로 GE 창업의 원점이며, 강점을 가장 잘 살릴 수 있는 곳이기도 하다. 산업 인프라 부문의 선택과 집중은 당연한 귀결이었다. 동시에 그 비전에 부합되지 않는 사업은 아무리 수익성이 높더라도 잘라버릴 것을 결단했다.

이멜트가 '디지털 인더스트리얼 컴퍼니'를 제창한 것은 2015년부터인데, 소프트와 하드를 융합시켜 IT에 주력해 간다고 말하기 시작한 것은 더 거슬러 올라가서 2011년의 일이었다.

산업 인프라 부문에 특화한다고 선언한 것은 더 이전이다. 생각해 보면, 이멜트가 재생 에너지를 중요시해서 엔론의 풍력발전사업을 매수한 것은 2002년이었기 때문에, 바로 이멜트가 회장에 취임한 직후에 해당된다. 이것도 선견지명이라고 할 수 있을 것이다.

이멜트는 취임 직후부터 수많은 재앙이 가는 길을 막았다. 회장에 취임한 4일 후인 2001년 9월 11일에는 미국 동시다발 테러가 일어났다. 더욱이 그 직후에는 엔론쇼크가 발생한 데다, 2005년에는 2,000명 이상의 사망자·행방불명자를 낸 허리케인 카트리나(Hurricane Katrina)가 습격해 와서 동해안에 있던 GE의 공장은 큰 피해를 입었다. 계속해서 재앙을 당하는 속에서, GE를 더 강하게 하기 위해서는 어떻게 해야 할지 깊이 생각한 끝에 나온 전략이, 강점을 살리고 핵심이 아닌 사업을 잘라버리는 선택과 집중이었을 것이다.

■ 웰치가 키운 예전의 인기 있는 사업도 분리

그러한 결단이 구체적인 행동이 된 최초의 쇼킹한 사건은 2007년에 행해진 플라스틱 부문의 매각이었다. 이것은 이멜트에게 있어서 어쩌면 대단히 용기가 필

---

2) 熊谷昭彦, GE變化の經營, ダイヤモンド社, 2016.

요한 결단이었을 것이다. 그 이유는 플라스틱 사업은 자신을 후계자로 뽑아준 전 CEO인 웰치가 키운 비즈니스이며, 한때는 GE의 인기 있는 사업이기도 했기 때문이다.

그러나 그는 앞으로의 GE에서 플라스틱 사업은 핵심이 아니라고 생각했다. 시대가 바뀌고 제품의 커머디티화가 진행되는 데다 원재료가 되는 원유가격의 불안정이라고 하는 큰 약점도 있었다. GE가 목표로 하는 인프라를 주체로 한 사업골격에는 부합되지 않기 때문에, 매각이라고 하는 결단에 이른 것이다.

자료 : news.chosun.com

🔩 그림 6.3 잭 웰치 회장 시절 황금알을 낳는 '알짜 사업'으로 꼽혔던 금융 부문을 정리하는 대신 GE는 기업용 소프트웨어(SW) 사업 부문에 집중하기로 성장 전략을 수정했다.

또 하나 상징적이었던 것이, 2001년에 실시된 미디어 & 엔터테인먼트 사업인 NBC유니버설(NBCUniversal Media, LLC) 매각이다. TV가 있고 영화가 있으며, 수많은 인기 콘텐츠를 가지고 장래성도 있었지만, 역시 다른 사업과는 분야가 전혀 다르다는 사실로부터 내놓기로 했다.

그 한편으로 산업 인프라 부문을 중심으로 수많은 기업매수를 실시하고, 인프라 부문을 핵심으로 해서 다져왔다. 도중에 좌절되어 시간이 걸리기는 했으나, 에디슨 창업 이래의 기간사업이었던 가전부문의 매각도 결단했다.

그 선택과 집중의 전체 마무리가 되었던 것이 2015년의 GE캐피털 매각과 알스톰 매수라고 하는 GE의 역사상 최대라고도 할 수 있는 초거대 매각과 매수였다. GE에게 있어서 금융부문을 담당하는 GE캐피털은, 수년 전까지는 전체 이익의 절반 이상을 벌어대는 큰 사업으로 성장했지만, 그것도 잘라버릴 결단을 했다.

이멜트는 "큰 포트폴리오를 다시 짜는 것은 기본적으로 이것으로 끝이다."라고 단언했다. 그가 목표로 하는 것은 사업의 선택과 집중에 의해서 GE를 산업 인프라 사업에 집중시켜서, 그 위에 소프트웨어의 능력을 강화하고, '디지털 인더스트리얼 컴퍼니'로 변모시키는 것이다. 말하자면 창업자 에디슨 이래의 세업(世業)으로 돌아간다고 하는 것이다.

GE의 역사를 뒤돌아보면 항상 산업 인프라 기기를 중심으로 제조하는 인더스트리얼 부문이 핵심으로 존재하고 있었다. 그 가장 강한

자료 : ekn.kr

그림 6.4 GE, 알스톰 에너지 2015년 인수 6,500명 감원

분야에 집중하고 더욱 강화해서 나아간다고 하는 방향을 선택했던 것이다. 그것이야말로 GE가 나아갈 길이라고 하는 그의 강한 신념에 근거한 것이었다.

이 선택과 집중이 모두 완료됨으로써 GE 전체의 이익은 90%가 인더스트리얼 부문이고, 캐피털(금융) 부문은 불과 10% 정도로 되어 GE의 수익체질은 크게 변하게 되었다.

■ 알스톰의 매수

2015년 11월 2일 GE는 프랑스 기업 알스톰(Alstom)의 발전·송배전 사업의 매수를 완료했다. 매수액 103억 달러에 달하는 매수를 통해서 GE의 인더스트리얼

베이스(이미 설치된 발전기기자산)의 발전능력은 약 1,500기가와트(GW)로 확대되었다. 이것은 미국 전체의 공급량을 12분 조달하는 규모이다.

알스톰의 매수는 몇 십 년에 한 번 있을까 말까 하는 기회였다고 할 수 있을 것이다. 라이벌 회사를 밀어내고 GE는 그 기회를 착실히 포착하여 변혁을 가속시킬 수 있게 되었다.

알스톰의 글로벌한 발전·송배전 사업과 통합함으로써 GE는 더욱 대규모적인 발전능력에 기초하는 보수(保守)나 빅 데이터 분석을 직접 다룰 수 있게 된다. 이것에 의해서 예기치 못한 다운타임의 삭감이나 터빈, 발전소, 풍력발전시설, 송배전의 성능(performance)을 더 크게 향상시킬 수 있게 되었다.

이멜트는 알스톰의 매수에 대해서 "GE가 진화하는 과정에서 대단히 중요한 스텝이었다."라고 말하고 있다.

지금 안정적으로 전력을 이용할 수 있는 사람은 세계에서 약 13억 명에 달한다고 한다. 국제에너지기관(IEA)에서는 새로운 전력 니즈에 대응하려면, 2040년까지 세계적으로 약 7,200GW 증가할 필요가 있다고 계산하고 있다. 이러한 전력수요의 3분의 2는 중국을 비롯한 비 OECD 제국에 의한 것인데, 알스톰은 이들 나라에서 강력한 존재감을 가지고 있었다.

자료 : gereports.kr

🔧 그림 6.5 GE, 알스톰 전력 및 그리드 사업 인수 완료

이 매수에 의해 GE는 발전소의 설계를 더 좋은 것으로 한다거나 송배전 사업을 비약적으로 확대시키는 것이 가능하게 되었다. 알스톰을 영합함으로써 GE는 전 세계의 송배전 사업 거점과 글로벌 경쟁을 가능하게 하는 스케일을 얻었던 것이다.

예를 들면, 알스톰은 브라질에 있는 세계 최장의 송전시스템의 설비를 공급해 왔다. 그 송전거리는 2,380km에 이르고, 5,000본의 철탑에 둘러쳐진 가공송전(架空送電) 케이블은 2만km에 달하고 있다.

더욱이 이 매수는 광범위하고 전문적인 재생 가능 에너지의 제품 포트폴리오의 획득에도 관련되었다. GE는 육상풍력발전의 리더인데, 금후 그것을 해상으로 넓히는 것이 가능하게 된다. 매수에 의한 상승효과로서 금후 5년간 30억 달러의 코스트 삭감을 기대하고 있다.

■ 월드테크의 매수

다양한 산업기기와 인터넷을 연동시킴으로써 리얼타임으로 입수하는 빅 데이터를 분석해서 솔루션을 만들어내는 '인더스트리얼 인터넷'의 보급을 추진하기 위해서 GE는 산업기기용 사이버 보안(cybersecurity)의 강화에도 착수했다. 그 때문에 주유소나 발전소 등 대형 산업시설을 사이버 공격으로부터 방호하는 캐나다의 사이버 보안회사인 월드테크(Worldtech) 사를 2014년에 매수했다. 이번 인수는 GE의 주요 기반 시설과 운영 기술에 대한 디지털 보안을 강화하기 위한 목적을 띠고 있다. 이번 매수 덕분에 고객들은 GE의 산업인터넷을 더 신뢰할 수 있게 될 것이다.

작금 세상에는 IT 보안은 그 나름대로 대책이 진척되어 있지만, OT(operational technology) 보안에 대해서는 체제가 갖추어져 있지 않고, 지금 세계의 모든 산업시설이 심각한 위험에 처해 있다.

GE는 월드테크가 가져온 노하우를 활용하여 앞으로 여러 가지 기기의 사이버 안보의 표준적인 평가지표가 되고 있는 '아킬레스 인증제도'나 편성시스템, 산업설비용에 다중방호를 제공하는 종합적인 사이버 보안 대책 솔루션을 제공할 것이다.

자료 : gereports.kr

🔩 그림 6.6 GE는 사이버 보안회사 월드테크(Worldtech) 사를 인수했다.

현실적으로 공장 안을 볼 수 있도록 추진하지 않는 기업은 의외로 많다. 옛날
에는 제조현장이나 제조거점을 인터넷으로 외부와 연결한다고 하는 발상이 없
고, 또 그럴 필요도 없었기 때문이다. 오히려 폐쇄해 놓는 편이 안전성은 높다고
생각하고 있었다.

그러나 실제는 개방해서 여러 가지 정보를 외부로부터 받아들이면서 가동시
키는 편이, 효율은 오른다는 사실을 점점 이해하게 되었다. 단, 그러기 위해서는
보안의 문제를 클리어하게 하지 않으면 안 될 뿐만 아니라, 도대체 어디부터 손
수 다루어야 좋을지 모른다고 하는 기업도 많았다.

그런 가운데 월드테크가 산하에 들어옴으로써 보안에 대한 GE의 신뢰성이 한
층 높아졌다. 사실 월드테크의 솔루션을 고객에게 소개하면 대단히 강한 관심을
갖는다. 물론 이 보안시스템은 GE의 소프트웨어 플랫폼인 프레딕스(PREDIX)와
도 연결되어 있다.

(2) 용기 있는 결단 - GE캐피탈의 매각

대형 매수 이상으로 주위를 놀라게 한 것이 GE캐피탈의 매각이다. 매각액은
1,570억 달러(2015년 말 시점)에 이른다. 매각의 배경에는 "현대의 금융은 전업

의 형태로 행해져야 한다."라고 하는 이사회와 이멜트의 결단이 있었다. 그것은 '5년 후, 10년 후의 세계'를 내다본 것이다. 또한 2008년에 리먼쇼크[3]가 일어나서 규제가 매년 엄해지는 속에서 금융 비즈니스의 어려움은 더욱 선명하게 되었다. 정말로 장래를 향해서 지금까지와 같이 금융부문에 끝까지 의지해도 좋은가라고 하는 위기감을 가지고 있었던 것이다.

금융부문의 GE캐피탈은 항상 핵심 사업으로서 높은 수익을 올리고 있었다.

자료 : news.joins.com

🔩 그림 6.7 GE캐피탈 보유 부동산 자산 265억 달러 매각, 500억 달러 자사주 매입

---

3) 2007년에 발생한 서브프라임 모기지 사태(subprime mortgage crisis)는 미국의 초대형 모기지론 대부업체들이 파산하면서 시작된, 미국만이 아닌 국제금융시장에 신용경색을 불러온 연쇄적인 경제위기를 말한다. 2004년 미국이 저금리 정책을 종료하면서 미국 부동산 버블이 꺼지기 시작했으며, 서브프라임 모기지론 금리가 올라갔고 저소득층 대출자들은 원리금을 제대로 갚지 못하게 된다. 증권화되어 거래된 서브프라임 모기지론을 구매한 금융기관들은 대출금 회수불능사태에 빠져 손실이 발생했고, 그 과정에 여러 기업들이 부실화된다. 미 정부는 개입을 공식적으로 부정했고 미국의 대형 금융사, 증권회사의 파산이 이어졌다. 이것이 세계적인 신용경색을 가져왔고 실물경제에 악영향을 주었고, 이는 세계경제시장에까지 타격을 주어 2008년 이후에 세계금융위기까지 이어지게 되었다. 2008년 9월 15일 미국의 투자은행(IB) 리먼 브러더스가 파산 신청을 했다. 미국 정부는 페니메이와 프레디맥을 국유화하고 1주일 뒤에 리먼 브러더스를 파산시키기로 결정했다. 이름하여 리먼쇼크가 일어났다.

실제로 상업부동산이나 항공기의 리스 등을 직접 다루는 세계 최대 규모의 기업으로 확대하고 있다. 왜 매각이라고 하는 대담한 판단이 가능했는지, 의문을 갖는 사람도 있을 것이다.

하나는 전술한 바와 같이 '선택과 집중' 전략이다. 그리고 또 하나는 실속 없는 겉치레로 들릴지 모르지만, 캐피탈에서 일하는 사원을 생각하고, 냉정하게 헤아린 결과이다. GE에게 핵심이 아닌 사업에서 끝까지 노력하는 것보다도 금융 사업을 핵심으로 하는 기업에서 일하는 편이 그들은 좀 더 활약할 수 있음에 틀림없다. 그것은 항상 사원이 최대의 힘을 발휘할 수 있는 사업에 집중한다고 하는 사고방식을 GE가 유의해왔기 때문에 가능했던 것이다.

이 부분의 사고방식은 일반적인 한국의 기업과는 다를지도 모른다. 한국에 있어서의 기업이나 사업의 매각은 수익적으로 심하게 쪼들리고 나서 실행되는 경우가 많다. 사업이 정체 상태에 빠져 수익을 올리기 어려워져, 해결책 또는 수단 방법이 한정되고 나서 매각을 검토하기 시작한다. 그때 해당 사업에서 일하는 사원의 기분은 별로 감안하지 않는 인상이 있다.

자료 : gereports.kr

🛠 그림 6.8 GE이노베이션 포럼 2015

그러나 GE는 아직 수익이 충분히 오르고 있는 중에 그 사업에 더 자신이 있는 기업에 양도하는 편이 사원에게도 유익하다고 생각한다.

■ **이멜트가 말한 "I'm sorry."**

지금까지 수많은 영단(英斷)을 내려온 이멜트도 GE캐피탈의 매각에 대해서는 큰 갈등이 있었던 것 같다. 이만큼 큰 결단은 그의 경력을 통해서도 달리 없었을 것이다. 틀림이 없다고 하는 확신을 가지고 있다 하더라도, 거대화된 비즈니스인 만큼 영향을 받는 사원도 대단히 많게 마련이다. 개인적으로는 고민하고 고민한 끝의 일이 아니겠는가.

그는 매년 일본을 방문하여 사원이 모인 '타운홀 미팅'[4]에서 연설을 행한다. 해마다 일본 사업의 강점과 약점을 근거로 해서 격렬한 말로 독려하며 단속하는 것인데, GE캐피탈의 분리를 발표한 2015년의 일본 방문에는 연설의 마지막에 이렇게 덧붙였다.

"GE캐피탈의 여러분, 아시는 바와 같이 장래의 GE가 다시 태어나기 위해서 이와 같은 결론에 이르게 되었습니다. 그것은 자신에게 있어서도 고통스러운 결단이었고, 여러분의 기분도 잘 알고 있습니다. 아임 소리."

그의 입장에서 보면, 사원을 향해서 "I'm sorry."라고 하는 것은 대단히 용기를 동반한 말이다. 일본의 사원들 앞에서 그렇게 말해줌으로써 캐피탈 사원뿐만 아니라 다른 부문의 사원들 마음에도 강하게 여운을 남겼다고 생각한다. 그만큼 괴로운 결단이었다고 할 수 있는 것이다.

■ **가전 사업은 하이얼로**

가전(appliance) 부문의 매각도 같은 사고방식에 따라서 결단되었다. GE의 가

---

4) 타운홀 미팅(town hall meeting)이란 미국의 타운미팅에서 유래되었으며, 사회적 의제와 관계된 이해당사자와 전문가, 활동가, 정치인, 일반 시민들이 모여서 토론하고 투표를 통해 정책을 만들어가는 미국식 참여형 의사결정과정을 일컫는다.

전 부문은 가정용 세탁기나 냉장고 등 대형 가전에 강한 브랜드 파워가 있고, 수익력도 아직 괜찮았다. 그러나 그 가전 부문도 산업 인프라 사업에 특화하는 금후의 GE에게 핵심 사업은 되지 않는 한, 처분하기로 결정한 것이다.

2014년 스웨덴의 가전 대기업 일렉트로룩스와 일단 합의했지만, 미국 사법부가 난색을 보여서 좌절했다. 그래도 이멜트는 끈덕지게 상대방을 찾아서 2016년 1월 중국의 하이얼과 합의에 도달했다. 매각액은 54억 달러로 파담(破談)이 된

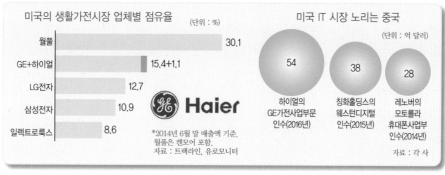

자료 : mk.co.kr

⚙ 그림 6.9 중국 하이얼 GE 가전 인수

일렉트로룩스의 34억5,000만 달러를 대폭 상회했다.

일렉트로룩스에의 매각은 실현되지 않았지만, 결과적으로는 하이얼이 사주게 되어 GE는 좋은 선택을 했다고 할 수 있을 것이다. 실은 하이얼에의 매각이 정해졌을 때, 세간에는 "중국 회사에?"라고 의외인 것 같다는 목소리도 적지 않았다. 중국 기업은 기술적인 면에서 아직 열

자료 : biz.chosun.com

⚙ 그림 6.10 장루이민 하이얼 CEO(왼쪽)와 제프 이멜트 GE CEO

악하다고 하는 의식이 있기 때문일까.

그러나 IBM의 PC 사업도 레노버에 매수되어 판매력이 강화되었다. 그런 의미에서는 GE의 가전 사업도 하이얼에 매수된 편이 부가가치는 오르고, 세계의 시장점유율도 오른다.

GE의 가전 부문은 세계에서 5번째나 6번째에 지나지 않았지만, 하이얼과의 통합에 의해서 톱쓰리(top 3)에 들어가게 된다. 직접 다룰 수 있는 전략의 스케일이나 선택지도 종래보다 현격하게 넓어질 것이다. GE는 지금까지도 그때그때의 사업이 더 생존한다고 생각되는 상대를 선택해서 매각해왔다. 그런 의미에서는 역시 GE다운 매각이었다고 생각한다.

2 GE 자신의 강점

(1) GE의 세 가지 강점

앞 장에서는 이멜트가 실시해 온 포트폴리오 변혁을 중심으로 기술했다.

자료 : economy.donga.com

그림 6.11 GE의 HA 시리즈 가스터빈

새삼스럽지만 이멜트는 GE가 가지고 있는 강점을 어떻게 포착하고 있었을까. 그것은 '기술', '세계화', '생산성'의 세 가지로 집약될 것이다.

첫 번째 기술(technology)은 GE가 원래 메이커로서 계속 유지해 온 강점이다. 신흥국이 급속히 성장하여, 인프라의 중요성이 높아지는 가운데 기술을 장래에도 더욱 살려간다고 하는 결론에 이르렀다. 앞으로도 기술에 크게 투자하는 것은 틀림이 없다.

2016년에 기술 담당의 최고경영자를 교체한 것도 그것을 위한 것이다. 새로 글로벌리서치센터(R&D 부문)의 최고경영자에 취임한 것은 지금까지 GE파워에 있던 빅 아베트였다. 전 세계를 놀라게 한 가스터빈의 신제품 'HA 시리즈'의 개발에 종사했던 인재이다.

그는 다른 회사가 흉내 낼 수 없는 최고의 가스터빈을 만들고 싶다고 하는 신념을 가지고 믿을 수 없을 정도의 단시간에 획기적인 제품을 개발했다. 통상 3년 걸린다고 하는 개발을 1년 반에 완수하여, 그것이 베스트 프랙티스가 되었다. 앞으로 인프라에 집중할 바에는 철저하게 좋은 물건을 빨리 만들지 않으면 안 된다. 그를 기술의 최고경영자 자리에 앉힌 것은 전 사업부문에 그의 수법을 넓혀 가고 싶다고 하는 의도에서일 것이다.

GE가 가지고 있는 강점의 두 번째는 세계화(globalization)이다. 여러 나라와

자료 : gereports.kr

🔧 **그림 6.12** GE글로벌리서치센터의 연구진은 하나의 기술, 한 가지 분야만을 고집하지 않는다. 대신 모든 기술과 모든 비즈니스 분야를 생각하며 기술 연구를 진행하고 있다.

제품마다의 특성에 맞춘 연구, 개발, 제조, 판매체제의 구축을 가능하게 해온 것이 GE의 성장을 지탱해왔다. 앞으로 신흥국 시장을 중심으로 세계화를 더욱 진전시켜갈 것이다.

자료 : news.hakyung.com

🔧 그림 6.13 무네시 마키자 GE 벵갈루루 글로벌리서치센터(GRC)장(부사장)

2015년은 달러 강세 기조(基調)였다. 미국에서 제조해서 수출하는 것은 냉엄하지만, 글로벌화가 진척되어 있는 GE에서는 중국이나 동남아시아 등 최적지로부터 출하하는 방법으로 환율의 문제를 깨끗이 해결할 수 있다. 개발에 있어서도 글로벌리서치센터를 각국에 설치해 놓고 있다. 바야흐로 중국이나 인도의 글로벌리서치센터의 개발력은 눈이 휘둥그레질 정도이다. 그만큼 우수한 엔지니어가 여러 나라에 분산되어 있다는 것이며, 인재의 글로벌화도 GE의 강점이 되고 있다.

자료 : trendw.kr

🔧 그림 6.14 가전부문 매각 GE는 디지털 기업으로 변신 중

GE가 가지고 있는 세 번째 강점은 이멜트가 자주 입에 담는 생산성(productivity)에 있다. 항상 장래를 내다본 대책을 추구함으로써 생산성을 높이고, 제조 코스트를 억제하는 것을 지금까지도 강점으로 해왔다. 더욱이 사내 프로세스에 있어서도 스피드화나 코스트다운을 목표로 하고 있다. 이러한 노력은 앞으로도 더 추진해가게 될 것이다. 그러기 위해서 큰 역할을 맡는 것이 디지털화이다. 사내의 디지털화를 추진함으로써 생산성과 스피드도 높여간다.

(2) 부문이나 나라를 횡단적으로 전개할 수 있는 조직 만들기

GE가 집중하는 산업 인프라 계통의 제품·서비스는 나라·지역에 따라서 규제 내용이 다르기 때문에, 개별 니즈에 따라 잘 만들 필요가 있다. 세계화에 의해서 사내의 정보공유를 추진하고, 다른 나라에서 얻은 식견의 축적을 살리기는 어려운 면도 있다. 그 점은 특히 유의할 부분이다.

GE도 옛날에는 세계에서 가장 발전한 미국에서 개발하면, 전 세계 어디에 가지고 가도 팔릴 것이라고 하는 자신을 가지고 있고, 그것이 문화로도 되어 있었다.

그러나 이멜트는 그것을 변혁할 작정으로 철저하게 사람을 교체하며, 나라마다 각각 중요한 포스트를 두고, 가능한 한 현지의 인재에게 맡기도록 해왔다. 로컬 니즈에 매일 접하여, 설득력을 가지고 적확하게 본사에 전달할 수 있는 인원을 배치했다. 그 지역의 진정한 니즈를 수렴하는 조직 만들기를 시행해 온 것이다.

그렇게 함으로써 현재는 나라마다 다양한 니즈에 합

자료 : cooljem.com

⚙️ 그림 6.15 GE의 조직문화를 강조하는 이멜트

치된 제품이 만들어지는 체제가 되고 있다. 더욱이 각국 법인끼리의 횡적인 연결, 기술 팀과 영업 팀의 연결, 각 사업의 마케팅 팀의 횡적인 연결 등도 강화되고 있다.

부문이나 나라의 차이를 넘어서 횡적인 연결을 가짐으로써 시너지 효과를 기대할 수 있으며, 이 부문과 부문을 연결하면 더 높은 성과를 기대할 수 있다고 하는 것을 항상 눈에 보이는 형태로 하기 위한 정보교환의 장도 준비되어 있다.

이와 같은 횡적 전개를 도모함으로써, 한때 관료주의적인 경직성이 보였던 GE의 조직도 상당히 유연한 체제로 바뀌고 있다.

그러나 이멜트는 아직 충분하지 않다고 생각하고 있는 모양이다. 그것을 눈에 보이는 형태로 하기 위해서, 이멜트는 비공식적인 정보교환의 장을 늘릴 것을 목표로 하고 있다.

지금까지는 4반기에 한 번 혹은 년에 한 번, 사업 횡단적인 공식 세션을 열어 정보교환을 하는 시스템이었는데, 부서를 초월해서 매일 논의를 할 수 있는 문화를 가지는 회사로 바꾸려고 이멜트는 지금 강력한 드라이브를 걸고 있다.

(3) 웰치 시대와 이멜트 시대의 공통점과 상위점

잭 웰치와 제프리 이멜트는 CEO의 이미지를 통해서 풍기는 분위기도 다르지만 조직의 말단에서 일하는 사원들의 사고방식도 크게 다르다고 전해지고 있다.[5]

근년은 워크 라이프 밸런스(work life balance, 일과 삶의 균형)가 중시된다거나 사람과 사람의 공감이 한층 중요시되게 되는 등, 사회도 크게 변화하고 있다. 웰치 시대는 전 사원을 업적에 의해서 순위를 매기고, 하위 10%의 사원은 회사를 떠났다. 옛날은 웰치와 같은 카리스마에 의한 완전 톱다운의 경영 스타일이 필시 적합했을 것이다. 그러나 지금의 시대는 그 웰치 스타일로는 잘 기능하지 않음이 틀림없다.

물론 이멜트도 합의제를 하고 있는 것은 아니고, 톱다운인 것에는 변함이 없다.

---

5) 熊谷昭彦, GE變化の經營, ダイヤモンド社, 2016, pp.38~41.

그러나 최종 판단은 혼자서 한다고 하더라도, 거기에 이르기까지 많은 것을 보거나 많은 사람의 의견을 듣는다거나 하는 프로세스는 웰치보다 훨씬 중시하고 있다. 웰치는 자신의 직감을 소중히 하는 사람으로, "이것이다!"라고 정하기까지 누구의 의견도 귀 기울이지 않았다. 바로 전형적인 카리스마 경영자였다.

희로애락이 심했던 웰치는 폭발하면 건물은 남겨두고 사람은 남기지 않는다고 하는 의미로 '뉴트론(중성자폭탄) 잭'이라고 불리고 있었던 것은 잘 알려져 있는 바이다. 실제로 웰치에게 찍히면 누구라도 얼어붙었다고 한다.

그 점에서 이멜트는 사원 기분을 매우 소중히 하고, 나이 차이가 나는 젊은 사원의 이야기도 솔직하게 들어주었다. 고객의 소리를 바로 듣고 싶다고 하는 기분도 강하게 가지고 있으며, 전 세계의 가능한 한 많은 고객이나 파트너와 얼굴을 마주하고 이야기를 하고 싶다고 입버릇처럼 말하고 있다.

지금의 GE에서 CEO인 이멜트가 가지고 있는 권한은 매우 강대하지만, 주위의 의견을 개방적으로 듣고 세상의 상황을 확실히 파악한 다음에 결단한다고 하는 프로세스는 견지하고 있다. 그러기 위한 여러 가지 정보망도 둘러치고 있다. 그는 마켓 트렌드에 남달리 흥미를 갖고 귀를 기울이며, 그 정보수집은 CMO(Chief

잭 웰치	VS	제프리 이멜트
인수합병(M&A)	성장전략	내부 성장엔진 발굴
금융	주력업종	제조업·환경·인프라 (금융부문 계속 축소)
신속한 매각과 정리해고	문제해결 방식	지속적 개선 주력
美 금융인들을 다수 배출한 매사추세츠	출신지역	블루 칼라 노동자들이 많은 오하이오
• M&A 1700건 성사 • 느림보 GE에 순발력 강화 • 1990년대 경영 모델 제시	업적	• 9·11테러 후폭풍 극복 • 신기술 부문 보강 • 조직 화합 이뤄내
"시장은 우리를 기다려 주지 않는다."	주요 발언	"머니 게임(금융) 실적은 지속 가능성이 낮다."
1981~2001년	CEO 재임 기간	2001년 9월 7일 ~ 현재

대조적인 전·현직

자료 : blog.joins.com

🌀 그림 6.16 잭 웰치와 제프리 이멜트의 비교

Management Officer)를 맡은 부회장 베스 콤스톡 등이 담당하고 있다.

자료 : gereports.kr

 그림 6.17 GE의 디지털 산업을 리드하는 베스 콤스톡

결단에 이르기까지는 이멜트가 가장 의지하고 있는 CEO(Corporate Executive Council)라고 불리는 최고경영진과의 사이에서도 격심한 의견의 주고받음이 행해지고 있다. CEO는 약 35명 있다. 각각의 사업부문장과 회사의 리더(Corporate Leader), 기능 리더(Function Leader)에 다음으로 몇 사람이 가해진 멤버들이다. 이멜트는 거기에서 나온 의견을 상당히 참고하고 있다.

그리하여 한 번 정하면 더 흔들리는 일은 없고, 그것을 향한 커뮤니케이션도 대단히 명료하다. 물론 결단에 대한 리스크나 책임도 진다고 하는 자세로 일관한다.

3 위기감이 추진하는 새로운 도전

(1) 사물과 데이터의 융합

이멜트는 앞에서 소개한 과감한 포트폴리오 전략으로 산업 인프라 부문에 집중한 인더스트리얼 컴퍼니를 만들어왔다. 그리고 여기에서 그는 GE를 진일보 앞으로 나아가기 위한, 더욱 새로운 도전에 착수했다.

그것이 '디지털 인더스트리얼 컴퍼니'이다. 산업 인프라 부문에는 각각의 업계에 같은 제품을 갖는 메이커가 있다. 그러한 경합 상대보다 한 걸음 앞서 가려면 더 부가가치를 높일 필요가 있다. 그러기 위해서 현재의 마켓 동향을 보고, 앞으로 가장 필요한 것, 가장 부가가치로서 고객에게 인정받을 수 있는 것으로서 IoT(Internet of Things, 사물인터넷)를 선택했다.

지금까지 가꾸어 온 하드웨어의 기술을 제공하는 것에만 그치지 않고, 거기에서 수집한 빅 데이터를 분석하여, 그들 기기를 더 효율적으로, 더 안전하게 운용할 수 있는 솔루션을 아울러 제공할 수 있는 것이 앞으로의 승자가 될 제일의 포인트라고 생각했다. 따라서 엄청난 열정을 가지고 한창 활동하고 있다.

■ 이멜트가 느낀 위기감

이 일련의 개혁을 추진해 온 배경에 있었던 것은, 바로 위기감이었다. GE는 지금까지 기술을 중시해서 큰 투자를 시행해왔는데, 제품의 기술경쟁만으로는 명확한 우위성을 유지하는 것이 어려운 시대이다. 한편으로 구글이나 아마존으로

자료 : korea-sw-eng.blogspot.com

그림 6.18 구글의 웹 기반 솔루션

대표되는 IT 컴퍼니나 소프트웨어 컴퍼니가 신장하여, 소프트웨어를 중심으로 한 솔루션의 제공에 의해서, 고객에게 부가가치를 주고 있다. 그들은 소프트웨어 단품이 아니라 하드웨어를 더 편리하고 효율적으로 사용하기 위한 소프트웨어도 제공하기 시작하여, 부가가치의 원천은 하드웨어 그 자체보다 서서히 그쪽으로 옮겨가고 있다.

　이대로 가면 우리들과 같은 산업기기 등을 만들고 있는 하드웨어 컴퍼니는 음지의 처지가 되어버릴 우려가 있다. 그들 IT 컴퍼니의 기본적인 전략은 하드웨어로부터 데이터를 주워올려 그 데이터를 솔루션으로 가공해서 고객에게 제공하고, 부가가치를 느끼게 하는 데 있다. 그들에게 주도권을 뺏기면 우리들 하드웨어 컴퍼니는 그들에게 상자 부스러기를 제공할 뿐인 하청업체와 같은 존재

자료 : news.jtbc.joins.com

🔧 그림 6.19 가전부문 내던지고 소프트웨어 올인한 이멜트[6]

---

6) 2016년 GE는 조강지처나 다름없는 가전부문을 도려냈다. 발전설비 등 제조부문 자체도 부차적인 비즈니스로 만들 심산이다. GE가 19세기 후반 등장한 이후 또 다른 변곡점을 그리고 있다. GE의 공격성이 처음 발현된 때는 1891년이다. 에디슨 제너럴 일렉트릭(GE의 옛 이름)을 설립한 지 13년 뒤다. 설립자인 발명왕 토머스 에디슨이 축출됐다. 월가 금융자본 JP모건과 독일계인 도이체방크가 수익을 위해 에디슨이 싫어하는 경쟁 회사와 합병을 하기 위해서였다.

가 될지도 모른다.

그렇게 되지 않도록 하드웨어와 소프트웨어의 양쪽을 제공할 수 있는 체제를 목표로 한 것이다. IT 컴퍼니는 가스터빈이나 항공기 엔진 등의 하드웨어는 만들 수 없다. 그래서 소프트웨어와 데이터 분석(data analytics)에 과감한 투자를 시행하여, 종래의 '하드웨어 테크놀로지 컴퍼니'에 추가해서 '소프트웨어 솔루션 컴퍼니'의 강점을 겸해 갖추는 회사를 목표로 한다. 바꾸어 말하면, '디지털 기술과 산업기기의 통합과 활용'이다. 이 사업 전략이 실현되면, GE는 다시 한 번 성장을 기대할 수 있다.

단, 우리들에게 있어서 소프트웨어 비즈니스에 대한 진출은 경험이 없는 일이며, 큰 도박이기도 하다. 그러나 장래를 생각하면 이것에 도전할 수밖에 없다. 성공시키면 반드시 최강의 회사가 된다, 라고 하는 신념하에서 이멜트는 이 결단에 이르렀다.

(2) 디지털 인더스트리얼 컴퍼니의 세 가지 원동력

GE가 목표로 하는 '디지털 인더스트리얼 컴퍼니'의 근간(根幹)이 되는 것은 역시 산업 인프라 부문이다. 그 원동력으로서 이멜트는 다음의 세 가지를 들고 있다([그림 6.20] 참조).

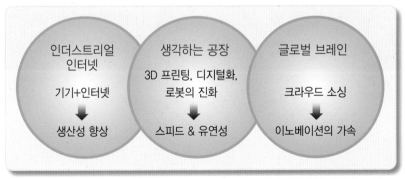

자료 : 熊谷昭彦, 前揭書, p.59.

🛠 그림 6.20 디지털 인더스트리얼 컴퍼니의 세 가지 주축

첫 번째는 GE에서 지금 한창 제창하고 있는 '인더스트리얼 인터넷'(산업인터넷)이다. 소위 IoT라고 하는 것이다. 대충 말하면, 여러 가지 산업기기와 인터넷을 연동시킴으로써 실시간으로 쏟아내는 빅 데이터를 분석해서 솔루션을 만들어내고, 고객의 생산성 향상에 연결해가는 것이다.

두 번째는 '생각하는 공장(brilliant factory)'이다. 새로운 제조기술이나 새로운 재료, 새로운 설계기술, 예를 들면 3D 프린팅 등의 도입이나 제조 프로세스의 가시화를 통해서, 지금까지의 소재나 공정에서는 불가능했던 제품, 혹은 지금까지 없는 스피드로 그것을 만든다고 하는 것이다. 새로운 기술을 탐욕적으로 도입하여 종래보다도 비약적으로 진척된 제조업으로 변화해가는 것을 목표로 하고 있다.

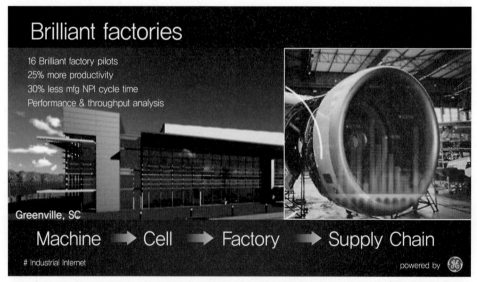

자료 : slideshare.net

🔩 그림 6.21 생각하는 공장

세 번째는 GE에서는 '글로벌 브레인'이라고 부르고 있는데, 일반적으로 말하자면 '오픈 이노베이션'이다. 인터넷을 통해서 전 세계의 온갖 도움이 되는 아이디어나 지혜를 거두어들임과 동시에 GE의 기술도 가능한 한 공개해서, 외부의

협력을 받아 새로운 것을 개발한다. 요컨대, 사내에서 모든 것을 개발할 필요는
없다고 하는 것이다.

자료 : gereports.kr

🔩 그림 6.22 글로벌 브레인, GE 이노베이션 포럼 2016 성황리에 개최

　각각 GE에게 있어서 큰 문화변동(culture change)이 되는데, 이 세 가지를 주
축으로 해서 새로운 제조업이 되는 것이 현재 목표로 되어 있다.

　실제로 지난 2016년 지난 7월 11일 GE와 마이크로소프트(MS)는 GE의 사물인
터넷 플랫폼 프레딕스™를 MS의 클라우드 플랫폼 애저에서 사용하기 위한 파트
너십을 체결했다.

　GE의 프레딕스는 발전소, 운송, 헬스케어, 항공 등 대규모 인프라 산업에 적용
되는 최초의 산업용 플랫폼이다. 이번 양사의 파트너십을 통해 GE는 MS의 애저
를 기반으로 확장된 플랫폼을 이용하여 더 빨리 성장할 것으로 예상하고 있다.
플랫폼 사용자들은 양사의 제휴를 통해 MS의 애플리케이션을 이용하여 기계의

자료 : blog.naver.com

그림 6.23 GE와 MS는 GE의 사물인터넷 플랫폼 프레딕스™를 MS의 클라우드 플랫폼 애저에서 사용하기 위한 파트너십을 체결했다.

자료를 분석하고 공유할 수 있다.

제프리 이멜트 GE 회장은 "산업용 기계를 클라우드를 통해 인터넷에 연결하는 것은 업무 절차의 단순화와 작업 방식의 재구상을 위해 큰 발전"이라고 말했다.

제4차 산업혁명의 총아 제너럴 일렉트릭

GE의
첨단제조기술

1 기술의 극한에서 예술을 만나다

닉 크레이(Nick Kray)의 직업은 예술과는 거리가 멀다고 할 수 있는 GE의 엔지니어이다. 하지만 그의 작품은 피카소, 모네와 같은 세계적인 화가들의 작품을 소장하고 있는 뉴욕현대미술관(MoMA)에 전시되어 있다. 10여 년 전, MoMA의 디자인 컬렉션에 그가 제작에 참여한 GE항공의 GE90 제트엔진 팬 블레이드가 선정되었던 덕분이라고 할 수 있다.

이 제트엔진은 CMC, 즉 탄소섬유 복합소재(Carbon-Fiber Composite)로 제작되었다. 오닉스 같은 검은 색에 물결 모양으로 구부러진 엔진 팬 블레이드의 곡선은 보기만 해도 즐겁다. 하지만 크레이는 이 팬 블레이드가 더 이상 첨단기술 제품이 아니라고 말한다. GE의 엔지니어들은 이미 새로운 4세대 기술을 연구하고 있기 때문이다.

자료 : gereports.kr

🔧 그림 7.1 중화항공(China Airlines)을 비롯한 여러 항공사의 777 기종에 장착되어 있는 GE90 엔진

■ 세계 최초로 탄소섬유 복합소재 제트엔진 팬을 만들다

크레이는 GE항공의 복합소재 설계 부문에서 컨설팅 엔지니어로 일하고 있다. 1990년대 그는 에폭시 수지와 탄소섬유를 활용하여 GE에서 가장 큰 제트엔진의 전면 팬을 만드는 작업에 참여했다. 이는 당시 GE의 명운을 건 프로젝트였다.

탄소섬유 복합소재를 사용한 블레이드가 개발되면서, GE항공의 항공우주공학자들은 GE90을 설계할 수 있었다. GE90은 현재 세계에서 가장 크고 강력한 엔진이다. 또한 GE항공에 가장 많은 수익을 가져다주는 엔진이다.

크레이는 이 새로운 엔진에 대해 이렇게 말한다. "GE항공의 경쟁 기업에서는 티타늄과 철을 사용하여 제트엔진 팬을 제작합니다. GE항공의 일부 직원들마저 복합소재 사용에 대해 시큰둥한 반응이었습니다. 우리 이전에는 그 누구도 이런 시도를 해본 적이 없었으니까요."

이 기술은 매우 어려워서, 오늘날까지도 상용 복합소재 팬 블레이드를 생산하

자료 : gereports.kr

⚙ 그림 7.2 GE 제트엔진 실험시설에 있는 1000번째 GEnx 엔진

는 유일한 기업은 GE뿐이다. 이 블레이드는 GE90과 GEnx 제트엔진의 부품으로 사용된다. 이 중 GEnx 엔진은 보잉 '787 드림라이너'와 '747-8' 기종에 장착되고 있다. 복합소재 덕분에 GE의 엔지니어들은 엔진의 무게는 줄이고 효율은 높이는 블레이드를 설계할 수 있다. 항공사의 입장에서도 새로운 소재의 채택으로 엔진의 무게가 줄어들면서 연료 소비 절감이라는 이점을 누릴 수 있다.

크레이와 연구팀은 이미, 현재까지의 성과에 만족하지 않고 미래의 기술을 연구하기에 바쁘다. 이들은 GE항공의 차세대 최대 제트엔진인 GE9X에 사용될 4세대 팬 블레이드를 개발 중이다. GE9X 엔진은 보잉의 차세대 광동체 항공기(Wide-body Jet)인 '777X'에 독점 사용될 예정이다.

GE는 이미 280억 달러에 달하는 700기의 GE9X 제트엔진 수주를 받고 구매 계약을 체결했다. 최근 성장 중인 중동 국적 항공사 에미레이트, 카타르, 에티하드를 비롯하여 루프트한자 독일항공, 홍콩의 캐세이퍼시픽, ANA 전일본공수 등이 엔진을 주문했다. 2015년 두바이 에어쇼에서는 에미레이트항공에서 150기, 카타르항공에서 50기, 에티하드항공에서 25기를 주문했다. 에미레이트항공은 자사의 항공기에 GE9X를 도입 후 유지보수를 위해 GE항공과 12년간 160억 달러 규모의 계약을 맺었다.

자료 : gereports.kr

⚙ 그림 7.3 차세대 엔진 GE9X의 이미지 스케치[1]

■ 이제는 4세대 기술이다

4세대 탄소섬유 복합소재 블레이드에는 새로운 특징이 몇 가지 있다.

---

1) 22개의 팬 블레이드가 장착된 GE90과 달리, GE9X에는 4세대 탄소섬유 복합소재 기술이 적용된 팬 블레이드가 16개만 장착된다.

우선, 기존보다 단단한 탄소섬유를 적용함으로써 더 길고 얇게 제작되었으며, 블레이드 끝 쪽에 특수 건축용 유리 섬유 복합소재가 적용되어 충격에너지를 더 잘 흡수한다. "탄소섬유는 매우 단단하지만 유연하지는 못합니다. 그래서 새나 어떤 물체가 블레이드에 충돌할 경우 내부에 충격파가 발생하게 됩니다. 하지만 유리 복합소재는 변형이 용이하기 때문에 블레이드에 가는 충격을 줄일 수 있습니다."라고 크레이는 밝힌다.

또한, GE는 현재 GE90과 GEnx 블레이드에 사용되는 티타늄 리딩 엣지 (Leading Edge)를 철로 교체할 계획이다. 강도가 높은 철은 얇은 블레이드의 모양을 유지하여 성능을 극대화할 수 있기 때문이다. 이에 대해 크레이는 다음과 같이 말한다. "항공공학에 관한 한, 소재나 부품은 얇으면 얇을수록 좋습니다. GE는 언제나 인간이 달성할 수 있는 최상의 성능을 구현하고자 노력합니다."

22개의 블레이드가 탑재된 GE90 제트엔진과 달리, GEnx 엔진은 18개, 차세대 GE9X 제트엔진에는 16개의 블레이드가 장착된다. GE9X는 셋 중 가장 크면서도 블레이드 수가 가장 적다. 이처럼 얇고 적은 수의 블레이드는 엔진을 경량화할 수 있고, 회전속도를 높일 수 있다는 이점이 있다. "이러한 점은 전반적인 엔진 성능에 있어서 매우 유리합니다. 저압 팬이 통째로 터

자료 : gereports.kr

🌣 그림 7.4 GE 연구팀은 차세대 GE9X 제트엔진 블레이드를 축소한 모델을 활용하여 보잉 테스트 시설에서 실험을 거치고 있다.

빈 시스템과 결합해 최대의 성능을 낼 수 있기 때문이죠. 이것이 바로 엔지니어들이 바래왔던 제트엔진입니다."라고 크레이가 설명한다.

블레이드의 소재가 바뀌었다고 그 아름다운 곡선이 없어진 것은 아니다. 물결 모양의 곡선, 전진 날개(양력을 발생시키는 날개의 좌우 끝이 동체에 붙어있는 날개 뿌리보다 앞쪽에 있는 날개), 위쪽의 고리(hook)와 중심부의 볼록한 부분(belly)은 여전하다.

■ 도전과 실험의 역사를 딛고

GE항공의 탄소섬유 복합소재 GE90 팬 블레이드는 무(無)에서 창조된 것이 아니다. 앞서 1980년대에 GE는 실험용 GE36 오픈 로터(open rotor) 엔진을 개발한 바 있다. 이 엔진은 터보팬과 터보엔진의 특성을 결합한 독특한 하이브리드 디

자료 : gereports.kr

그림 7.5 GE36은 복합소재 블레이드를 사용한 최초의 GE 엔진이다. 이때 블레이드는 엔진 바깥쪽에 있었다.

자인에 당시에 이미 탄소섬유 복합소재 블레이드를 사용했다.

이 엔진은 기존에 제작된 유사한 크기의 제트엔진과 비교하여 30% 이상의 연료 절감 효과가 있었지만, 상용화되지는 못했다.

GE의 연구진은 그동안 수많은 도전과제를 헤쳐 왔다. 보통 티타늄 블레이드는 새와 같은 장애물과 충돌하면, 에너지를 흡수하여 부풀어 오른다. 하지만 평범한 복합소재를 이용하면 이런 경우 블레이드가 갈라지고 부서질 가능성이 있다. 크레이는 "우리는 새로운 물질이 충격에 어떻게 반응할지 알 수 없었습니다."라고 이야기한다.

연구진은 버드 스트라이크(bird strike), 비, 눈, 우박을 동반한 폭풍 등 수많은 경우를 가정하여 테스트를 집중적으로 진행했다. 테스트는 오하이오 주 피블스 (Peebles)에 위치한 GE 제트엔진 실험 시설과 라이트 패터슨 공군 기지(Wright Patterson Air Force Base)에서 시행됐다. "우리는 거의 매일 테스트를 진행했고, 실험 결과를 토대로 변화를 적용했습니다. 테스트를 통해 복합소재의 내구성을 직접 확인함으로써 소재에 대한 확신을 얻을 수 있었습니다."

1993년, GE 연구팀은 블레이드 디자인에 적합한 소재와 설계방법은 찾아냈지만 아직 갈 길이 멀었다. 복합소재를 생산하는 과제가 남아 있기 때문이었다. GE

자료 : gereports.kr

🛠 그림 7.6 GE90 제트엔진에는 1기마다 22개의 탄소섬유 복합소재 블레이드가 장착된다. GE90-115B는 현존하는 세계 최대의 엔진이자, 가장 강력한 제트엔진이다.

항공은 유럽의 제트엔진 협력 기업이자 프랑스 항공 기업인 스넥마(Snecma)와 손을 잡았다. 스넥마는 첨단 복합소재를 제작한 경험이 있었다. GE항공과 스넥마는 CFAN이라는 합작기업을 설립하고 텍사스 주 산 마르코스(San Marcos)에 새로운 복합소재 공장을 세웠다.

그러나 여전히 탄소섬유 복합소재 블레이드의 개발은 녹록하지 않았다. "복합소재의 생산 과정에는 사람이 직접 손으로 해야 하는 작업들이 있습니다. 이 소재는 화학적 변화를 겪으며 움직이는 경향이 있죠. 그래서 이를 잘 다룰 수 있는 방법을 찾아야 했습니다."

연구팀은 X-레이, 초음파, 레이저와 그 밖에 여러 도구를 활용하여 블레이드 하나하나마다 결함 유무를 검사한다. 초기에는 단지 30%의 제품만이 테스트를 통과했지만 지금은 97%의 제품이 테스트를 통과한다.

■ 세계에서 가장 우아하고 강력한 엔진을 위해

텍사스에서 근무하는 GE의 엔지니어들은 복합소재를 연구 및 개발만 하는 데에 머무르지 않는다. 그들은 관계 당국 담당자나 보잉 등 항공기 제작사를 상대로 복합소재 기술의 장점에 대해 설명해야 했다. 그 결과, 보잉사는 복합소재 블레이드가 탑재된 엔진을 자사의 장거리 제트기 '777시리즈'에 사용하고 싶어 했다. 최초의 복합소재 블레이드를 장착한 제트엔진은 1995년에 출하될 예정이었다. "우리는 무엇보다도 시간과 싸워야 했습니다. 모든 것을 빠른 속도로 배워나 갔죠." 크레이는 이렇게 회고한다.

궁극적으로, 이러한 시도는 성공했다. GE90의 팬 지름은 이전에 출시된 제트엔진보다 큰 128인치(약 3.25미터)였음에도 복합소재를 사용한 덕분에 무게를 400파운드(약 181.4킬로그램)나 줄일 수 있었다. 차세대 제트엔진 GE9X 팬 지름은 이보다 조금 더 큰 134인치(약 3.4미터)가 될 예정이다.

미국 연방항공청(FAA)은 지난 1995년 2월, GE90 제트엔진과 복합소재 블레이드를 인증했다. 데이비드 조이스(David Joyce) GE항공 대표는 다음과 같이 전했다. "GE90 제트엔진은 세계 항공산업의 새로운 장을 열었습니다. 이로써, 믿을 수 없을 만큼 효율적이고, 기존의 4발이 아닌 쌍발 엔진이 장착된 광동체(Wide Body) 항공기 시대가 왔습니다."

GE90 엔진은 자신의 강력한 파워와 우아함을 당당히 뽐내는 것을 망설이지 않았다. 지난 2002년 12월, GE90-115B 엔진은 127,000파운드(약 57.6톤)의 추력을 내며 세상에서 가장 강력한 엔진이라는 기네스 기록을 달성했다. 이는 초기 우주 로켓 엔진보다도 강력한 힘이다.

지난 2005년에는 GE90 제트엔진을 탑재한 '777' 항공기가 또 다른 세계 기록을 수립했다. 상용 여객기로 착륙 없이 가장 긴 거리를 비행한 것이다. 이 항공기는 홍콩과 런던을 22시간 42분에 걸쳐 11,664마일(약 18,771.4킬

자료 : gereports.kr

⚙ 그림 7.7 GE항공의 차세대 제트엔진 GE9X 엔진이 장착된 보잉 차세대 여객기 777–9 랜더링 이미지

로미터)을 비행했다. 그 뒤 2007년, MoMA가 곡선형의 복합소재 블레이드를 디자인 컬렉션에 추가했다.

이로부터 20년이 지난 지금까지도, GE는 상용 복합소재 블레이드를 만드는 유일한 엔진 제조 기업이다. 크레이와 연구팀은 현재 보잉 '777'의 후속기종인 '777X'에 사용될 GE9X 엔진의 4세대 블레이드를 연구하고 있다. 차세대 '777X'는 가장 크고 효율적인 쌍발엔진(twin-engine) 제트 여객기가 될 것이다. "차세

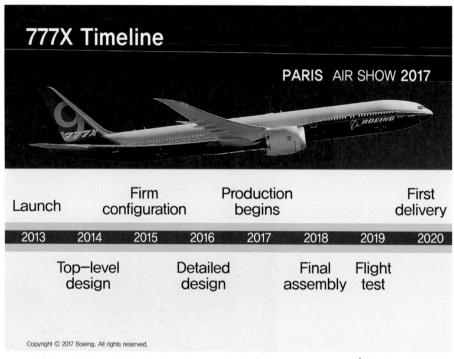

자료 : airwaysmag.com

 그림 7.8 777X 시각표

대 복합소재는 훨씬 더 뛰어난 성능을 보여주게 될 것입니다. 이제 다시는 금속을 사용하던 시절로 돌아가지 않을 겁니다."라고 크레이가 덧붙였다.

2 디지털 트윈과 새로운 하이브리드 자동차

근래 미국 부유층 거주 지역에서는 도요타 프리우스와 테슬라의 자동차가 점점 많이 눈에 띈다. 하지만 통계적으로 보면 이런 대체연료 자동차는 미국 전체 자동차 등록 대수의 5% 정도에 불과하다.

문제는 대체연료 자동차의 가격이 결코 저렴하지 않다는 것이다. 하이브리드 자동차의 가격은 기존 차량보다 거의 20% 이상 비싸다. 물론 대체연료 자동차를 운전하면 연비가 좋기 때문에 연료비용을 절감할 수 있을 것이다. 하지만 유류비용이 지금처럼 저렴하다면, 계산은 복잡해질 수밖에 없다.

그러나 앞으로는 이런 계산을 굳이 하지 않아도 된다. GE글로벌리서치는 더 효율적인 배터리를 만들고 생산 비용을 줄이기 위해 앰페놀 어드밴스드 센서, 포드 자동차, 그리고 미시간 대학과 파트너십을 맺었다. 이 프로젝트는 미 에너지고등연구계획국(ARPA-E ; Advanced Research Project Agency-Energy)이 후원한다.

자동차에 장착하는 배터리팩은 '셀'이라고 불리는 작은 배터리들을 묶어 놓은 것이다. 하이브리드 자동차의 배터리팩은 일반적으로 76개의 셀로 구성되는데, 이 셀은 리튬-이온 기술을 이용하여 전기를 저장한다. 이번 공동연구 프로젝트의 목표는 배터리팩을 60셀 규모로 줄이고, 생산비용을 15% 절감하는 것이다. 물론 장기간 신뢰성과 수명은 유지하면서 말이다.

자료 : gereports.kr

🔩 그림 7.9 후드 안에 장착될 배터리[2]

만일 더 작은 배터리로 기존과 동일한 수준의 에너지를 얻을 수 있다면, 지금보다 효율적인 하이브리드 승용차는 물론, 하이브리드 트럭과 SUV까지 등장할

---

2) ARPA-E 프로그램의 일환으로, GE의 과학자들은 박막 필름 센서를 배터리 여러 부분에 부착하여 디지털 프로파일을 만들거나 배터리의 '트윈(쌍둥이)'을 생성한다. 이 '트윈'에서 얻은 통찰력으로 배터리팩을 구성하는 셀을 16개나 감소시킬 수 있었고, 15% 비용을 절감할 수 있었다.

수 있다. 여기에 이차적인 장점도 있다. 우선 셀 숫자를 줄이면 중량이 감소하기 때문에 자동차 연비에 도움이 된다. 또한, 자동차 제조사는 작아진 배터리 덕분에 생기는 여유 공간을 활용해 새로운 디자인을 시도할 수 있다.

■ 디지털 트윈의 역할

GE글로벌리서치의 수석 연구원이자 이번 프로젝트의 담당자인 아론 크노블록(Aaron Knobloch) 박사는 이렇게 말한다. "연구원들은 자동차의 성능을 개선시킬 수 있는 새로운 물질과 화학작용을 지속적으로 모색해왔습니다. 우리는 제어장치와 센서를 활용하여 GE가 보유한 셀 화학 기술로 성능을 향상시키는 방법을 찾고자 했습니다."

연구팀은 '디지털 트윈'이라 불리는 물리-기반의 모델링 기법을 사용한다. 디

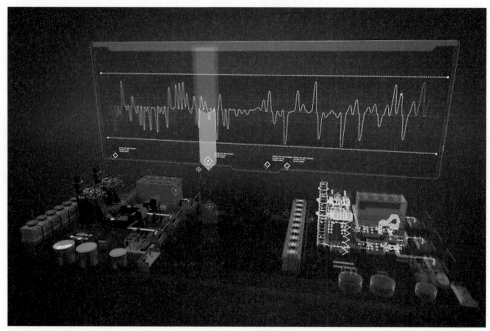

자료 : gereports.kr

🔩 그림 7.10 디지털 트윈 기법으로 기계 및 설비 운영이 디지털로 구현된 발전소

지털 트윈이란 본질적으로 기계 및 설비 운영을 디지털로 모델링하는 기술이다. GE는 풍력터빈과 제트엔진뿐만 아니라 헬스케어 분야에서도 디지털 트윈을 구축하고 있다. 그리고 이 기계들이 실제로 운영되면서 수집한 데이터를 다시 모델에 적용하여, 꾸준히 디지털로 구축한 성능 모델(디지털 트윈)을 정교화하고 업그레이드시킨다.

자료 : news.samsung.com

🔩 그림 7.11 디지털 트윈이 적용된 생산 공정 예시

리튬-이온(Lithium-ion) 배터리는 1970년대부터 사용되었다, 하지만 배터리 충전과 방전 중 일어나는 화학 반응과 셀의 물리학 관련 연구는 여전히 현재진행형이다. 일반적으로 자동차 배터리는 온도, 잔류, 전압 등을 측정하는 기본적인 센서를 포함한다. 하지만 GE는 미시간 대학의 물리-기반 모델을 응용하여 새로운 측정 방식을 개발했다. 디지털 트윈으로 셀의 복잡한 전기화학적 변화와 기계적, 열적 거동을 추적하는 것이다.

■ 학습하는 디지털 트윈

디지털 트윈 덕분에 연구원들은 다양한 작동 환경에서 배터리 상태를 심도 있게 분석할 수 있게 되었다. 예를 들어, 배터리는 내부에 얼마나 많은 전기가 충전되었는지에 따라 부풀거나 수축한다. 크노블록의 연구팀은 배터리의 부푼 정도와 충전 상태 사이의 상호 연관성을 찾았고, 덕분에 특정 작동 환경에서 사용 가능한 전력량에 관해 더 깊은 이해가 가능했다.

이에 대해 크노블록은 "충전 상태를 좀 더 정확히 알면 배터리 잔량이 얼마나 되는지 판단할 수 있습니다. 이는 배터리를 좀 더 능동적으로 사용할 수 있다는 의미에서 아주 값진 결과입니다. 게다가 전체 배터리 용량에서 더 많은 부분을 사용할 수 있기 때문에 배터리 크기를 줄일 수도 있습니다."라고 말했다.

이 연구는 지난 3년 동안 진행되었으며, 2016년 하반기에 최종 결과가 나왔다. 연구팀은 그동안 미시간 주 디어본에 위치한 포드자동차 연구소에서 2014년식

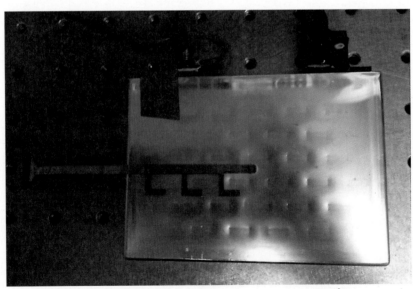

자료 : gereports.kr

■ 그림 7.12 연구진이 배터리를 들을 때 사용하는 '귀'. 위 사진은 GE 과학자들이 개발한 박막 필름 센서로, 배터리의 기능과 작동 관련 정보를 수집한다. 그 결과는 디지털 트윈 프로필에 반영된다.

포드 퓨전 하이브리드 자동차에 실제 배터리팩을 장착하고 '디지털' 통찰을 테스트해왔다. 이 배터리팩에는 GE의 센서가 장착되었고, 미시간 대학교의 모델 및 제어 알고리즘을 구동한다. 연구팀은 양산용 포드 배터리팩을 사용했을 때와 연구용 배터리팩을 사용했을 때의 결과를 비교하여, 센서, 디지털 모델, 알고리즘을 이용하여 얻는 이득을 정량화했다.

이 실험용 배터리팩을 거대한 오븐 안에 설치했는데, 오븐 내부의 온도는 계절에 맞춰 조절된다. 예를 들어, 겨울에는 섭씨 영하 5도 정도로 맞춘다. 배터리는 배터리 수명 측정 장비인 '사이클러'와 연결되어, 다양한 동력 요구 조건이나 도심과 고속도로와 같이 상이한 주행환경을 시뮬레이션한다.

크노블록은 "우리의 모델과 센서 덕분에 다양한 환경에서 배터리를 더 효과적으로 사용할 수 있는 방법을 이해할 수 있었습니다. 구동을 시작하면 셀의 온도가 올라가는데, 이때 온도가 빠르게 상승할수록 배터리 팩의 성능이 향상됩니다. 결과적으로 차량의 성능도 좋아지는 것입니다."라고 말했다.

이 연구 프로젝트는 하이브리드 자동차용 리튬-이온 배터리를 대상으로 진행했다. 하지만 크노블록은 이 모니터링 기술이 셀의 특성과 무관하며, 다른 화학 반응을 기반으로 하는 셀에도 사용될 수 있다고 한다.

"이 프로젝트에서 흥미로운 점은 우리가 새로운 데이터를 활용하여 디지털 모델을 업그레이드한다는 것입니다. 이게 바로 디지털 트윈 기술이 미래에 나아갈 방향입니다. 우리에게 필요한 핵심 측정 변수(key measurements)에 대해 말해주며, 올바른 질문을 하고 올바른 대답을 얻음으로써, 우리가 어떻게 모델을 향상시킬 수 있는지 알려줍니다." 크노블록이 덧붙였다.

 ## GE의 발전용 가스터빈 제조 현장

세계를 돌아다니다 보면, 마치 난쟁이가 된 기분을 느끼거나, 건축가와 엔지니어의 경이로운 기술과 정신에 감탄하게 되는 장소가 있다. 예를 들어, 유럽의 대

성당, 미항공우주국(NASA)의 케이프 커내버럴 공군 기지의 로켓 발사대, 파나마 운하 등이다. 그렇다면 미국 사우스 캐롤라이나주 그린빌에 있는 GE의 가스터빈 제조 시설도 이 목록에 포함될 수 있을까?

자료 : gereports.kr

⚙ 그림 7.13 연속된 압축기 로터(왼쪽)와 세 개의 터빈 로터(오른쪽)

GE의 가스터빈 제조 시설의 조립공간 면적을 모두 합치면 미식 축구장 21개를 합쳐놓은 크기다. 거대한 크기와 달리 처음 이곳을 방문하는 사람들은 거대한 어린이 놀이방을 연상한다. 왜냐하면 노란색의 거대한 갠트리 크레인(Gantry Crane)이 마치 외계의 해바라기처럼 생긴 수십 톤의 은빛 로터(회전 날개)와 스테이터(고정 날개)를 들어 올리고 있기 때문이다. 거대한 갠트리 크레인은 로터와 스테이터를 샤프트를 기준으로 뒤집어 통나무만한 축에 고정시킨다.

이곳은 고품질 강철 냄새로 가득하고, 전기 모터가 돌아가고 끊어지는 리드미컬한 소리가 제조 현장의 교향곡을 연주하고 있다. 배송 트럭보다 더 큰 컴퓨터 제어 밀링 머신이 흰색 냉각수에 담가진 들쭉날쭉한 톱니 절단기로 거대한 터빈 휠을 성형하고 있다.

1968년에 개설된 이 공장은 전용 철도 지선은 물론이고 완성된 터빈의 방향을 바꾸기 위한 미국 최대의 철도 전차대(Turntable)도 갖추고 있다. 또한 터빈의 성능을 극한까지 끌어내기 위한 독특한 시험대가 설치된 천연가스 플랜트도 갖추고 있다. 이곳에서 분출되는 카테고리 3허리케인보다 10배 빠른 시속 1,770km의 뜨거운 공기를 터빈이 견딜 수 있는지 확인한다.

공장에는 3D 프린터와 강력한 레이저 장비 등 최신 가공기술을 풍부하게 갖춘 약 2천 평 크기의 연구실도 있다. 엔지니어들은 최신 장비를 활용하여 세계에서 가장 크고 효율적인 가스터빈인 공랭식 터빈 '9HA 해리엇'을 비롯한 차세대 장비의 부품 개발 및 테스트를 시행하고 있다.

자료 : gereports.kr

🪛 그림 7.14 하프 쉘(터빈 케이싱의 절반)에 놓인 가스터빈의 모습.
세 개의 터빈 로터(앞쪽)와 압축기 로터(뒤쪽)

자료 : gereports.kr

⚙️ 그림 7.15 압축기와 터빈 로터가 연결된 채 매달린 두 개의 가스터빈 샤프트

자료 : gereports.kr

⚙️ 그림 7.16 로켓 과학의 요소가 활용된 가스터빈 제조 현장은 우주항공 공장과 닮아 있다. 출하 대기 중인 세 대의 GE 가스터빈

자료 : gereports.kr

⚙ 그림 7.17 하프쉘에 놓인 가스터빈. 은빛의 압축기 블레이드(앞쪽)와 터빈 블레이드(뒤쪽)

자료 : gereports.kr

⚙ 그림 7.18 연마된 압축기 블레이드가 빛 반사로 푸르게 빛나고 있는 모습

자료 : gereports.kr

그림 7.19 도브테일(사개맞춤, dovetail joints) 결합으로 블레이드를 제 위치에 고정시킨다.

자료 : gereports.kr

그림 7.20 압축기 블레이드

자료 : gereports.kr

 그림 7.21 테스트를 거쳐 가동하는 GE의 최신형 공랭식 가스터빈 '9HA'. 엔지니어들은 수천 개의 센서로부터 데이터를 수집하고 산업용 소프트웨어로 분석한다.

④ 2016 노벨 생리의학상의 숨은 공신

재활용은 예전부터 인간 활동 중에서 필수적인 행위였다. 재활용의 기원을 초기 혈거인(穴居人)들이 부싯돌이나 뼈를 활용해 낡고 부서진 도구로 새로운 도구를 만들었던 것에서 찾아볼 수도 있을 것이다. 어쩌면, 재활용을 하는 것은 유전자에 새겨진 인간의 본성이라고 할 수 있을지도 모른다. 자가포식(Autophagy) 작용, 즉 "살아있는 세포들이 자신의 구성요소에서 손상되거나 낡은 부분을 해체하거나 재사용하는 프로세스"를 예로 들 수 있을 듯하다.

줄린 지라트(Juleen Zierath)는 스웨덴 카롤린스카 연구소(Karolinska Institute)

의 생물학자로, 노벨위원회 생리의학상 부문 회원이다. 그는 인터뷰에서 이렇게 말한다. "인체는 매일 최대 300그램의 단백질을 새 것으로 바꿉니다. 하지만 사람은 평균적으로 하루 70그램의 단백질만을 섭취하죠. 따라서 나머지 230그램의 단백질은 자가포식 같은 과정이 세포에서 일어나며 보충되는 것입니다. 단백질은 이처럼 정교한 시스템에 의해 재활용됩니다. 이 작용 덕분에 사람의 몸이 유지되며, 우리가 생존할 수 있는 것입니다."

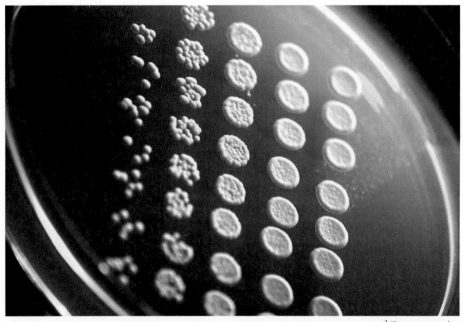

자료 : gereports.kr

그림 7.22 요시노리 오스미 박사 연구팀의 최초 자가포식 연구대상 – 사카로마이세스 세레비지애(출아 효모)

■ 자가포식 현상을 포착한 현미경

포유류부터 단세포 효모에 이르기까지 다양한 모습으로 나타나는 자가포식 현상의 많은 부분은, 일본의 세포 생물학자 요시노리 오스미(Yoshinori Ohsumi)가 1990년대부터 이 현상을 연구하기 전까지는 잘 알려지지 않았다. 오스미 박사는 이 생물학적 탐구로 지난 2016년 10월 노벨 생리의학상의 영광을 안았다. 최근 몇 년간 오스미 박사는 GE헬스케어 라이프사이언스에서 제조한 혁신적인 현미경을 연구에 활용하고 있었다. 이 연구는 연구팀의 추후 작업을 위한 토대가 되었는데, 정교한 현미경을 사용할 수 있게 되면서, 자가포식에 대한 본격적인 학문적 연구도 가능하게 된 것이다.

세포는 자가포식 없이 생존할 수 없기 때문에 자가포식을 이해하는 것은 중요하다. 자가포식은 유기체의 생명 유지에 필요한 새로운 단백질이나 구조를 구축하는 데 필요한 원료를 보충할 뿐만 아니라, 몸에 축적되면 독성을 띠게 되는 손상된 단백질을 청소하는 데에서도 중요한 역할을 한다. 또한 자가포식은 인체의 면역 시스템에서 중요한 역할을 하고, 인체에 침투한 병원체를 중화하거나 물리

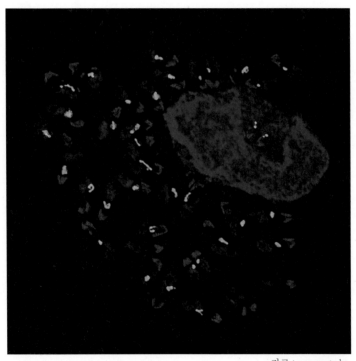

자료 : gereports.kr

🛠 그림 7.23 GE헬스케어의 첨단 형광 현미경 '델타비전 엘리트'로
촬영한 톡소포자충

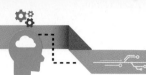

치기도 한다. 암, 파킨슨병, 알츠하이머 질환 같은 질병과 관련되어 있기도 하다.

오스미 박사가 자가포식 연구를 시작하기 전에는 자가포식 메커니즘은 불명확했다. "자가포식 시스템이 어떻게 작용하는지 알려져 있지 않았습니다. 질병과 연관이 있는지도 알 수 없었습니다. 오스미 박사는 다른 연구자들이 관심 갖지 않던 분야를 연구했습니다." 지라트 박사의 말이다.

1990년대 말 오스미 박사는 연구를 진행시키기 위해 더 미세한 구조를 확인할 필요를 느꼈다고 한다. 당시 사용하던 현미경 장비가 성능의 한계를 노출하기 시작한 것이다. 게다가 기존 장비로 결과물을 더 밝게 확인하기 위해 빛을 비추면 열이 발생해 세포가 죽을 때도 있었다.

"오스미 박사의 연구소에서 사용하던 현미경의 해상도로는 연구를 진전시킬 수 없었습니다. 살아있는 세포를 보고 있는 것인지 초소형 달걀 프라이를 보는 것인지 모르겠다는 말도 나왔죠." 폴 굿윈(Paul Goodwin) GE헬스케어 라이프사

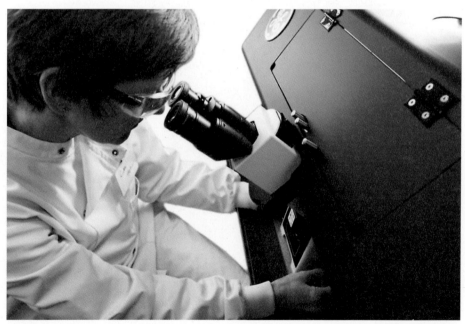

자료 : gereports.kr

🔧 그림 7.24 GE헬스케어의 첨단 형광 현미경 '델타비전 엘리트'를 이용한 연구 장면

이언스 사이언스 디렉터는 이렇게 회고했다.

2001년, 연구의 진전을 위해 오스미 박사의 연구팀은 델타비전(DeltaVision)이라 불리는 첨단 형광 현미경을 도입했다. 델타비전은 이후 GE헬스케어 라이프 사이언스에 인수된다. 새로운 현미경 시스템은 연구대상인 생물체를 더 조심스레 다룰 수 있어, 연구자들은 생물학적 과정을 더 명확하고 더 고배율로 확대된 타임랩스 이미지로 포착할 수 있게 되었다. 오스미 박사 팀은 새로운 현미경을 이용하여 세포 주변에 자식포(自食胞, Autophagosome)라 불리는 소낭이 형성되고 효모의 액포와 결합하는 과정의 특징을 확인할 수 있었다. 바로 이 과정에서 더 큰 분자로 분리될 수 있는 효소가 생성된다. 또한 자가포식과 관련이 있는 단백질이 시간이 지난 후 특정 지점에 모이게 되는 것도 이 과정에서다.

자가포식 연구의 다음 단계는 아마 초고해상도 현미경으로 효모를 관찰하는

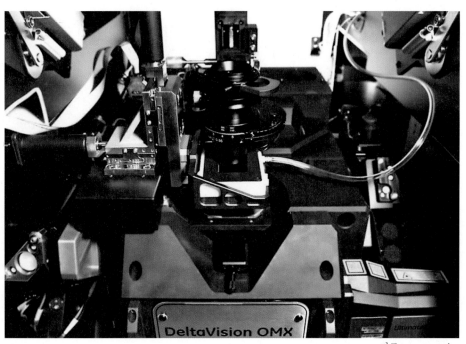

자료 : gereports.kr

🧰 그림 7.25 델타비전 OMX SR 현미경

것이 될 듯하다. GE헬스케어에서 제공하는 델타비전 OMX SR 현미경은 첨단 멀티모드, 2차원과 3차원 초고해상도 이미지 생성 시스템을 갖추었다. 첨단 연구에서 초고해상도 이미지를 활용한다면 앞으로 자가포식의 비밀을 더욱 많이 밝혀낼 수 있을 것이며, 질병 치료와 예방에 이르는 기초 과학 연구의 새로운 장 또한 열 수 있을 것이다.

"우리는 생물학에서 DNA나 단백질 같은 무언가를 만드는 것을 주로 생각해왔습니다. 하지만 그 반대의 것에 대해 생각하지 않았습니다. 단백질을 만드는 것만큼 중요한 것은 단백질이 어떻게 손상되고 재활용되는지 이해하는 것입니다. 상상해 보세요, 자가포식 과정을 통해 새로운 치료법을 개발하거나, 암세포의 재활용 과정을 방해하고, 암세포만을 죽일 수 있게 되는 것 말입니다." 폴 굿윈의 말이다.

5 GE 적층제조기술센터(CATA)의 최첨단 3D프린팅 기술

몇 년 전까지만 해도 3D프린터는 '일부 애호가들이 취미로 즐기는 것'이라는 인식이 대부분이었다. 하지만 현재는 3D프린터는 GE를 비롯한 제조기업들에게 큰 영향을 미치며 중요한 의미를 가진 도구로 자리 잡았다.

지난 2016년 9월 GE는 산업용 3D프린터 전문기업인 스웨덴의 아캄(Arcam)

자료 : gereports.kr

 그림 7.26 3D프린팅

과 독일의 SLM[3]을 총 14억 달러에 인수하는 계획을 발표했다. GE는 이미 항공 엔진용 연료 노즐을 3D 금속 프린팅 기술로 생산하고 있으며, 차세대 보잉 737 MAX에 장착되는 CFM 인터내셔널의 LEAP 엔진 생산에도 이 기술을 적용했다.

SLM의 3D프린터는 하나나 그 이상의 레이저로 매우 미세한 금속 분말을 1인치(약 2.5센티미터)당 약 1,250층씩 쌓아가며 필요한 형태를 만든다. 아캄(Arcam)의 기술은 레이저 대신 전자 빔을 이용하기 때문에, 티탄알루미늄(TiAl) 합금처럼 강도가 높아 취급하기 어려운 소재도 적층제조에 사용할 수 있다.

GE는 3D프린팅 기술을 적층제조기술(Additive Manufacturing Technology)이라 부르고 있다. 그 동안 3D프린팅 기술을 기업 전체의 이니셔티브로 추진해 온 GE는 이번 인수를 계기로 적층제조 기술의 핵심 공급업체로 자리잡아, 산업 전반을 대상으로 이 기술 서비스를 제공할 계획이다. 계획을 구체화하기 위해 GE는 GE애디티브(GE Additive)를 새롭게 출범시켰다.

GE는 2016년 4월에 적층제조기술센터(CATA)를 열었다. 약 4천만 달러를 투

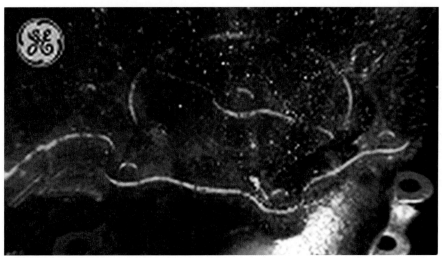

자료 : youtube.com

⚙️ 그림 7.27 GE애디티브, 적층제조의 핵심 기술을 선도한다.

---

3) 독일의 세계적인 금속 3D프린팅 전문기업 SLM 솔루션즈(SLM Solutions).

자한 이 센터는 3D프린팅 기술 활용을 향한 GE의 열정을 잘 보여준다.

벽, 반짝반짝 빛나는 바닥, 레이저 3D프린터가 늘어서서 제트엔진 블레이드부터 오일 밸브에 이르는 수많은 제품들을 차분하게 만들어내고 있다. 온통 새하얀 색의 CATA 내부 모습은 스탠리 큐브릭 감독의 영화 세트를 떠올리게 한다. CATA가 위치한 곳은 과거 철강산업으로 번성했던 피츠버그다. 미국 산업의 흥망성쇠를 상징하는 듯한 이 도시는 한때 쇠퇴한 것처럼 보였으나 최근 과학과 연구 및 교육에 주력하는 도시로 다시 태어났다. 로봇공학으로 유명한 카네기 멜론 대학뿐만 아니라 구글, 테슬라 등이 이 도시에 지사를 두었다. 핍스식물원(Phipps Conservatory and Botanical Gardens)에는 '세계에서 가장 지속가능한' 건물이 건설되고 있다. 피츠버그에는 새로운 활력이 피어나는 중이다.

자료 : post.naver.com

🔧 그림 7.28 GE는 2016년 4월에 적층제조기술센터(CATA)를 열었다. 약 4천만 달러를 투자한 이 센터는 3D프린팅 기술 활용을 향한 GE의 열정을 잘 보여준다.

CATA의 운영을 담당하는 엔지니어인 제니퍼 치폴라(Jennifer Cipolla)는 이렇게 말한다. "금속 부품을 만들 때 보통은 금속 덩어리를 자르고 깎습니다. 날카로운 자투리 조각 같은 폐기물도 많이 나옵니다. 그러나 적층제조기술은 금속 분말이나 모래, 기타 재료를 낭비하지 않고 사용할 수 있으며, 프린터 내부에 남은 재료도 대부분 회수할 수 있어 폐기물이 거의 나오지 않습니다. 내부 형상이 복잡해 제조 난이도가 높거나 기존에 가공비용이 고가이던 제품도 쉽게 제조할 수 있음은 물론, 일체형으로 제작돼 강도와 품질도 향상됩니다."

예를 들어, GE항공은 제트엔진의 부품을, GE오일앤가스는 밸브를 3D프린터로 생산한다. CATA를 개소할 때 적층제조기술을 발전시키기 위해 GE의 다양한 사업 부문에서는 자금을 모금했다. "CATA의 목표는 적층제조기술을 GE의 모든 사업에 표준기술로 적용하는 데에 있습니다. 이를 통해 각 사업 부문에서 부담하는 개발비용을 줄일 수 있으며, 개별적으로 투자하는 것보다 훨씬 빠르고 GE 전체 차원의 기술 발전을 촉진할 수 있습니다.."

적층제조기술은 여전히 해결할 과제가 남아 있는 것도 사실이라고 치폴라는 말한다. "3D프린터로 매우 정교한 연료 노즐을 만들 수 있습니다. 하지만 대부분의 3D프린터가 최종 제품을 만드는 수준에는

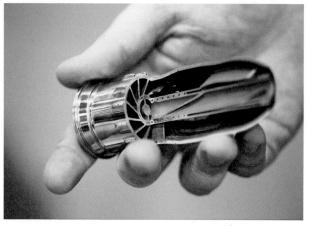

자료 : gereports.kr

🔩 그림 7.29 연료 노즐 내부의 복잡한 형태

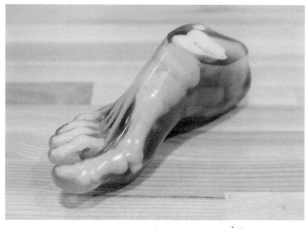

자료 : gereports.kr

🔩 그림 7.30 CATA의 3D프린터는 동시에 4종의 폴리머 (그중 하나는 지지재로 사용)를 이용할 수 있어, 이런 샘플 제작도 가능하다.

이르지 못한 것이 현실입니다. GE는 이 분야를 혁신하는 데 앞장서서, 가능성을 넓히고 산업화를 진행할 것입니다."

이것이 바로 CATA가 일명 '산업화연구소'라 불리는 이유다. GE의 모든 사업 부문에서 3D 설계를 가지고 CATA에 와서 도움을 얻고 시제품 제작부터 본격 생산 개시까지의 과정을 최소화할 수 있다. 치폴라와 연구팀은 전문지식을 바탕으로 3D 설계를 최적화하고, 실제 생산을 염두에 두고 시뮬레이션을 지원한다.

CATA의 직접 금속 레이저 소결(Direct Metal Laser Melting ; DMLM)프린터는 CAD 설계 파일을 층층이 분석하고, 레이저로 금속 분말의 얇은 층을 차례로 쌓아 정확한 패턴을 형성한다. 각 층의 두께는 20~80마이크로미터로, 1인치에 무려 1,250층을 쌓을 수 있다. 머리카락보다 얇은 층을 대량으로 쌓아 형태를 만드는 것이다. 또 레이저 출력은 400와트~1킬로와트로 벽을 관통할 수 있을 정도다. 브라이언 애드킨스 적층제조 엔지니어는 "현미경 수준으로 용접하는 것과 같습니다."라고 설명한다.

자료 : gereports.kr

🔧 그림 7.31 CATA의 DMLM 3D프린터는 코발트크롬 합금, 초고온 합금 인코넬, 스테인리스로도 부품을 만들 수 있다.

DMLM이 대량생산용으로 이용되는 반면, 모래 접착제 분사형 3D프린터는 혁신적인 쾌속 조형도구(RP)로 활용되고 있다. 모래 접착제 분사 시스템은 레이저 대신 화학 접착제를 사용해 고운 모래로 주형(鑄型)을 만드는 기술로서, 적층제조 기계에서 280마이크로미터 두께의 각 층에 촉매를 첨가한다. 두 종류의 화학 물질을 결합하면 발열반응이 일어나 원하는 형상으로 모래가 굳어지는 원리다. 이 기계를 담당하는 엔지니어 데이브 밀러는 다음과 같이 설명한다. "'Jell-O(미국 가정에서 사랑받는 과일 젤라틴 믹스)'를 넣는 틀을 만드는 것과 같습니다. 시간이 지날수록 모래로 만든 형태는 점점 단단해집니다. 콘크리트처럼 말이죠."

자료 : gereports.kr

🔩 그림 7.32 "젤리를 넣는 틀을 만들고 있는 것과 같다."며 모래 접착제 분사 기계를 작동 중인 엔지니어 데이브 밀러

밀러 씨는 "복잡한 주형도 단 하루에 만들어 다음 날 공장에 전달합니다. 이 기술로 쾌속 조형은 급격히 진화하고 있습니다. 같은 일을 하는 데 지금까지는 수천 달러의 비용이 들고 몇 주의 시간이 걸렸습니다. 이제는 이 3D프린터 덕분에 비용을 절감하는 동시에 제작 시간도 단축할 수 있게 되었습니다."

폴리머 소재를 이용하는 3D프린터도 있다. 액체 수지로 층을 만들

자료 : gereports.kr

🔩 그림 7.33 폴리젯 방식의 3D프린터는 폴리머 층을 UV 에너지로 경화시킨다.

고 UV 에너지로 소재를 경화시키는 원리다. 이 기계는 지지재(Support) 하나를 포함해 네 종류의 폴리머를 동시에 출력할 수 있다. 각 폴리머를 결합해 형태를 만들 수 있기 때문에 소재에 다양한 질감과 색상을 적용할 수 있다. 시스템 담당 엔지니어 에드 로울리(Ed Rowley)는 "소재를 잘 활용하는 '레시피'가 있습니다. 엘라스토머(상온에서 고무 같은 탄성을 지닌 물질)부터 경질 플라스틱까지 어떠

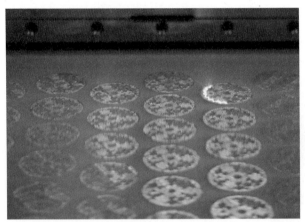

한 소재로도 만들 수 있습니다."라고 설명한다. 이 프린터는 시제품부터 마무리 작업까지 사용할 수 있습니다. 로울리 씨는 최근 GE의 스타트업인 GE커런트(Current)가 디자인한 LED 샹들리에를 이 3D 프린터로 제작했다. 이 샹들리에는 현재 CATA 로비에 전시되어 있다.

CATA의 내부를 몇 가지 사진으로 만나보자.

자료 : gereports.kr

🔧 그림 7.34 DMLM 레이저 프린터는 부품을 한 번에 대량으로 생산할 수 있다.

자료 : gereports.kr

🔧 그림 7.35 터치 스크린으로 컴퓨터를 프로그래밍하는 브라이언 아드킨스. 손가락 아래에 보이는 녹색 막대는 3D프린팅이 완료될 때까지의 시간을 표시한 것이다.

자료 : gereports.kr

⚙ 그림 7.36 CATA 개소식 때 방문객에게 나눠준 3D프린터 제품의 샘플 내부의 기어는
회전이 가능하며, 3D프린터 없이 제작하는 것은 거의 불가능하다.

자료 : gereports.kr

⚙ 그림 7.37 교차 오염을 방지하기 위해 남은 금속 분말을 회수하고 DMLM을 청소하는
브라이언 애드킨스

자료 : gereports.kr

🔧 그림 7.38 청소로 흡입해 회수한 금속 분말은 걸러서 재활용한다.

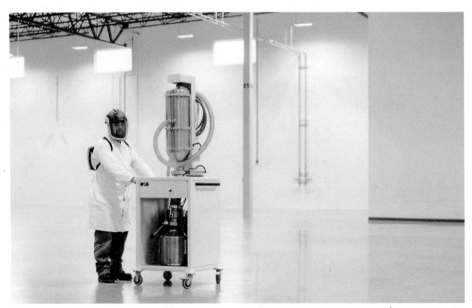

자료 : gereports.kr

🔧 그림 7.39 보호복을 입고 청소를 준비하는 브라이언 애드킨스

VR 기술로 인체 내부를 살펴본다

 루도빅 아보트(Ludovic Avot)와 야니크 르 베르(Yannick Le Berre)는 비디오 게임의 열렬한 팬이다. 아보트가 가장 좋아하는 게임은 지구 멸망 후의 보스턴으로 플레이어를 인도하는 폴아웃 4(Fallout 4)다. GE헬스케어 디자이너인 아보트는 분위기는 암울하지만 몰입도가 높은 이 게임을 즐기던 중 한 가지 아이디어를 얻게 되었다. 공상과학 영화 〈바디 캡슐(원제 : Fantastic Voyage)〉에 등장하는 영웅들처럼 의사들도 비디오 게임 기술을 이용해 인체를 들여다보고 장기와 조직을 검사해 질병의 원인을 찾을 수 있다면 어떨까? 아보트는 "수준 높은 게임의 사실적 렌더링(Photoreali- stic Rendering) 기술에서 영감을 받았다."고 말한다.

 의료 영상 엔지니어 르 베르는 의사가 VR 기술을 이용해 인체를 들여다 볼 수 있는 방법을 개발하고자 했다. 단순하지만 가능성을 보여주는 프로토타입을 몇 차례 제작한 결과, 르 베르는 아보트와 함께 이 기술을 더욱 발전시키기로 했다.

자료 : gereports.kr

⚙ 그림 7.40 게임이 아니다. − VR 기술로 인체 내부를 살펴본다.

프랑스 뷕에 위치한 GE헬스케어 의료영상소프트웨어 글로벌혁신센터에서 근무 중이던 두 사람은 GE 디자이너들이 주어진 업무 외에 본인이 관심 있는 창의적인 프로젝트를 시도할 수 있는지를 자율프로젝트 주간(Hack Week) 동안 VR 디자인 툴 및 기타 게임 소프트웨어에 대해 연구했다. 이들은 CT와 MRI 인체 스캔에서 얻는 세부 3D 정보를 이용해 색상, 질감, 조명 등의 요소로 완성되는 가상 체험 프로그램을 구축했다.

의사는 이 프로그램을 통해 반짝이는 폐 흉막, 또는 뇌 속에서 분홍 잿빛을 띠는 물질을 관찰할 수 있다. 또한 인체의 특정 부분으로 들어가 용종(Polyp), 종양, 병변 등을 검사할 수도 있다.

르 베르의 설명에 따르면 이들이 사용한 추적 시스템은 매우 높은 정확도로 움직임을 따라가기 때문에 다른 VR 환경과 달리 어지러움이 느껴지지 않는다. 오큘러스 리프트(Oculus Rift)[4]와 같은 시중 VR 헤드셋과 연동하여 사용할 수 있는 이 프로토타입은 의사들에게 의료 영상에 대한 새로운 해석을 제공하거나 수술 준비도를 개선할 수 있는 필수적인 전환점이 될 수 있다.

이에 대해 프랑수아 랑팡(Francois Lenfant) GE헬스케어 글로벌 UX브랜드 & 설계언어 책임자는 다음과 같이 말한다. "환자의 뇌라는 가상의 방으로 걸어 들어간다고 상상해 보십시오. 관찰할 부분을 확대해 뇌세포 속으로 들어갑니다. 이미지에 몰입하게 되면 직관적으로 업무를 수행하고 새로운 시각을 찾을 수 있습니다."

현재까지 3D 이미지는 영상 기술의 최선두에 있었다. 뷕에 위치한 글로벌혁신센터는 GE 스캐너로 촬영한 이미지를 활용하여 3D 해부학 모델링 기술을 개척하고 있다. 의사는 구축된 모델을 이용해 특정 장기에서 관찰하고자 하는 측면의 이미지를 얻을 수 있다. 예를 들어, 관상 동맥 협착에 초점을 맞추어 동맥

---

4) 오큘러스 리프트(Oculus Rift) 또는 리프트(Rift)는 오큘러스 VR 사에서 개발한 가상현실 머리장착 디스플레이다. 이 기기는 넓은 시야에 오른쪽과 왼쪽 모두 1080×1200의 해상도를 갖는다. 리프트에는 3차원 오디오 효과를 낼 수 있는 통합된 헤드폰이 있다. 리프트는 회전과 위치를 추적하여 머리를 돌리면 해당 방향의 모습이 화면에 나타난다. 위치 추적은 USB 고정 적외선(IR) 센서에서 수행하는데, 이 센서는 보통 사용자의 책상에 놓여 앉아 있거나, 서 있거나, 방 주위를 걸으면서 리프트를 사용할 수 있게 한다.

자료 : it.chosun.com

그림 7.41 오큘러스 리프트

내부 깊은 곳을 관찰할 수 있다. 또한 3D프린터를 이용해 손바닥 크기의 장기 모형을 만들 수도 있다.

인체 내부를 향한 여정에서 다음 단계는 VR이다. 게임 분야에서는 VR의 활용이 점차 흔해지고 있지만, 산업적으로는 아직 초기 단계에 불과하다. 그러나 아보트와 르 베르는 의료 및 진단 분야에서 VR이 새로운 주요 툴로 거듭날 수 있도록 '개방형 혁신 및 디자인 사고 프로세스'를 이용해왔다.

이들 두 사람은 2016년 프랑스 파리에서 개최된 프랑스어권 영상의학 콘퍼런스(Journées Francophones de Radiologie)에 참가해 이들이 개발한 VR 프로토타입을 선보였다. 이들은 프로토타입을 시범 사용해 본 약 200명의 영상의학 전문의 및 외과의로부터 '전적으로 긍정적인' 피드백을 받았다고 전했다.

다음 단계로 GE는 2017년 이 VR 시스템을 프랑스의 한 고객사와 테스트한 후 미국 및 아시아권으로 확대해 갈 계획이다. 1차 프로토타입은 의사가 인체 내부와 질병 확인 개선 방안에 대해 학습할 수 있도록 보조하는 툴로 활용될 예정이다. 아보트는 최종적으로 의사가 이 기술을 진단에만 활용하지 않고 수술 전 연습이나 수술 경과 재확인에도 적용할 수 있기를 기대하고 있다.

자료 : gereports.kr

🌣 그림 7.42 프랑수아 랑팡 GE헬스케어 글로벌 UX브랜드 & 디자인 언어 책임
자는 "환자의 뇌라는 가상의 방으로 걸어 들어간다고 상상해 보라."고 말한다.

르 베르와 아보트는 이미 인체 내부 검사를 용이하게 하는 다른 방법도 고안
중이다. 르베르는 다음과 같이 말한다. "우리는 증강현실의 적용 방법에 대해서
도 생각하고 있습니다. 3D 정보 및 기술 정보를 우리가 실제로 보는 물리적 세계
상에 보여준다는 개념입니다. 이 기술을 이용해 궁극적으로는 수술 과정에서 의
사를 안내해 실시간으로 환자 몸속에 들어가 있는 툴을 볼 수 있게 될 것입니다."

또한 GE 엔지니어들은 인공지능을 적용하는 방법도 연구 중이다. 언젠가 기
계가 스스로 암을 발견할 수 있게 만든다는 아이디어다.

그러나 아직까지는 인간 의사의 판단이 중요하다. 이에 따라 르 베르와 아보
트는 이들의 프로토타입을 최대한 비디오 게임처럼 만들기 위해 노력해왔다. 아
보트는 다음과 같이 말한다. "멀티플레이어 기능을 적용해 복수의 사용자가 동
일 케이스를 검토할 수 있도록 발전시키고자 합니다. 모든 의사가 하고 싶어 하
는 비디오 게임이라고 할 수 있습니다."

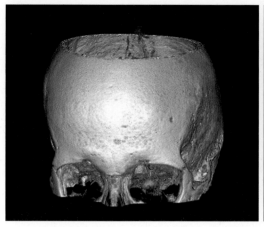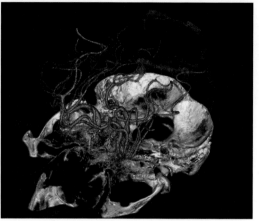

자료 : gereports.kr

🔧 그림 7.43 GE 레볼루션(Revolution) CT 스캐너로 촬영한 인간의 두개골

 3D프린팅 기술로 제조하는 항공 엔진의 터빈 블레이드

지난 몇 년간 세계를 대표하는 엔지니어와 경영자들이 끊임없이 이탈리아 피에몬테 주의 카메리(Cameri)를 방문하고 있다. 카메리는 끝없이 펼쳐질 것 같은 평평하고 비옥한 평야에 자리하고 있으며, 이탈리아를 대표하는 공업 도시 밀라노와 토리노 사이에 있는 아주 작은 도시다. 마을에서 가장 붐비는 곳이라고 해도, 12명만 모여도 곧 가득 차버리는 피자 레스토랑일 정도이다.

3년 전, GE항공 산하의 아비오 아에로(Avio Aero)는 카메리에 유럽 최첨단의 적층제조(3D프린팅) 공장을 짓고 가동을 시작했다. 이후 전 세계에서 "미래의 제품 생산 과정을 보고 싶다."는 방문자가 끊이지 않고 있다. 데이비드 조이스 GE항공 CEO는 "이 공장에 오면 적층제조(3D프린팅) 기술이 어떤 가능성을 지니고 있는지 이해할 수 있을 것입니다. 이곳에는 최첨단 기술이 숨쉬고 있습니다."라고 이야기한다.

적층제조기술(Additive Manufacturing Technology), 이른바 3D프린팅 기술은 인

터넷이 정보와 쇼핑 방법을 완전히 새롭게 바꾼 것처럼, 생산 현장에 혁명을 일으키고 있다. 적층제조기술은 재료의 층을 겹치고 용융하는 과정을 반복하면서, 아래에서 위쪽으로 조형해 입체적으로 부품을 만든다. 엔지니어는 컴퓨터에서 부품을 설계하고 그 도면을 3D프린터로 보낸다. 프린터는 받은 설계 파일을 분해하여 하나하나의 레이어(층)로 변환하고, 적절한 패턴으로 각 층을 연결한다.

다리오 만테가차(Dario Mantegazza) 카메리 공장의 제조 엔지니어는 "아무리 복잡한 형상도 만들 수 있습니다. 원한다면 안이 비어 있는 구조도, 뼈와 같은 형태도 만들 수 있습니다."라고 말하며 자신감을 보여준다.

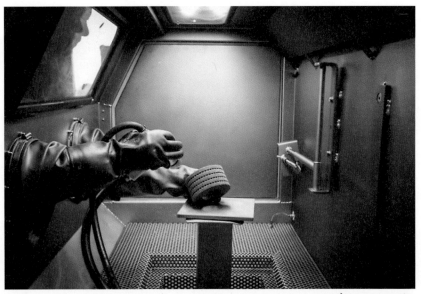

자료 : gereports.kr

🔩 그림 7.44 최첨단 3D프린팅 기술로 제조하는 항공 엔진의 터빈 블레이드

GE항공은 2016년 레이저 빔 방식의 3D프린터 기계 제조업체인 콘셉트 레이저(Concept Laser)를 인수했으며, 전자 빔을 사용하는 3D프린터 기계 제조업체인 아캄(Arcam)의 지분 76%를 인수했다. 이에 따라 각 회사의 본사가 있는 독일과 스웨덴에서도 거점을 확대했다. 미국에서도 적층제조의 선구적 기업인 모리

스 테크놀로지(Morris Technologies, GE에 인수됨)의 본거지 신시내티와 3D프린 팅 제조 공장이 있는 앨라배마 주의 오번 등에 거점을 두고 있다. 하지만 데이비 드 조이스 GE항공 CEO는 "이탈리아와 아비오 아에로는 GE항공의 적층제조기 술 생태계의 성장에 핵심적인 역할을 하게 될 것"이라고 설명하면서, 카메리가 GE의 적층제조기술의 중요한 전략 거점이라고 강조한다.

GE와 사프란(Safran)의 합작 기업인 CFM 인터내셔널에서 생산하는 'LEAP' 엔 진에 장착된 연료 노즐은 3D프린팅 기술을 사용해 제조하는데, 강력한 레이저 로 금속 분말을 여러 층으로 용융시켜 생산한다. 참고로, 한 층의 두께는 20~80 마이크로미터로 사람의 머리카락보다 얇으며, 1,250층을 적층해야 겨우 1인치 (약 2.5센티미터)의 적층 재료가 된다.

한편, 카메리 공장에서는 아캄(Arcam)의 전자 빔 방식의 기계가 사용되고 있 다. 이를 사용하면 레이저 빔 방식보다 4배나 두껍게, 강도는 수배 높은 부품을 제조할 수 있으며, 니켈 합금보다 절반이나 가벼운 티타늄 알루미늄 적층 조형 도 가능하다.

자료 : gereports.kr

🔧 그림 7.45 이탈리아 피에몬테 주 카메리에 있는 3D프린터 공장의 모습

자료 : gereports.kr

그림 7.46 카메리 공장에는 아캄의 전자 빔 적층제조 기계가 줄지어 있다.

자료 : gereports.kr

그림 7.47 아비오 아에로에서는 아캄의 3D프린터를 사용해 GE9X 엔진용 저압 터빈 블레이드의 후단을 티타늄 알루미늄으로 제작하고 있다.

카메리 공장은 이런 전자 빔 적층제조 기계를 20대 정도 사용해, 2020년 상업 운전을 개시할 예정인 보잉의 차세대 항공기 B777X에 장착되는 GE9X 엔진의 핵심부품인 저압 터빈 블레이드의 후단을 제작하고 있다.

카메리 공장의 엔지니어인 만테가차는 전자 빔 방식의 적층제조기술을 '가장 자유도가 높은 제조법'이라고 표현한다. 부품의 형상을 용이하게 변경할 수 있으며, 하나의 기계에서 동시에 다양한 부품을 제조할 수 있기 때문이다.

그러나 3D프린팅은 적층제조 공정의 첫 번째 단계일 뿐이다. 카메리에서 터빈 블레이드가 완성되면, 이탈리아 남부 나폴리의 산업 지역인 포미글리아노 다르코(Pomigliano d'Arco)로 보내진다. 이곳에는 아에로 아비오의 제일 큰 공장이 있는데, 지금은 GE의 혁신거점으로 적층제조 공정으로 제조된 부품들을 생산하기 위해 준비하는 곳이다. 카메리에서 생산한 블레이드 외에도 ATP(Advanced Turboprop) 엔진용 부품도 있는데, GE항공 역사상 가장 많은 3D프린팅 기술로 제조된 부품을 사용한다.

적층제조기술 덕분에 800여 개의 부품이 12개 정도로 줄었다. 엔진 전체 부품의 35%가 프린트되는 것이다. 이처럼 복잡함을 줄였기 때문에 엔진의 연료소비량은 20%나 줄었고 무게도 가벼워졌으며, 출력도 10%나 높아졌다. 당연히 조립공정의 속도도 빨라졌다.

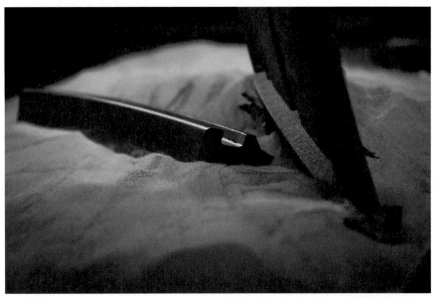

자료 : gereports.kr

🔩 그림 7.48 카메리 공장의 아르캄 3D프린터 내부. 티타늄 알루미늄 분말 위에 놓여 있는 생산된 부품의 모습

포미글리아노 공장의 엔지니어링 매니저인 카를로 실베스트로(Carlo Silvestro) 와 팀원들은 적층제조기술로 생산된 ATP 연소기 같은 크고 복잡한 부품을 마무 리하는 최선의 방법을 모색 중이라고 설명하며, 이런 시도를 하는 것도 GE가 처 음이라고 설명한다.

8 생각하는 공장(Brilliant Factory)의 실제 모습

제조업의 미래가 궁금하다면 도쿄 인근의 히노(日野) 시를 방문해보자. 히노 시는 도쿄 하네다 공항에서 타마 강을 따라 약 45킬로미터 정도 떨어진 곳에 있 다. 이곳에 GE헬스케어 재팬의 공장이 위치해 있는데, 겉으로 평범해 보이는 이 곳에서 제조업의 미래 청사진을 볼 수 있다.

히노 공장에서는 대형 의료 스캐너용 부품과 소형 정밀기기용 부품들이 생산 된다. 동종의 다른 공장과 비교할 때 히노 공장의 생산라인은 놀라운 수준으로 효 율적이다. 낭비, 예기치 못한 가동 중지 시간이나 오류는 더 적으면서도 생산 속 도는 더욱 빠르다. 이처럼 높은 효율성은 첨단 디지털 정보기술과 운영시스템이 성공적으로 결합했기 때문이다. 이와 같이 생산현장에서 하드웨어와 소프트웨어 가 융합되는 모습이 바로 GE가 추구하는 '생각하는 공장(Brilliant Factory)'이다.

히노 공장의 우수함은 센서나 RFID 태그 자체에서 기인한 것이 아니라 여러 요소 기술들을 활용하는 특별한 접근법 덕분이다. 즉, 생산 공정에서 즉각적인 조율을 가능하게 하는 '첨단 디지털화'와 제조 과정에서의 낭비를 제거하는 '린 (Lean) 원리'가 환상적으로 융합되었기 때문이다.

이런 관점에서 히노 공장은 산업인터넷과 카이젠(Kaizen)이 결합한 장소다. 프레드릭 마우어만(Frederick Mauermann) GE헬스케어 글로벌 린 생산 부문 총 책임자는 "우리는 린 생산 원리를 토대로 디지털 도구, 첨단 제조 솔루션을 적용 합니다."라고 설명하면서 "이것이 우리가 찾은 가장 큰 투자 회수 방법"이라고 덧붙였다.

자료 : gereports.kr

🔧 그림 7.49 웨어러블 단말에서도 확인 가능한 eAndon 시스템의 알림

이러한 접근 방식은 효과적이다. 모리모토 아츠시 히노 공장 공장장에 따르면 디지털화와 린 생산은 "기업 투자의 효율을 극대화하는" 강력한 시너지 효과를 창출한다. 히노 공장 일부 생산품의 리드 타임이 무려 65%까지 줄었다. 한 생산 라인에서는 CT 스캐너 갠트리가 생산된다. GE헬스케어 재팬이 설립된 1982년 당시 갠트리5) 한 대를 제조하는 데 발생하는 리드타임은 거의 일주일이었다. 오늘날, 동일 과정에 소요되는 시간은 단 몇 분이다.

GE는 전 세계에 걸쳐 이와 같은 '생각하는 공장'을 일곱 군데 보유하고 있으며, 각 공장은 실험실, 교육 장소 및 수익성 높은 생산 사이트가 하나로 통합되어 있다. GE는 지난 2015년에 '생각하는 공장' 이니셔티브를 시작했으며 2017년 말까지 18개의 '생각하는 공장'이 완공될 예정이다.

────────────

5) X레이 튜브와 기타 감지기를 탑재한, 환자를 둘러싸는 커다란 도넛 모양의 인클로저

산업 및 제품별로 운영상의 병목 현상과 기타 제약사항이 상이하기 때문에 디지털화의 목표와 예상 결과 역시 다양하다. 그러나 디지털화의 원칙 – 끊임없이 점진적인 개선을 추구하여 효율성과 품질을 높이는 것 – 은 동일하다.

히노 공장의 차별점은 카이젠에 대한 깊고 지속적인 전념이라 할 수 있다. 카이젠 워크아웃 프로그램에 참여함으로써 모든 레벨의 직원들이 자신의 통찰을 제시하고 잠재적인 운영상의 변화를 테스트할 권한을 갖게 된다. 히노 공장은 비효율성을 제거하기 위해 작업이 명확하게 정의되고, 여러 차례 반복되는 표준작업(Standard Work) 개념을 고수한다.

"히노 공장에 들어서면, 표준작업이 얼마나 잘 정의되고 있으며, 세부적인 부

자료 : gereports.kr

🔩 그림 7.50 모리모토 아츠시(森本淳) 히노 공장 공장장

자료 : gereports.kr

🔩 그림 7.51 GE헬스케어 재팬, 히노 공장

분에까지 세심하게 정의되어 있음에 놀라게 될 것입니다." 총책임자 마우어만의 설명이다. "히노 공장팀은 끊임없이 생산을 최적화합니다. 즉, 도구나 부품을 가지고 오려고 생산 라인에서 벗어날 필요가 전혀 없다는 의미이죠. 히노 공장의 팀들은 '필요한 것'을 '필요한 때'에 공급하는 방법을 개발했습니다."

공장 내 맞춤형 키트 카트에는 각 생산 단계에 필요한 부품이 사용될 순서대로 정렬되어 있다. 이렇게 하면 불필요한 시간과 움직임을 줄일 수 있을 뿐 아니라 어떤 부품도 조립 과정에서 누락되지 않게 되므로 품질 수준을 높게 유지할 수 있다. 카트가 사용되는 방법이 센서에 기록되는데, 정시 완료는 초록색으로, 몇 분의 지연은 노란색으로, 10분 이상 지연 시에는 빨간색으로 표시되는 등 부품 사용 결과가 색으로 구분된다.

생산 과정에 문제가 발생하면 히노 공장의 'eAndon'(혹은 'eSignal') 시스템이 문제의 발생시간과 장소, 내용을 명시한 메시지를 전달한다. 작업자는 작업 위치 인근의 컴퓨터 단말기에서 QR코드나 풀다운 메뉴를 사용하여 경고 정보를 생성하고, 관리자들은 웨어러블 기기를 통해 알림을 받는다.

자료 : gereports.kr

⚙ 그림 7.52 부품이 정렬되어 있는 카트

이러한 시스템을 통해 생산 공정 전체를 실시간으로 모니터링할 수 있는데, 이는 정밀 초음파 탐침이나 CT 스캐너 탐지기 제조 라인에서 특히 중요하다. 이같이 다량의 극소 부품 작업을 수반하는 과정에는 상당한 수준의 기술과 과학적 지식이 필요하며, 한 치의 오차도 허용되지 않는다. 일부 초음파 탐침 제품 등에 결함이 있을 경우, 제품은 회수할 수 없으며 반드시 폐기해야 한다.

고비용을 발생시키는 이러한 오류를 방지하기 위해 초음파 탐침 생산 라인에서는 프레딕스(Predix) 기반의 정교한 소프트웨어인 엔터프라이즈 펄스 인사이트(Enterprise Pulse Insight ; EPI)를 활용하고 있다. EPI를 통해 작업자에게 재고량, 생산량 및 재공품(WIP) 등 작업자가 알아야 할 정보를 보여준다. 또 장비 레이아웃의 최적화를 위해 무선 비콘(Wireless Beacon)이 작업자의 움직임을 추적한다.

작업자는 향후 랩톱이나 참고자료를 끌고 다니는 수고를 없앨 가능성을 확인하기 위해 스마트 글래스를 테스트하고 있으며, 이 스마트 글래스를 통해 원격 지시나 교육이 가능해질 수도 있다.

자료 : gereports.kr

그림 7.53 라인에서 문제가 발생했을 때, 팀 리더에게 경고 알림을 전하는 eAndon 시스템. 결함이 발생한 장소와 시간, 내용이 기록된다.

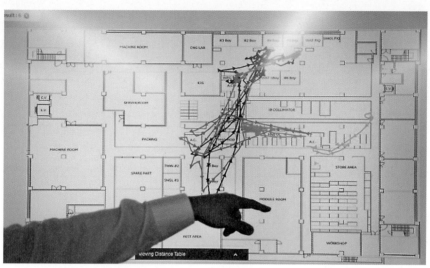

자료 : gereports.kr

🔧 그림 7.54 비콘을 활용하여 작업자의 동선을 체크

세세한 부분에 대한 주의와 작업에 대한 정확한 정의는 생각하는 공장 이니셔 티브가 추구하는 '신속하고 반복적인 개선'과 잘 맞물린다. 이에 대해 마우어만

자료 : gereports.kr

🔧 그림 7.55 생산성 향상을 위해 스마트 글래스를 착용한 히노 공장의 작업자

은 다음과 같이 설명한다. "우리는 디지털화를 위해 작업을 정확하게 – 예를 들면 간단한 솔루션을 통해 이곳에서 30초를 줄이고, 저곳의 5단계를 없앤다는 식으로 – 정의하는 것을 목표로 삼습니다. 이것을 통해 비용 효율을 높일 수 있습니다."

각각의 디지털 솔루션이 제공하는 추가적인 데이터는 향후 이어질 카이젠 활동에서 기업이 무엇을 목표로 삼아야 할지 판단하는 데 도움을 준다. 즉, 린 생산 방식은 순환적이고 진보적인 동시에 린 생산 방식의 발전을 더욱 가속한다. 실제로 린 생산 기술은 시간이 지날수록 더욱 '린'해지고 있다.

9 제트엔진부터 보석류까지 프린팅한다 – GE의 적층제조기술

몇 해 전, GE항공의 엔지니어 8인으로 구성된 팀은 적층제조기술을 활용하여 헬리콥터 엔진 1기를 제작하기로 했다. 레이저 빔으로 금속 분말 소재를 머리카락 하나 두께의 얇은 층(Layer)으로 만들어 적층했는데, 기존에 900여 개 부품으로 제작했던 엔진을 단 14개의 부품으로만 완성했다. 특히 그중 한 부분은 전통적인 생산 방식으로는 300여 개의 부품으로 제작했던 것이니 3D프린팅 기술의 장점을 잘 보여준다. 3D프린팅된 부품은 기존 부품보다 40% 경량화되었을 뿐만 아니라 비용도 60% 저렴했다.

프로젝트 리더 모하마드 에테샤미(Mohammad Ehteshami)는 다음과 같이 설명한다. "이 부품들을 기존 방식으로 만들려면 적어도 10~15개 공급업체가 필요하고, 공차(tolerance)도 고려해야 하며, 너트, 볼트, 용접, 버팀대 등의 원부자재와 툴도 필요하다. 그런데 이제는 이 모든 것이 필요 없어졌다." 현재, 에테샤미는 3D프린터 및 소재 개발, 그리고 엔지니어링 컨설팅 서비스를 전담하는 GE애디티브(GE Additive)를 이끌고 있다.

GE애디티브는 부품을 아래에서부터 위로, 층을 쌓아 부품을 제작하는 적층제조기술을 십분 활용하는데, 이 기술은 제품의 설계와 제조 방식을 빠르게 변화시키고 있다. 에테샤미 부사장에 따르면 매년 전 세계적으로 제조업에 들어가는 비용은 13~17조 달러에 이르며, 적층제조기술로 제조하는 사업이 전체 규모의 단 0.5%만 되어도 850억 달러 규모의 적층제조 시장이 열리는 것이다.

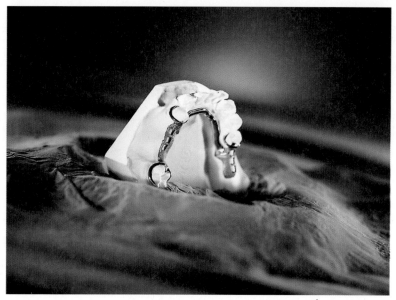

자료 : gereports.kr

🔧 그림 7.56 LAC–Laser Add Center에서 프린팅한 치아 임플란트

GE애디티브는 GE가 유럽의 3D프린터 제조업체 2곳(컨셉트 레이저, 아르캄)의 지분 대다수를 인수한 2016년 가을에 발족되었다. 2016년 한 해 동안 200여 대의 프린터가 판매되었지만, 에테샤미 부사장의 예측에 따르면 2017년 프린터 판매 대수는 2016년의 2~3배로 증가할 것이다. 매그너스 르네(Magnus René) 아르캄(Arcam) CEO는 GE의 투자를 "적층제조 산업 전반에 대한 엄청난 지지"라고 밝히기도 했다.

판매되는 프린터의 상당량은 GE의 주요 사업과 직접적으로 연관되지 않은 기업들, 즉 자동차 부품, 치아 임플란트, 보석류 제작 기업 등에서 사용될 것이다. 그러나 GE의 역할은 여전히 중요하다. GE는 이미 제트엔진, 가스터빈, 석유와 가스 산업용 장비의 부품을 프린팅하고 있으며, 이를 통해 GE가 얻은 통찰은 아르캄(Arcam)과 컨셉트 레이저(Concept Laser)의 제품이 개선되는 것을 돕게 될 것이다. 에테샤미 부사장은 "우리는 3D프린터가 어떻게 작동하고 제품이 어떻게 거동하는지를 정확히 이해합니다. 우리는 공정을 검토해보고 3D프린터를 개선하여 더 나은 제품을 만들 수 있습니다."라고 설명하면서 그 어떤 기업도 GE를 따라올 수 없다고 덧붙였다.

또한 GE애디티브는 GE의 산업인터넷용 소프트웨어 플랫폼, 프레딕스(Predix)에 3D프린터를 연동하여 성능 분석 및 개선에 활용할 것이다. "우리는 프린터의 정수(Soul)를 탐구하기 시작했습니다." 에테샤미 부사장은 말한다.

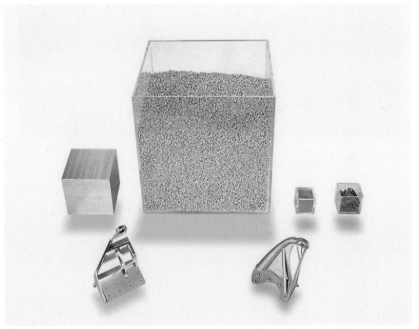

자료 : gereports.kr

🔩 그림 7.57 왼쪽의 브래킷은 기존의 절삭가공 기법으로 제작된 것이다. 제일 왼쪽 금속 큐브를 절삭 가공한 것으로, 재료의 상당 부분이 버려졌다. 오른쪽의 브래킷은 컨셉트 레이저의 3D프린터로 금속 분말을 녹여 제작한 것이다. 소재는 왼쪽에서 세 번째 큐브이며, 폐기물은 가장 오른쪽 큐브에 담긴 것으로 폐기물의 양 역시 미미했다.

지난 2017년 5월 뮌헨에 설립된 고객경험센터(Customer Experience Center)에 대해서 에테샤미 GE 부사장과 아르캄의 르네 사장, 그리고 컨셉트 레이저의 창립자이자 CEO인 프랭크 헤르조그 사장은 큰 의미를 부여한다. 고객경험센터는 향후 고객들을 대상으로 적층제조 관련 설계와 생산의 모든 내용을 교육할 계획이며, 2017년 말까지 10대의 3D프린터가 설치될 예정이다.

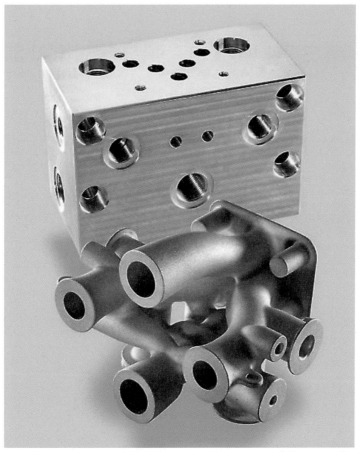

자료 : gereports.kr

그림 7.58 적층제조기술은 제품 설계를 혁신하고 제조에 필요한 소재의 양을 줄여줄 것이다. 사진의 밸브는 설계 변경을 거쳐 컨셉트 레이저 3D프린터로 제작되었다.

에테샤미 부사장은 이렇게 설명한다. "(적층제조기술은) 완전히 다른 사고방식이라 할 수 있습니다. 새로운 사고방식과 완전히 다른 방식의 교육 그리고 완전히 새로운 기계가 필요합니다. 과거 우리가 겪은 것과는 완전히 다른 생태계가 기다리고 있습니다." 고객경험센터 운영자인 롭 그리그스(Rob Griggs) 이사는 "미래를 대비한 적층제조기술 도입에 대한 우리의 믿음은 확고하다."라고 덧붙였다.

10 1미터 크기의 부품도 출력하는 세계 최대의 3D프린터

3D프린터의 크기가 점점 커지고 있다. 말 그대로 3D프린팅 기계가 커짐으로써, 기존에는 불가능했던 크기의 사물을 3D프린팅할 수 있다는 의미이다. 3D프린터와 소재를 공급하고, 엔지니어링 컨설팅 서비스를 제공하는 GE애디티브(GE Additive)는 얼마 전 금속 분말을 이용해 부품을 프린팅하는 세계 최대 크기의 레이저 기반 3D프린터를 개발 중이라고 밝혔다.

새로운 프린터는 측면의 길이가 1미터인 정육면체 크기에 달하는 부품을 제작할 수 있다. "이 프린터는 제트엔진의 구조 부품이나 단일통로 항공기용 부품 등 항공산업을 위한 부품 제작에 활용됩니다. 물론 자동차, 전력, 석유 및 가스 산업 등의 제조업체에서도 활용이 가능합니다." 모하마드 에테샤미(Mohammad Ehteshami) GE애디티브 부사장의 설명이다.

적층제조 기계는 부품 설계도면인 컴퓨터 파일의 명령에 따라 얇은 층의 금속 분말을 레이저 빔으로 용해시키고, 이를 겹겹이 쌓아 3D 사물을 프린트한다. 출력 가능한 최종 완성품의 형상에 제한이 거의 없기 때문에, 엔지니어는 설계에 대한 제약 조건에 얽매이지 않고 창의적인 설계가 가능하다. 또 공장을 전용 기계나 비싼 가공도구로 가득 채울 필요도 없어진다. 이에 대해 에테샤미 부사장은 '엔지니어의 꿈'이라고 표현한다.

현재 개발 중인 세계 최대 크기의 3D프린터는 2017년 11월 독일 프랑크푸르트에서 개최되는 폼넥스트 전시회(Formnext Show)를 통해 공개되었다.

GE항공은 이미 에어버스(Airbus), 보잉(Boeing), 중국상용항공기공사(COMAC)의 차세대 단일통로 항공기에 탑재될 LEAP 제트엔진용 연료 노즐을 3D프린팅 기술로 생산 중이다. 에어버스와 보잉은 지난 2017년 6월 개최된 파리 에어쇼에서 이 연료노즐을 적용한 항공기 2종을 선보이기도 했다. 또한 GE항공은 3D프린팅을 포함한 적층제조 방식으로 만든 부품이 큰 비중을 차지하는 최초의 상업용 항공기 엔진인 어드밴스드 터보프롭(Advanced Turboprop) 또한 개발하고 있다. 설계진은 개별 부품 수를 855개에서 단 12개로 줄였다. 그 결과, 전체 엔진 부품의 1/3 이상을 3D프린팅으로 제작하게 되었다.

파리에어쇼에서 운항했던 에어버스 A350 XWB 항공기에는 콘셉트 레이저

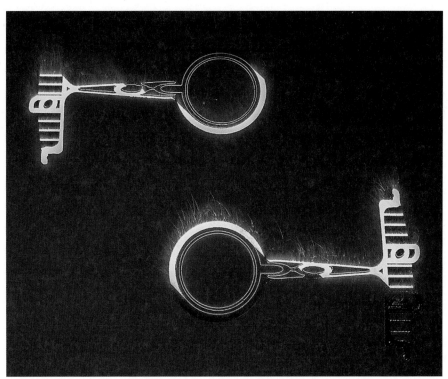

자료 : gereports.kr

🔧 그림 7.59 1미터 크기의 부품도 출력하는 세계 최대의 3D프린터

(Concept Laser)가 3D프린터로 제작한 윙 브래킷이 적용되었다. GE는 2016년 콘셉트 레이저의 지분을 인수하여, 현재 콘셉트 레이저는 GE애디티브의 조직으로 운영되고 있다. 콘셉트 레이저는 현재 최대 규모 금속 분말 프린터를 제작하고 있으며, GE 전문가들도 함께 개발 작업에 참여 중이다.

이 금속 분말 프린터의 최초 시범용 버전인 ATLAS는 티타늄, 알루미늄 및 기타 금속을 이용해 최소 두 방향(가로 및 세로)으로 최대 1미터 길이인 사물을 3D프린팅할 수 있게 된다.

아직 기계명이 미정이지만, 양산용 버전의 기계는 세 번째 방향(깊이)으로 1미터까지 제조할 수 있게 될 것이다. GE애디티브는 이 기계가 제작하는 "기하학적

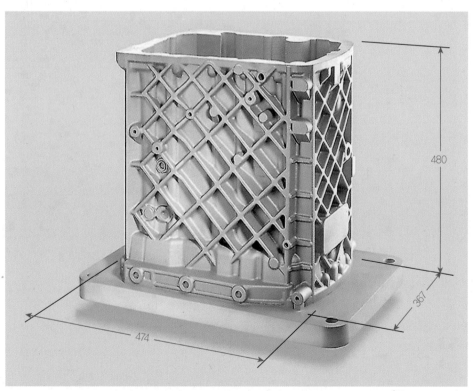

자료 : gereports.kr

🔩 그림 7.60 콘셉트 레이저 社의 기계로 출력한 엔진 블록

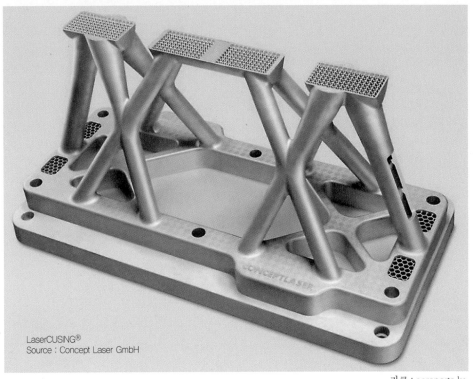

LaserCUSING®
Source : Concept Laser GmbH

자료 : gereports.kr

그림 7.61 신개발 프린터의 최초 시범 버전 ATLAS. 티타늄, 알루미늄 및 기타 금속을 이
용해 최소 두 방향으로 최대 1미터 길이인 사물을 3D프린팅할 수 있게 된다.

구조는 각 고객사의 프로젝트에 적합하게 맞춤형 및 확장형으로 제작이 가능하
며, 적층 두께와 적층 속도는 기존 적층제조 기계와 최소한 유사하거나 더 우수
할 것"이라고 말했다.

  에테샤미 부사장은 "현재 협업 진행 중인 고객사에 올해 안으로 베타 버전을
제공할 계획"이라며, 생산용 버전은 내년에 구입이 가능할 예정이라고 밝혔다.

제 4 차 산업혁명의 총아 제 너 럴 일 렉 트 릭

GE의 미래를
만드는 기술

Chapter
08

 # 1 인공지능(AI)을 갖춘 로봇

할리우드 영화에서라면 로봇과 AI(인공지능)가 등장하는 세계는 놀라운 일이 아니다. '터미네이터', '월리', '블레이드 러너' 등 SF영화에서는 지능을 갖춘 로봇에게 대부분 반유토피아적인 미래를 환기시키는 역할을 맡기기도 한다. 꼭 그런 이유 때문은 아니지만, 세계적으로 저명한 과학 기술자들은 폭주기관차 같이 진행되고 있는 인공지능 개발에 경종을 울리고 있다. 테슬라의 엘론 머스크 CEO와 이론 물리학자 스티븐 호킹 박사는 스마트 기계를 만드는 과정에서 잘못된 선택으로 거대한 재앙이 일어날지도 모른다고 예측했다.

그러나 실제 로봇공학의 최첨단에서 근무하는 사람들은 대부분 상대적으로 밝은 전망을 한다. 신중한 배려가 필요한 것은 당연하지만, 미래에 대한 불길한 전망은 대부분 기계가 가져오기 시작한 매우 현실적인 장점을 보지 않기 때문이라는 의견이다. 이 주제에 관해 어떻게 생각하든 '생각하는 기계'가 현재 글로벌 시대의 시대정신에 단단히 뿌리를 내리고 있음은 틀림없다.

자료 : asiae.co.kr

그림 8.1 인공지능 로봇 이미지

GE에서 분산지능형 시스템 연구를 이끄는 존 릿지는 이렇게 말한다. "많은 사람이 로봇 공학에 대해 어두운 이미지를 갖게 돼버렸습니다. AI가 인류를 지배한다는 생각은 흥미롭지만, 그 수준의 능력에 로봇이 도달하는 것은 아직 머나먼 일입니다. 세상이 SF 같은 미래를 꿈꾸는 동안, 우리는 로봇 기술을 통해 눈앞의 현실적인 문제를 해결하려 합니다."

55년 전, 처음으로 로봇이 공장에서 작업을 시작한 이후 셀 수 없이 많은 스마트 기계가 시판되었으며, 지금도 속속 개발되고 있다. 최근에는 기계가 직장이나 가정생활을 어떻게 더 개선할 수 있을지에 관심이 쏠리고 있다. 여기에는 구글의 자동 운전이나 아이로봇(iRobot)의 룸바 진공청소기 등 작은 가사 로봇 등도 포함된다. DARPA 로봇 챌린지에서 나온 미래의 로봇은 머지않아 재난 발생

자료 : gereports.kr

🔧 그림 8.2 GE 가디언 에어[1]

---

1) GE는 현재 사진과 같은 비행 로봇형 검사 시스템을 개발 중이다. 'GE 가디언 에어'는 GE의 소프트웨어와 분석기술, 그리고 급격하게 성장 중인 무인항공기 관련 기술의 결집이다.

시 인명 구조에 투입될지도 모른다.

현재 자동차 산업과 의료 등 다양한 분야에서 수백만 대의 산업용 로봇이 사용되고 있다. 산업용 로봇의 실력은 제조 현장에서 유감없이 발휘되고 있으며, 로봇 기능이 확장되고 있다는 의미는 사람과 함께 일하는 로봇의 입지가 점차 확실해짐을 의미한다. 국제로봇연맹(IFR)에 따르면 2014년 말 기준으로 산업용 로봇 150만 대가 가동되고 있으며, 그 수는 매년 12%씩 증가하여 오는 2018년에는 230만 대에 달할 전망이다. 산업용 로봇의 대부분은 정교하지만 제한적인 작업을 수행하는, 자동차 제조 라인에서는 당연한 광경이 된 로봇 팔이다. 그러나 국제로봇연맹 및 업계 관계자들에 따르면 로봇혁명이 일어나려면, 미래의 로봇은 지능화 측면에서 지금보다 더 똑똑해져야 한다고 말한다.

GE의 사업 현장에서 활약 중인 협업형 로봇 '백스터(Baxter)'와 '소여(Saywer)'도 이미 중요한 첫걸음을 내디뎠다. 이러한 협업형 로봇은 스스로 작업을 진행하면서, 인간의 행동을 관찰하며 새로운 업무 방식을 학습하고, 언제 도움을 요청할지 알아야 한다. 로봇이 이러한 자질을 어느 정도 수준으로 갖춰야 하는지

자료 : premium.chosun.com

그림 8.3 로드니 브룩스 리싱크 로보틱스 회장

를 놓고 여전히 격렬한 논쟁이 진행 중이다.

2016년 말 GE가 뉴욕 니스카유나에 위치한 GE글로벌리서치에서 개최한 '2015 로봇 리더십 서밋'에서도 이 주제가 논의되었다. 이 서밋에서는 리싱크 로보틱스(Rethink Robotics) 설립자이자 회장 겸 CTO인 로드니 브룩스(Rodney Brooks), 폭스콘(Foxconn) 로보틱스 책임자 치아 펭 데이(Chia-Peng Day), 우주, 광산, 자동차 등 산업용 로봇의 실용화에 공헌한 카네기-멜론 대학의 저명한 연구원 레드 휘태커(Red Whittaker) 등이 강연을 펼쳤다.

강력한 AI를 개발하는 GE 인지과학연구자 브래드포드 밀러는 서밋에서 '백스터' 등 초기 형태의 협업 로봇이 우리가 지닌 '공장의 개념'을 바꾸는 계기가 될 것이라고 말했다. 그러나 협업 로봇이 지금 화제가 되는 것처럼 엄청난 변화로 이어지지는 않는다고 덧붙인다.

"우리가 얘기하는 거대한 꿈은 아직도 현실화와는 한참 거리가 멉니다. 변혁은 '학습'이라는 형태로 찾아올 것입니다. 로봇이 아이처럼 학습하고, 인간처럼 에피소드를 기억할 수 있으며, 지능이 사물에 대한 추론까지 가능한 수준으로

자료 : gereports.kr

그림 8.4 중요한 첫걸음을 내디딘 협업 로봇 '백스터'

높아질 때 말입니다. 파괴적인 변화는 인간의 지식을 로봇에 전송할 수 있을 때 가능한 일이죠."

밀러는 '생각하는 기계'를 만들어 내기 위하여 로봇공학 연구자들이 선택한 수단의 하나인 협업 오토메이션을 제안한 사람이다. '협업 오토메이션'은 자율 진화하는 하드웨어나 인공지능뿐만 아니라 전력 소비량의 자기 제어, 산업·인터넷을 통한 컴퓨터 및 인간과의 통신 등을 포함한다.

그러나 기계에 어느 정도의 인식능력을 부여할지를 놓고 의견이 다양하다. 밀러는 영화 '스타워즈'에 등장하는 것처럼 스스로 움직이고 경험한 세계를 이해하고 사람과 완벽한 파트너십으로 함께 일하고 생각하는 로봇들로 가득찬 '산업의 세계'를 기대하고 있다. 하지만 이 아이디어를 현실화하려면 로봇에게 '윤리적 기준'을 프로그래밍하여, 그들의 창조주인 인간을 따르도록 인지시키는 것이 필요하다. 밀러도 '자신의 행동 결과를 이해할 수 있는 로봇을 도입하는 것'이 중요하다고 이야기한다.

한편, 공동협업 로봇에게 높은 사고능력을 부여하지 말아야 한다는 의견도 있다. 플러스원 로보틱스(PlusOne Robotics)의 설립자이자 CEO인 에릭 니브스는 사고능력을 제한한 기계와 이를 감독하는 인간이 한 팀으로 효율적으로 작업하는 '인간 중심의 로봇 전략'을 취하고 있다. 니브스 씨가 생각하기에 로봇은 인간의 능력을 보충하고 확대하는 수단일 뿐이다. 그는 로봇에 완전한 형태의 의식 수준의 구현을 추구하지 않는다.

"AI 로봇의 등장은 수십 년 후의 일입니다만, 좀 더 충실한 협업은 지금 바로 시작할 수 있습니다. 지금보다 더 똑똑한 로봇은 필요 없습니다. 필요한 것은 '현명한 인간과 연결된' 로봇입니다. 우리의 목표는 로봇을 인간의 대역으로 만드는 것도 복제도 아니며, 인간의 역할을 없애는 것도 아닙니다. 필요한 것은 인간의 유효성을 확대하는 로봇입니다."

니브스 씨는 자신을 예로 든다. 그는 텍사스 주에 거주하지만, 오하이오 주에서 근무한다. 그는 직장 근처로 이사가거나, 가족과 잠시 떨어져 지내지 않고 '텔레프레즌스 로봇(Telepresence Robot)'을 통해 일한다. 집에서 로봇을 조종하면, 자신의 얼굴이 실시간 비디오 스트리밍으로 로봇에 달린 화면에 비친 로봇이 회의에 참가하고 공장 안을 이동한다. 반대로, 로봇에 장착된 카메라는 그 움직임에 맞추어 사무실의 모습을 니브스 씨에게 전한다. "필요한 것은 물리적 존재로서의 내가 아니라 문제를 실시간으로 해결하기 위한 나의 전문적인 지식입니다. 로봇은 먼 장소에 내 능력을 돕고 있을 뿐이죠. 여기에 그 이상의 똑똑함은 필요 없습니다."라고 니브스는 설명한다.

물론, 미래의 모습은 이 두 가지 견해 중 하나만이 정답은 아니다. 필요한 업무를 수행하기 위해 다양한 능력을 지닌 여러 로봇을 어떻게 배치할 것인지에 관한 해답은 다양한 조합으로 존재한다. 이와 무관하게, 알고리즘과 하드웨어 개발 및 구축에 종사하는 사람들은 로봇이 어떻게 인간의 일을 스마트하게 지원해줄지, 생활을 더 나아지게 해줄지를 생각하는 것이 즐겁다고 이야기한다.

콜린 패리스 GE리서치센터 소프트웨어 연구 담당 사장은 말한다. "로봇의 지

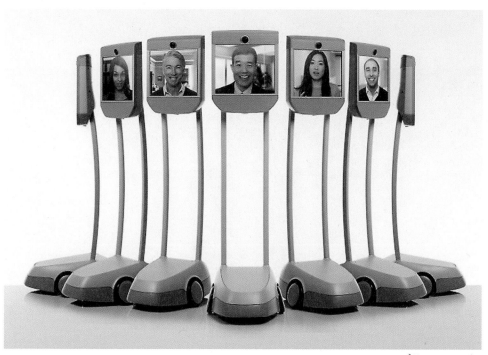

자료 : gereports.kr

🔧 그림 8.5 오바마 대통령과 원격 화상을 연결한 텔레프레즌스 로봇

능은 향상되고 있으며, 로봇끼리 연결되고, 로봇과 인간과의 관계는 더욱 긴밀해지고 있습니다. 향후 3~4년 안에 소프트웨어가 소프트웨어를 쓰고, 5년에서 8년 안에는 로봇으로 완전히 파괴적으로 대체되는 산업이 나올 것입니다."

이러한 흐름을 인정하고 앞을 내다보며 로봇 활용에 신속하게 대응한 사람이 큰 기회를 얻게 될 것은 틀림없다.

2 가상현실을 통해 미래를 먼저 살아가는 사람들

새로운 아이디어는 날마다 쏟아져 나온다. 사람들은 혁신을 통해 예전에는 생각하지 못했던 미지의 영역으로 옮겨가는 중이다. 창의력이 촉발되어 새롭고 역동적인 비즈니스가 탄생하고, 과거의 비즈니스는 새롭게 구성된다. 지금 우리는 이런 변화의 정점에 서 있다. 가상현실(Virtual Reality ; VR) 기술은 그런 변화를

자료 : gereports.kr

그림 8.6 미국 항공우주국(NASA) 우주비행사 스콧 켈리가 마이크로소프트의 홀로렌즈를 끼고 NASA 프로젝트 사이드킥이 수행되는지 확인하고 있다.

이끌고 있는 첨단 기술 중 하나이다.

가상현실은 많은 이들의 편견과는 달리, 단순히 특정 산업이나 과학 연구에만 영향을 주는 기술이 아니다. 이 기술은 우리 사회의 모든 곳, 즉 수술 준비부터 우주여행까지 크고 작은 일상을 변화시킨다. 의미 있는 결과를 얻기 위해 새로운 아이디어와 컨셉트를 용기 있게 시도하면, 가상현실 기술을 활용할 아이디어와 기회는 무궁무진하다.

가상현실은 아직은 시작 단계에 불과하지만 가까운 미래에는 산업 현장을 혁신적으로 바꾸게 된다. 가상현실 기술을 개발 중인 전문가들을 만나 새롭게 그려질 미래의 몇몇 산업 현장을 그려보자.

■ 머릿속을 보여주는 기술

가상현실 기술을 이용해 미래의 의사들은 새로운 방식으로 인체를 관찰할 수 있

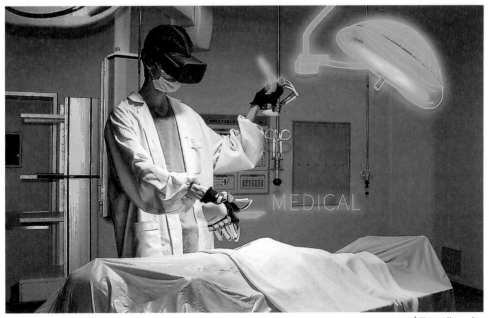

자료 : welle.co.kr

⚙ 그림 8.7 VR로 의료 훈련을 하는 LA의 한 병원

다. 의료 영상을 3차원 인터랙티브 프로그램으로 전환할 수 있는 기술 덕분이다.

"가상현실 기술을 통해 모든 데이터를 몰입형(immersive)으로 실감나게 볼 수 있습니다." GE글로벌리서치에서 바이오메디컬 영상분석을 담당하는 산딥 굽타 (Sandeep Gupta)의 말이다. 그는 의사가 가상현실 기술로 환자의 뇌를 볼 수 있는 초기 단계 테스트를 몇몇 병원과 함께 진행 중이다.

가상현실 기술은 환자의 치료 성과를 향상시킬 뿐만 아니라 의료비용을 절감할 수도 있다. 스탠포드 대학교 의료센터 연구진은 가상현실 시뮬레이션으로 수술 준비 시간을 40% 단축시키고, 수술 정확도를 10% 향상시킬 수 있다고 밝혔다.

■ 산업 현장 작업자에게 새로운 능력을

공장이나 석유 및 가스 산업 현장에서 숙련기술자들은 가상현실 기술 덕분에,

자료 : wired.com

그림 8.8 대크리 스마트 헬멧

작업 효율성과 안전성을 높여줄 수 있는 정보를 실시간으로 제공받는다. 스마트 장갑, 헬멧, 안경, 시계 등 산업용 웨어러블 기기를 착용한 근로자들은 산업인터넷과 연결된 센서를 통해 기기와 소통하며, 효율성과 생산성을 높이고 심지어 일어날 수 있는 문제까지 예측할 수 있다.

"인간의 실수가 단순히 이익과 손실 정도만 결정하는 것이 아니라, 삶과 죽음을 오가는 문제를 일으킬 수 있다는 것을 목격해 왔습니다. 앞으로 4D 기술은 신입 직원 교육부터 최첨단 기계의 조립까지 모든 산업 현장 프로세스를 현격히 개선할 가능성이 높습니다." 대크리(Daqri) 사의 앤디 로워리(Andy Lowery) 사장은 이렇게 말한다. 대크리 사는 산업 애플리케이션용 스마트 헬멧을 개발한 스타트업 기업이다. '워커 임파워러(Worker Empowerer)', 즉 작업자에게 능력을 제공한다는 의미의 별명을 가진 이 헬멧에는 카메라와 센서, 투명한 챙이 붙어 있다. 이 투명 챙은 작업자의 시야에 보이는 물체 위에 데이터를 겹쳐서 보여주는 기능을 한다. 가상현실과 산업인터넷이 적용된 산업용 웨어러블 기기가 미래의 산업을 새롭게 쓰는 것이다.

■ 협업은 우주에서도 계속된다

우주야말로 가상현실 기술의 진정한 가능성을 시험할 수 있는 곳이다. 국제우주정거장(ISS)에 있는 우주비행사들은 마이크로소프트 사의 홀로렌즈(HoloLens)를 사용하여 지상 통제팀과 복합현실(Mixed-Reality) 상호작용을 테스트 중이다.

우주비행사들은 휴스턴(NASA 존슨우주센터)에서 음성으로 내리는 명령에 의존하는 대신, 이제 전문가 가이드를 참조하여, 우주에서 직접 수리 방법을 찾고 특정 실험 수행방법을 알 수 있다. 이런 과정을 통해 의사소통으로 인한 오류 발생의 가능성이 줄어든다.

이렇게 가상현실이 적용된 기기는 비행사와 상호작용하고 있는 물체 위로, 동영상 홀로그램 일러스트레이션을 보여줄 수 있다. 덕분에 소통이 지연되어 머나먼 우주에서 복잡하고 어려운 상황이 벌어질 가능성이 없어지고 있다.

"홀로렌즈를 포함해 가상현실 및 복합현실 기기는 향후 탐험을 도와줄 최첨단 기기이며, 국제우주정거장에서 매우 중요한 과학 실험을 진행하는 연구진에게 새로운 가능성과 능력을 제공하는 혁신적인 기술입니다." 워싱턴 소재 미국 항공우주국 ISS 프로그램의 샘 사이메미(Sam Scimemi) 이사는 말한다.

천문학적인 거리와 극한의 운영 환경을 고려한다면, 우주는 가상현실 기술이 적용되는 최전선이 될 것이다.

자료 : techneedle.com

🔧 그림 8.9 미항공우주국, 우주정거장에서 마이크로소프트의 홀로렌즈를 이용할 계획

■ 현장 밖에서도 직업 훈련을

일찍이 가상현실이 게임 산업에서 이룬 성공을 떠올려 본다면, 회사의 사내 교육 프로그램에서 이 기술이 가장 크게 주목을 받는 것은 그리 놀랄 일이 아니다.

가령 인턴 실습 프로그램에 가상현실을 적용하면, 산업 기업은 업무 재배치에 따른 비용 추가나 실패에 대한 염려 없이 신입 직원들에게 자신이 앞으로 일하게 될 작업 현장을 가상으로 미리 경험하게 해줄 수 있다.

보쉬(Bosch) 사의 엔지니어들은 자동차 기술자에게 가솔린 직분사(GDI) 엔진의 수리 방법을 교육하기 위해 가상현실 트레이닝 프로그램을 개발했다. 기술자를 가상현실 기술을 통해 교육함으로써, 보쉬는 저렴한 비용으로 교육 프로그램을 만들 수 있었다. 그 결과는 바로 기업의 이익으로 직결된다. 보쉬는 2017년 말까지 GDI 기술에서 56%의 시장점유율을 차지할 것으로 전망한다.

"그동안의 직업 훈련 방식은 천편일률적이었습니다. 영영 변하지 않을 것 같았죠. 훈련 교육의 미래는 무엇이며, 어떤 도구를 활용해 교육생에게 다가가야 할까요?" 보쉬의 롭 대로(Rob Darrow) 전략 프로젝트 매니저의 말이다.

자료 : utoman.tistory.com

🔧 그림 8.10 GDI(Gasoline Direct Injection) 엔진

가상현실은 우리가 이제까지 절대로 경험해 본 적이 없는 곳, 즉 미래로 데려가는 능력이 있다. 이 기술이 어떻게 산업 현장에 영향을 미치고 우리 삶을 개선시킬지는 아직 모른다. 우리는 이제 그 첫걸음을 디뎠다. 미래는 밝다.

3 뇌의 생각대로 로봇을 움직인다 - 두뇌 임플란트 칩 기술

1997년 캐시 허친슨(Cathy Hutchinson) 씨는 뇌간경색으로 목 아래쪽이 마비되었다. 그러나 14년 뒤인 2011년, 그녀는 커피가 든 보온병을 들어 입으로 가져가 커피를 마실 수 있었다. 58세의 허친슨 씨는 손을 움직일 수 있을 만큼 회복된 상태는 아니었다. 그렇다면 허친슨 씨는 어떻게 커피를 마실 수 있었던 것일까? 이 모든 일은 그녀가 생각만으로 로봇 팔을 움직일 수 있어서 가능했다.

허친슨 씨가 로봇을 움직인 것은 두뇌-컴퓨터 인터페이스(Brain-Computer Interface)라는 기술 덕분이다. 이는 손과 팔의 움직임을 제어하는 뇌의 영역에

자료 : learning.blogs.nytimes.com

⚙ 그림 8.11 생각만으로 로봇 팔을 제어해 15년 만에 처음 스스로 커피를 마신 캐시 허친슨 씨

미세 전극을 이식하는 임플란트 기술이다. 과학저널 〈네이처〉에 발표된 내용에 따르면 허친슨 씨의 뇌에 이식된 96개의 미세 전극은 뇌세포에서 생성된 신호를 수집하고, 컴퓨터로 신호를 전송하면, 컴퓨터가 전송된 신호를 분석하여 로봇 팔의 움직임으로 변환한다는 것이다.

이 기술은 학제를 넘어선 전문가가 모여 형성한 브레인게이트(BrainGate) 팀이 개발했다. GE글로벌리서치의 과학자들은 뇌신경 세포에서 발생하는 전기 신호를 더욱 심도 있게 이해하기 위해 브레인게이트와 협업하고 있다.

"뇌에 전극을 이식해서 커피를 마시는 등의 일상 행동을 수행하는 단계까지 근접했습니다. 보통 사람은 이런 일을 팔과 손을 움직여 쉽게 할 수 있지만, 스스로 몸을 움직이지 못하는 사람은 그렇지 않죠." 브라운 대학의 신경과학자 존 도너휴(John Donoghue) 씨의 말이다. 그는 매사추세츠 종합병원, 미 국가보훈처, 스탠퍼드 대학, 케이스 웨스턴 리저브 대학(Case Western Reserve University)과 공동으로 연구하며 브레인게이트를 이끌고 있다. "신경과학의 장기 목표는 마비나 수족 손실을 입은 사람들이 스스로 움직이고 동작을 통제할 수 있도록 도와

자료 : gereports.kr

🔧 그림 8.12 초소형 뇌 임플란트가 허친슨 씨의 생각을 '읽고' 있다.

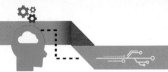
주는 것입니다. 이 연구는 이러한 목표를 실현하는 데 있어 큰 도약입니다."

뇌와 기계 사이의 장벽을 탐험하는 사람은 도너휴 박사 팀만이 아니다. "GE는 신경 자극과 기록을 위해 특별히 설계한 '초소형 전자공학 뇌 임플란트'를 제작합니다." GE글로벌리서치 크레이그 갈리건(Craig Galligan) 전기 엔지니어의 이야기이다. 그는 허친슨 씨의 뇌에 이식된 것과 유사한 신경 임플란트를 설계한다. "외과 수술을 최소화하면서 뇌에 신경 탐침(Neural Probe)을 이식하고, 특정 영역을 타겟으로 하려고 합니다. 어떤 특정 신경 세포를 겨냥하고 그 영역만 자극해야 하는지 정확히 파악하는 것이 중요합니다."

갈리건 팀은 두뇌-컴퓨터 인터페이스가 향후 10년간 어떻게 진화할지 이해하기 위해 노력하고 있다. 갈리건은 GE글로벌리서치 블로그에 기고한 글에서 이렇게 설명한다. "저명한 신경외과 의사들과 이야기를 나눠보면 탐침 구조의 크기가 임플란트 성공에 큰 영향을 미칠 것이라는 점은 확실했습니다. 탐침의 폭이 좁아야 조직 손상이 적고, 장기간에 걸쳐 잘 동작하는 것으로 보입니다."

GE글로벌리서치에서는 제트엔진의 소재, 나비의 날개에서 영감을 받은 화학

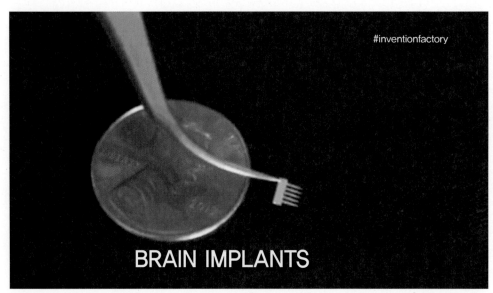

자료 : gereports.kr

그림 8.13 GE 브레인 임플란트 탐침의 시제품

센서, 고해상도 의료 스캐너 등 다양한 분야에서 첨단 연구 개발이 이루어진다. 갈리건은 뇌에 이식하는 탐침을 개선하는 과정에서 GE글로벌리서치의 MEMS 마이크로스위치(Microswitch)를 연구하는 동료의 도움을 받기도 했다. 이렇게 분야를 넘어서는 첨단 기술의 협력을 GE스토어라고 부른다.

MEMS(마이크로 전자기계시스템)는 인간의 머리카락보다 얇다. 하지만 연구진은 이 기술을 이용해 배터리 수명, 의료기기, 항공 시스템에 이르는 모든 것을 관리할 수 있다. MEMS 연구팀의 도움으로 갈리건과 동료들은 길이 2mm에 폭 30마이크론의 탐침을 제작해 시험할 수 있었다. 이는 사람의 머리카락 굵기보다 더 가는 크기이다.

GE는 독자적으로 만든 황금 합금으로 탐침을 제작하여, 일반적으로 전기 절연용으로 사용하는 파릴렌(Parylene)을 4마이크론 두께로 절연 코팅했다. 그 후 UV 레이저로 탐침 끝부분에 코팅된 파릴렌을 제거했다. 탐침이 뇌의 특정 영역에만 전기가 통하도록 하기 위함이다. 반도체 제조공정에서 회로를 형성하는 것과 유사한 방식이다. "이러한 작업들은 신경 탐침을 실제 임상 연구로 평가하기

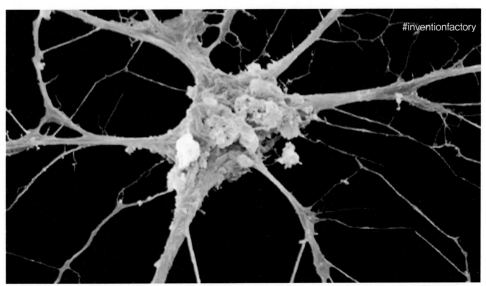

자료 : gereports.kr

🔩 그림 8.14 인간의 신경 세포

전, GE 연구진에 의해 필수로 거쳐야 하는 과정입니다." 갈리건의 이야기이다.

갈리건은 사전 임상 시험이 고무적으로 진행되고 있다고 전하면서 이렇게 말한다. "GE가 만든 탐침은 신호 대 잡음비(SNR)가 뛰어나기 때문에, 신경의 스파이크 파형을 확실하게 측정할 수 있습니다. 신호를 기록한 결과는 폭이 넓은 신경 탐침으로 테스트한 결과와 비교할 만했습니다. 폭이 더 넓은 탐침은 조직 손상이 커서, 폭이 좁은 시제품만큼 오랫동안 사용할 수 없을 것입니다."

연구팀은 이 결과를 토대로 임상 시험을 지속하기 위해 미국 국립보건원(NIH)에 연구비 지원을 신청했다. 장기적 목표는 이를 계속 실험해 인간에게 사용하는 것이다.

갈리건의 동료인 제프 애시(Jeff Ashe)는 도너휴 박사의 브레인게이트 팀과 공동으로 뇌 신경 세포에서 발생하는 전기 자극을 연구해왔다. 애시는 이렇게 말한다. "세포 수준에서 어떤 현상이 일어나는지 매우 궁금했습니다. GE가 설계한 센서는 매우 작으며, 개별 신경 세포에서 전달되는 전기 자극을 기록할 수 있습니다. 개별 신경 세포에서 발생하는 신호를 기록하고 분리할 수 있다면, 신경 세포

자료 : gereports.kr

🔧 그림 8.15 제프 애시 연구실에서 테스트 중인 기기

자료 : gereports.kr

 그림 8.16 브레인게이트의 존 도너휴

가 생성하는 정보와 신경 회로의 기능도 해석할 수 있을 겁니다. 훗날 이 작은 임플란트가 뇌 질환 치료를 도울 것입니다. 뇌세포의 신호를 듣고, 이들의 언어를 이해하며, 다시 뇌에게 말하는 도구를 생각하고 있습니다. 뇌와 기기가 서로 소통하는 것이지요.”

4 기계는 사람의 표정을 이해할 수 있을까?

가끔 영화에서 비행기를 조종하던 파일럿이 불의의 공격을 당하거나 컨디션이 나빠져 의식을 잃는 장면이 등장하곤 한다. 위기에 빠진 승객의 안전을 구하는 새로운 영웅이 필요한 순간이다.

만약 피터 투(Peter Tu)의 기술이 실현된다면, 파일럿이 조종석에서 집중력이 흐려지는 경우에도 비행기가 실시간으로 상황을 파악하고, 파일럿이 적절한 결정을 내리도록 의견을 제시할 수 있다. 의료 현장에서도 의사가 환자를 진단할 때 환자와의 의사소통에 도움이 되는 중요한 정보를 얻을 수도 있다. 이처럼 효과적인 알고리즘과 카메라로 현실 세계를 분석하는 컴퓨터 비전 기술 덕분에 새로운 첨단 분야가 발전하고 있다. 컴퓨터 과학자와 엔지니어는 기계에 인간의 감각을 부여하여 이들이 스스로 주변을 인지할 수 있도록 연구 중이다.

옥스퍼드 출신의 피터 투가 수석 과학자로 있는 GE글로벌리서치 컴퓨터 비전 연구소는 현재 이 기술의 상용화에 가장 선도적인 위치에 있다. 인간의 생각과 인체를 향상시킬 수 있는 이 기술은 내셔널 지오그래픽 채널의 다큐멘터리 〈브레이크스루(Breakthrough)〉 시리즈의 두 번째 에피소드에도 등장했다. 폴 지아마

자료 : gereports.kr

🔧 그림 8.17 "GE는 인간의 컴퓨터 모델, 즉 인간의 디지털 트윈(Digital Twin)을 만들기 위해 노력하고 있습니다." 피터 투의 말이다.

티(Paul Giamatti)가 감독을 맡은 이 에피소드는 〈인류 그 이상, 사이보그(More than Human)〉라는 제목으로 작년 소개되기도 했다. 〈브레이크스루〉 시리즈는 과학의 발전과 혁신에 주목한 다큐멘터리로, GE는 내셔널 지오그래픽(National Geographic)과 협력했다.

지난 몇 년간, 디지털 비전 기술은 단순한 과제를 해결하며 발전해왔다. 헬스케어 분야에서 의료진이 환자와 접하기 전후로 손을 씻는지 확인한다거나, 환자의 안면을 인식하여 고통을 느끼고 있는지 판별하는 카메라 시스템 등이 좋은 사례이다. 이런 과제를 해결해 나가면서, 디지털 비전 기술은 더 미묘하고 복잡한 활동을 감지할 수 있을 만큼 진보했다.

이제는 컴퓨터와 연동된 연구실 카메라가 사람의 표정, 육체 언어, 시선 방향, 사람 사이의 거리 등 다양한 신체적 특징을 식별할 수 있다고 피터 투는 설명한다. 그의 연구팀은 프로그래밍을 통해 이런 신체적 특징을 해석하여 개인과 집단이 특정한 순간에 어떤 감정을 느끼는지를 전반적으로 이해하고자 한다.

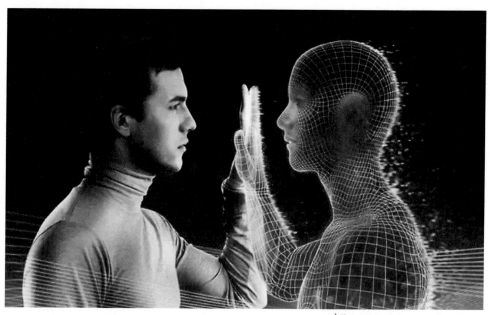

자료 : smartcontentcenter.tistory.com

⚙️ 그림 8.18 디지털 트윈 이미지

미소나 찡그림 같은 표정은 모두 기계가 읽을 수 있는 입력 값이 된다. 이런 입력 값을 분석하여 사람 사이의 신뢰나 적대감의 수준, 사람들이 기계를 운영하며 느끼는 혼란, 또는 판매자가 잠재적 고객과 친밀한 관계를 개발하는지 등을 밝힐 수 있다.

"현재 연구 과제는, 인간의 상호작용과 표현을 감지하여 이들의 감정 상태와 폭넓은 사회적 맥락을 측정할 수 있는 추론 엔진의 구축입니다. 인간의 컴퓨터 모델, 즉 인간의 '디지털 트윈(Digital Twin)'[2]을 만들려고 합니다. '각 개인 내면의 상태는 무엇이며, 어떠한 상호작용으로 그 상태가 표현되는지'에 대한 질문을 던집니다." 피터 투의 말이다.

그는 앞으로 이 컴퓨터 비전 시스템이 헬스케어 분야에 적용되어 의료진을 교육하고, 고객응대 직원들이 사람들과 상호작용을 더 잘할 수 있도록 돕고, 공중 관리 분야에도 적용되어 공공 안전, 군사 응용 분야 및 산업 분야 등에서 역할을 할 것이라고 본다.

또한 피터 투는 GE 시스템은 많은 사람이 모이는 공공장소에서 고조된 불안감의 수치까지 측정할 수 있는 수준에 이를 것이며, 약 1년 후 최초 상용화가 가능할 것이라 예상한다. 2~3년 후엔 이른바 '기계와 결합한 인간'의 세상에서 이 같은 시스템의 운영이 가능할 것이라고 생각한다. 파일럿이나 철도 엔지니어의 얼굴 표정을 지속적으로 관찰해 분노나 피로의 징후를 감지하거나, 의료 영상이나 핵발전소에서 근무하는 기술자를 살펴보며 복잡한 시스템을 운영할 때 발생하기 쉬운 혼란을 포착해내는 시스템이 가능한 것이다.

"이 능력은 비극적 사건의 발생을 감지하는 수단이 될 것입니다. 여러 업무를 동시에 처리해 위험한 상황에 놓일 가능성이 높은 파일럿이나 기계 운영자를 예로 들 수 있겠죠. 졸음은 물론 과로도 예방할 수 있습니다. 이를 미리 인지한다

---

2) 디지털 트윈은 GE가 만든 개념으로, 실제 존재하는 물리적인 자산 대신 소프트웨어로 가상화한 자산의 디지털로 복사된 쌍둥이를 만들어 시뮬레이션함으로써 실제 자산의 특성 (자산의 상태, 자산의 생산성, 자산의 동작 시나리오 등)에 대한 정확한 정보를 얻을 수 있다. 에너지, 항공, 헬스케어, 자동차, 국방 등 여러 산업 분야에서 디지털 트윈을 이용하여 자산 최적화, 돌발사고 최소화, 생산성 증가 등의 효율을 향상시킬 수 있다고 한다.

면 사고의 발생을 막고 더 많은 생명을 구할 수 있을 겁니다."

컴퓨터 비전 시스템은 사람 간에 발생하는 상호작용을 분석할 수 있다. 인간의 모든 감정, 신체적 언어, 눈빛, 음성 신호, 거리 측정을 확인하여 집단에서 일어나는 다양한 인간의 상호작용을 이해하는 것이다. 데이터 분석을 통해 다각적인 집단도 정밀하게 파악할 수 있다. 인간은 어떻게 팀을 구성하여 활동할까? 의사들은 어떻게 환자와 빠르게 친밀감을 형성할 수 있을까? 컴퓨터 비전 시스템은 인간이 어떻게 반응하고 그 역할을 해내는지 실시간으로, 지속적으로 피드백을 제공하며, 사람들의 훈련도 돕는다.

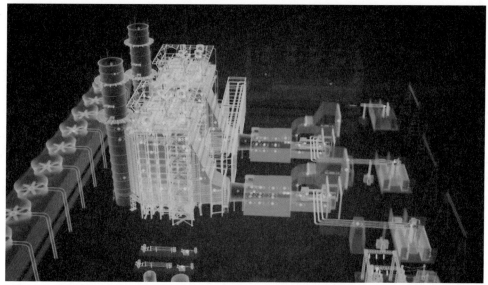

자료 : gereports.kr

🔧 그림 8.19 디지털 트윈 적용사례 중 하나인 디지털 발전소

현재 피터 투의 연구실에는 팬-틸트-줌(Pan-Tilt-Zoom) 보안 타입 카메라 여덟 대와 컬러 이미지 및 입체감에 관한 정보를 동시에 기록하는 특수 카메라 세 대가 연결된 두 대의 데스크톱 컴퓨터로 시스템을 운영하고 있다. 이를 통해 컴퓨터 비전 알고리즘이 인체의 구체적인 위치와 이동을 분류하고 분석하기에 충분한 데이터를 얻게 된다.

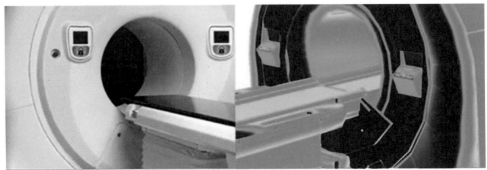

자료 : ansys.com

그림 8.20 디지털 트윈 헬스케어

피터는 이 연구가 철학적 차원에서 인간 지식과 감정의 의미를 논할 수 있는 점까지 도달하는 기술의 길로 이끈다고 말한다. 인간의 행동을 정확히 분석한 정보를 통해 인간의 숨은 내면을 구현하는 디지털 모델을 구축함으로써, 컴퓨터 비전 시스템은 앞으로 인간의 행동을 예측할 수 있을 것이다. 이런 예측능력은 우리가 다른 사람과 행하는 모든 상호작용을 할 때 취하는 행동에 가장 큰 영향을 끼친다.

피터의 연구팀은 과학소설에서처럼 인간에게 공감하고 희로애락을 느끼는 인공지능(AI) 로봇을 제작하는 것이 자신들의 목적이 아니라고 밝힌다. 이들은 더 나은 세상을 만들 수 있는 서비스를 제공하고 싶어한다. "기계에 공감능력을 부여할 수 있다면, 그래서 기계가 인간의 행동으로 감정을 읽어내고 이해할 수 있다면, 사용자는 더 나은 경험을 얻을 수 있을 것입니다."

 5 2016 세계경제포럼 선정 10대 최첨단 미래유망기술

세계경제포럼(World Economic Forum ; WEF)은 매년 정례적으로 유망기술 리스트를 발표한다. 2016년의 리스트에는 이미 우리에게 친숙한 기술은 물론 다소 생소하게 느껴지는 기술이 모두 망라되어 있다. 목록에 포함된 유망기술들은 미

래가 아니라 바로 2016년부터 개인, 기업 그리고 사회에 큰 영향을 미칠 것이라는 것이 전문가들의 전망이다. 세계경제포럼 홍보팀 올리버 캔(Oliver Cann) 이사의 해설을 통해 10가지 유망기술을 소개한다.

세계경제포럼에 따르면, 지역사회 전체에 전력을 공급할 수 있는 배터리, 사회의식(Socially Aware)이 있는 인공지능, 차세대 태양광발전 패널 등을 포함한 이런 획기적 기술들은 우리 인류에게 시급한 도전과제를 해결하는 데 도움을 줄 것으로 보인다고 한다.

"세계가 직면하고 있는 주요 도전과제를 해결할 때 기술이 핵심적인 역할을 합니다. 그러나 이와 동시에 기술은 사회 및 경제적 위험성을 내포하고 있습니다. 4차 산업혁명 시대로 접어들면서 규범과 프로토콜을 개발하여 공유하는 것이 아주 중요해졌습니다. 이 규범과 프로토콜은 기술이 인간을 위해 역할을 하고, 지속 가능한 미래의 번영에 공헌하도록 보장하는 역할을 할 것입니다." 제레

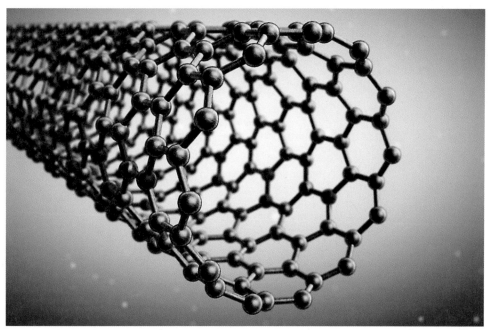

자료 : gereports.kr

그림 8.21 그래핀 소재의 튜브

미 저건스(Jeremy Jurgens) 세계경제포럼 최고 정보 및 인터랙션 책임자(CIIO)의 말이다.

세계경제포럼의 유망기술 메타-협의회(Meta-Council)에서 편찬하고, 과학잡지 사이언티픽 아메리칸(Scientific American)과 협업으로 발표한 2016년 세계 10대 유망기술 리스트는 생활을 향상시키고, 산업을 변화시키고 지구를 보호할 과학 기술의 발전을 강조하고 있다.

"유망기술에 대한 탐색 활동은 급진적으로 세상을 변화시킬 기술의 개발 현황을 놓치지 않고 파악하는 데에 대단히 중요합니다. 이를 통해 이런 파괴적 기술에 시의적절하게 대비할 수 있는 전문적인 분석이 가능해집니다. 만약 우리가 이런 기술의 혜택은 누리고 위험은 회피하고자 한다면, 글로벌 공동체가 협력해서 공동 원칙에 동의해야 합니다." IBM 최고혁신책임자이자 유망기술 메타-협의회 의장 버나드 메이어슨(Dr. Bernard Meyerson) 박사의 말이다.

유망기술 평가 과정에서 협의회 회원들이 사용한 기준 중 하나는, 각 기술이 2016년에 티핑 포인트를 맞이할 가능성이었다. 따라서 리스트에는 지난 몇 년 동안 알려져 있었으나 오늘날에 와서야 성숙 단계에 접어들어 유의미한 영향력을 발휘하게 된 기술도 포함되어 있다. 2016년의 10대 유망기술을 하나씩 살펴보자.

자료 : gereports.kr

🔩 그림 8.22 IoT 산업 간의 융합 - 나노 사물인터넷

(1) 나노 센서와 나노 사물인터넷

2020년까지 사물인터넷 기술로 300억 개의 기기가

연결될 것으로 예상된다. 덕분에 인체 안에서 순환하거나 건축 자재에 내장할 수 있는 나노 센서는 오늘날 가장 많은 관심을 받는 분야 중 하나가 되었다. 사물인터넷과 나노 기술이 일단 연결된다면, 나노 사물인터넷은 향후 의학, 건축, 농업, 약물제조 등의 분야에 엄청난 영향력을 미칠 것이다.

(2) 차세대 배터리

재생에너지 분야에서는 에너지의 수요와 공급을 맞추는 일이 큰 장애물이다. 최근 나트륨, 알루미늄, 아연 성분 배터리를 이용한 에너지 저장 기술이 발달하면서, 소규모 전력망이 구현되어 지역 전체에 깨끗하고 신뢰성 높은 에너지 자원을 24시간 내내 제공할 수 있게 되었다.

자료 : dreamusn.kr

✿ 그림 8.23 차세대 배터리 – 납 배터리(Lead batteries)

(3) 블록체인

전자화폐 비트코인(Bitcoin)의 상당 부분은 분산형 전자장부로 구성되어 있다. 2015년 한 해만 해도, 10억 달러 이상의 벤처자금이 블록체인 기술에 투자되었다. 블록체인은 향후 시장과 정부가 작동하는 방식을 근본적으로 바꿀 것이다. 그 잠재력의 경제적·사회적 영향력이 이제 막 드러나는 중이다.

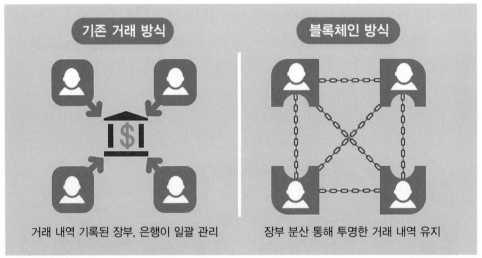

자료 : hani.co.kr

그림 8.24 기존 거래 방식과 블록체인 방식의 거래내역의 차이

(4) 2D 소재

그래핀(Graphene)은 원자 한 개 두께로 이루어진 얇은 막으로, 이런 특징을 가진 물질 중 아마 가장 널리 알려진 존재일 것이다. 그래핀 이외에도 평면 2차원 구조를 가진 물질은 또 있다. 2D 소재의 생산비용이 급격히 하락하면서, 2차원 구조를 갖는 소재는 공기나 물의 여과 필터부터 차세대의 웨어러블 기기, 배터리 등에 이르는 다양한 용도에 적용이 시작되고 있다.

자료 : m.post.naver.com

✿ 그림 8.25 그래핀

(5) 자율주행자동차

자율주행자동차는 아직 대부분의 지역에서 완전히 합법화되지는 못했다. 하지만 생명을 살리고 환경오염을 줄이며 경제를 부흥시키고, 노인층 및 다른 사회 계층에게 삶의 질을 향상시켜 줄 수 있다는 점에서 이 기술의 잠재력에 대한 관심은 크다. 현재 핵심 기술이 급속히 발전하면서, 완전한 자율주행에 대한 기대 역시 급격히 커지고 있다.

(6) 인체 장기 칩(Organs-on-chips)

살아있는 신체 장기에서 일부 세포를 떼어내어 소형 외장 메모리(USB) 크기의 칩 위에 배양함으로써, 해당 장기의 특성을 복제하게 된다. 이 칩 덕분에 연구원들은, 이전에는 불가능했던 방식으로 생물학적 메커니즘 양상을 관찰할 수 있게 되었다. 이는 의학 연구 및 신약 개발의 혁신으로 이어질 것으로 보인다.

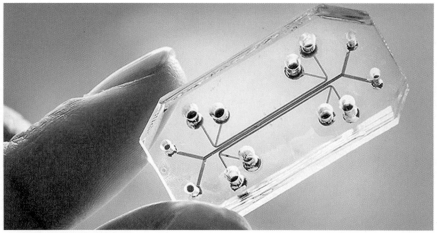

자료 : first.designdb.kr

🔩 그림 8.26 인체 장기 칩 이미지

(7) 페로브스카이트 태양전지(Perovskite Solar Cells)

이 새로운 태양광발전용 물질은, 전통적인 실리콘 태양전지 대비 세 가지 측면에서 장점이 있다. 제작하기 쉽고, 사실상 어디에든 사용될 수 있으며, 더욱 효율적으로 전력을 생산할 수 있다는 점이다.

자료 : solartodaymag.com

🔩 그림 8.27 페로브스카이트 태양전지, 대량생산 및 상용화 가능성 높여

(8) 개방형 인공지능(AI) 생태계

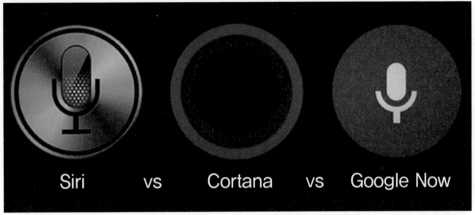

자료 : biz.chosun.com

🔩 그림 8.28 왼쪽부터 애플의 인공지능 비서 시리(Siri), 마이크로소프트의 코나타(Cortana),
구글의 구글나우(Google Now)

자연어 처리와 사회인식 알고리즘 기술 발전과 함께, 전례 없는 데이터 가용성
이 결합되어 나타난, 스마트 디지털 비서는 사람의 재무상태와 건강을 파악하는
일부터 입을 옷을 골라주는 일까지 광범위한 과제를 처리해 낼 수 있을 것이다.

(9) 광유전학(Optogenetics)

한동안 뇌의 뉴런을 기록하기 위
해 빛과 색을 사용했다. 최근에는 빛
을 뇌 조직 깊숙이 전달할 수 있는
기술이 개발되었다. 이는 뇌 장애를
가진 사람들에게 더 나은 치료법을
제공하는 길로 이어질 수 있다.

자료 : ibric.org

🔩 그림 8.29 뇌 조작 연구가 행동에 미치는 영향

(10) 시스템 대사 공학

합성생물학(Synthetic Biology), 시스템 생물학, 진화공학의 발달로, 화석연료 대신 식물을 이용해 더 저렴한 비용으로 더 좋은 품질로 생산해 낼 수 있는 기본 적인 화학 물질의 종류가 해마다 증가하고 있다.

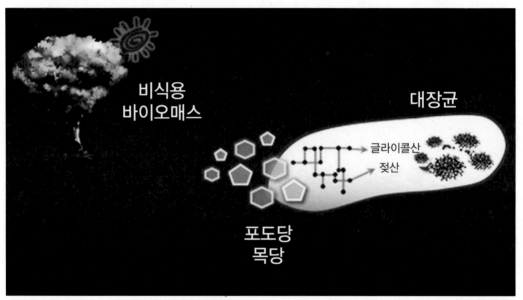

자료 : youtube.com

그림 8.30 카이스트 시스템 대사 공학

새로운 유망기술 목록을 만들기 위해, 각국 전문가로 구성된 패널인 세계경제 포럼 유망기술 메타-협의회는 세계경제포럼 커뮤니티의 전문가 집단에게 의뢰 하여, 가장 중요한 최신 기술 트렌드를 밝히도록 하였다. 그 결과 메타-협의회는 해당 기술들이 가진 잠재력에 대한 인식을 높이고, 기술의 진보를 방해하는 투 자, 규제, 공공의 이해에 존재하는 간격을 좁히는 데에 기여하고자 한다.

이차원(2D) 신소재 개발이 세상을 바꾼다

　세계경제포럼 선정 2016년 10대 유망기술 중에는 이차원(2D, Two Dimensional) 소재가 포함되어 눈길을 끌었다. 그래핀(Graphene)이라는 이 소재는 플렉서블 센서부터 항공기 날개에 이르는 모든 분야에 사용될 수 있으며, 단일 원자층으로 된 소재 가운데 가장 잘 알려져 있다. 그래핀은 과학자들에게 새로운 가능성의 문을 열어주었다.

　신소재는 세상을 바꿀 수 있다. 청동기 시대와 철기 시대처럼 인간이 사용했던 소재로 역사를 구분해온 데에는 그만한 이유가 있었던 것이다. 콘크리트, 스테인리스 스틸, 실리콘 등의 소재는 현대라는 시대를 가능하게 만들었다.

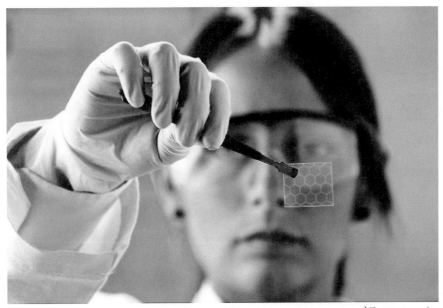

자료 : gereports.kr

⚙ 그림 8.31 이차원(2D) 신소재 개발이 세상을 바꾼다.

이제 새로운 차원의 물질, 엄청난 영향력을 미칠 잠재력을 가진 단일 원자층으로 구성된 물질이 등장했다. 지난 몇 년간 탄소(그래핀), 붕소(보로핀), 육방정계 질화붕소(화이트 그래핀), 게르마늄(제밀렌), 실리콘(실리신), 인(포스포린), 주석(스테닌) 등 격자상 2차원 물질이 속속 등장했다. 이론적으로는 더 많은 종류의 2D 물질이 만들어질 수 있지만, 아직은 탄소 기반의 그래파인처럼 합성되지 못했다. 각 2D 물질은 흥미로운 특성이 지니고 있으며, 이런 2D 결정체는 마치 레고 블록처럼 결합되어 더욱 새로운 물질로 만들어질 수 있다.

단일층 물질의 혁명은 두 명의 과학자가 스카치 테이프를 이용해 2-D 그래핀을 만들었던 2004년에 시작되었다. 유치원 교실에서나 사용할 스카치 테이프를 이용해 노벨 물리학상을 받기는 아마 처음이 아닐까? 그래핀은 철보다 강하고 다이아몬드보다 단단하며 다른 어떤 소재보다 가볍다. 또한 투명하고 유연하며 초고속 전기전도체이기도 하다. 그래핀의 분자 망 사이로 자유롭게 통과할 수 있는 수증기를 제외하면, 이 재료는 대부분의 물질에 영향을 받지 않는다.

자료 : m.blog.naver.com

✿ 그림 8.32 꿈의 소재 그래핀

초기엔 그래핀 생산에 금보다 더 많은 비용이 들었지만, 이제는 생산기술 개선으로 가격이 하락했다. 육방정계 질화붕소 역시 현재 상업적으로 이용 가능하며, 그래핀과 비슷한 과정을 밟고 있다. 그래핀은 정수 필터에도 사용할 수 있을 만큼 저렴해졌는데, 덕분에 담수화나 폐수 정화 비용이 예전보다 훨씬 저렴해졌다. 생산 비용이 계속 하락함에 따라 그래핀은 도시의 공기 정화를 위해 도로 포장용 재료나 건축물의 콘크리트에 첨가될 수 있을 정도까지 되었다. 그래핀에는 여러 장점이 있는데, 대기 중의 일산화탄소나 질소산화물을 흡착하는 능력도 그 중 하나이다.

앞으로 다른 2D 재료들도 그래핀과 비슷한 과정을 거칠 것이다. 생산 비용이 감소함에 따라 대량으로 사용할 수 있는 용도가 생길 것이며, 기술자들은 2D 물질의 독특한 특성을 활용하는 방법을 발견하면서 전자제품 같은 고가의 제품에도 채택하게 될 것이다. 예를 들어, 그래핀은 의복에 장착할 수 있는 플렉서블 센서를 제작하는 데 사용되어 왔다. 현재는 새로운 적층제조기술을 이용해 옷감에

자료 : hcc.hanwha.co.kr

🔩 그림 8.33 슈퍼 커패시터 배터리가 장착된 도요타 TS030 하이브리드 자동차

그래핀을 직접 3D프린트할 수 있다. 그래핀에 폴리머가 추가되면 더 강하고, 더욱 더 경량의 항공기 날개와 자전거 타이어를 만들어낼 수 있다.

자료 : energycenter.co.kr

⚙ 그림 8.34 회로도에 쓰이는 축전기

최근에는 리튬이온 배터리와 초고용량 커패시터(Super Capacitor)를 개선하기 위해, 육방정계 질화붕소를 그래핀 및 질화붕소와 혼합하곤 한다. 이 결과 더 많은 에너지를 더 작은 공간에 저장할 수 있어, 충전 시간이 줄어들고 배터리 수명도 연장된다. 또한 가볍다는 소재의 특성상 스마트폰에서 전기자동차에 이르기까지 모든 기기의 무게와 배터리 소모를 감소시켜 준다.

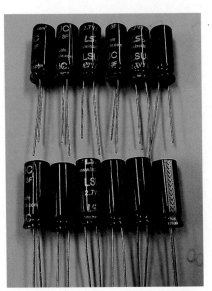

자료 : etrexgo.com

⚙ 그림 8.35 슈퍼 커패시터

커패시터(콘덴서)와 배터리는 전혀 다른 개념이다. 우선 커패시터는 축전기(蓄電器)이고, 배터리는 축전지(蓄電池)이다. 이 둘의 차이점부터 설명하자면, 축전기는 전압에 비례하는 전하를 모아, 필요한 곳에 공급하는 장치이다. 전하가 모일 때 충전, 전하가 사용되어 없어질 때 방전이라 한다. 하지만, 축전기에 저장할 수 있는 전기에너지의 양은 매우 적어서 보통 축전지를 충전하는 장치나 회로에서 사용되어 왔다.

자료 : deneb21.tistory.com

그림 8.36 수천 개의 18650 배터리가 배터리팩을 이루어서 차량의 밑바닥에 장착되는 테슬라 자동차의 배터리

새로운 소재가 등장할 때면 항상 그 독성에 대한 우려 역시 함께 등장한다. 당연히 부작용에 대해 주의를 기울이고 경계하는 편이 옳다. 그래핀의 경우 지금까지 약 10년간 이 소재의 독성에 대한 연구가 진행되어왔지만 건강이나 환경과 관련해 우려할 만한 점은 아직 발견되지 않았다. 물론 관련 연구는 여전히 진행 중이다.

2D 물질의 발명으로 기술자들은 강력한 도구로 가득 찬 새로운 공구 상자를 얻게 되었다. 과학자들과 엔지니어들은 다양한 기능을 갖춘 최적의 재료를 만들어내기 위해 이런 (독특한 광학적, 기계적, 전기적 특성을 가진) 아주 얇은 2D 화합물(Ultrathin Compounds)을 열성적으로 혼합하거나 매칭해 보고 있다. 미래를 만드는 새로운 소재가 등장하면서, 20세기 산업화의 기반이 되었던 철과 실리콘은 이제 상대적으로 세련되지 못하고 투박한 느낌마저 주고 있다.

7 생각만으로 비행기를 띄운다고?

자료 : en.wikipedia.org

🔩 그림 8.37 제프리 링 그리고 인공 팔 환자와 주먹을 부딪치는 링 박사

2030년이면 오늘날 우리가 알고 있는 언어는 더 이상 존재하지 않을지도 모른다. 그 대신 우리는 뇌의 언어를 사용하게 될 것이다. 이 혁신적인 주장은 미국 존스 홉킨스(Johns Hopkins) 대학 신경학과 교수이자 글로벌 미래위원회(Global Future Council) 신경기술/뇌과학 부문 위원 제프리 링(Geoffrey Ling)의 생각이다. 이제 지상에서 공중까지 확장되는 의식 기술(Mind Technology)의 혁명이 눈앞으로 다가왔다고 말하는 제프리 링3)의 이야기를 들어본다.

---

3) Geoffrey SF Ling, MD, Ph.D.는 미국 육군 대령으로 은퇴한 의사이다. 그는 2014년부터 2016년까지 국방부 선진연구 프로젝트국(DARPA) 생물기술사무소 소장을 역임했다. 그는 '미 육군의 외상성 뇌 손상(TBI)에 관한 주제 전문가'로 간주되며 수년 동안 미군에서 유일한 신경 집중 치료 전문가였다. 그의 연구 포트폴리오에서 주목할 만한 것은 신경 과학, 특히 폭력적인 폭발성 신경 외상 예방(PREVENT), 외상성 뇌 손상 예방, 반응형, 뇌 제어 인공암 개발이다. 그는 또한 방위과학부의 부국장을 지냈다. Ling은 Brain Mapping Foundation에서 인도주의 상을 수상했다.

(1) 신경기술과 뇌과학은 현재 어느 수준까지 왔습니까?

휴대전화의 탄생 초기를 떠올려 봅시다. 1980년대의 휴대전화는 큰 벽돌 같았고, 그저 전화 용도로만 사용할 수 있었습니다. 현재의 뇌과학이 바로 이 정도 수준입니다. 개별 기능과 관련된 특정 신호들은 확실히 측정할 수 있습니다. 어떻게 팔을 움직이고, 특정 감정 상태일 때 어떤 반응을 보이는지 등은 상당히 정확하게 측정이 가능합니다.

신경기술은 여전히 방대하고 비용이 높아서, 일상에서 일반인의 실제 행동에 적용할 수는 없습니다. 하지만 휴대전화와 마찬가지로, 뇌과학의 발전은 엄청난 수준에 도달할 것입니다. 더 정확한 신호 측정 방법을 연구하고, 이러한 신호와 관련하여 더욱 다양한 기능을 파악하게 됩니다. 폭발적인 혁신이 일어날 것이라 봅니다.

(2) 뇌과학 발전에 글로벌 미래위원회는 어떠한 역할을 합니까?

가장 중요한 역할은 세계적으로 인식을 제고하는 일입니다. 단순히 소수 국가의 일부 부문에서만 노력해서는 안 됩니다. 신경기술과 뇌과학은 모든 사회에

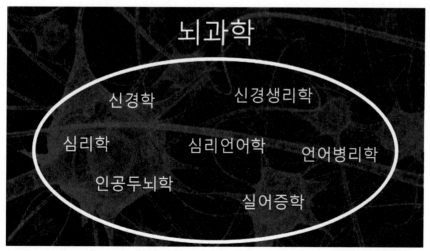

자료 : slideshare.net

그림 8.38 뇌과학의 영역

매우 큰 동기를 부여할 수 있습니다. 이는 세계적인 현상이죠. 이 분야에 대한 인식을 높이고 잠재적 기회를 설명하는 것이 위원회의 역할입니다.

뇌기술이 세계 경제에 미칠 여파를 상상해 보십시오. 통신기술은 이미 우리가 상상하지 못한 수준으로 전 세계를 연결합니다. 여기서 한 발 더 나아가 의식과 연결된 세상을 상상해 봅시다. 그리 비현실적인 이야기가 아닙니다. 이 기술의 효율성과 이해의 수준은 새로운 지점에 도달할 것입니다. 인간이 달성할 수 있는 영역이 놀라운 경지에 이를 것입니다. 그러나 이러한 세상을 구현하려면 일부만이 아닌 전 세계가 동참해야 하고, 우리 위원회가 이러한 움직임을 추동하는 데에 도움이 되고자 합니다.

(3) 의식으로 어떤 일을 할 수 있게 된다고 보십니까?

만약 100년 전이었다면 이 인터뷰는 펜과 종이를 이용해 편지로 이뤄졌을 겁니다. 그런 의사소통 방식에서 얼마나 많은 세부 내용이 누락되었을지 생각해 보십시오. 의미 있는 대화를 할 수는 있었겠지만, 감정적 요소는 상당 부분 놓쳤을 것입니다. 지금은 전화를 통해 인터뷰가 가능해졌고, 따라서 상대의 음성, 열정, 말투 같은

자료 : newsweekkorea.com

🔧 그림 8.39 뇌와 뇌의 대화

요소를 통해 이해의 층을 더할 수 있습니다. 나아가 면대면으로 대화를 한다면 말할 때의 표정이나 손동작 등을 통해 더 세부적인 정보를 파악할 수 있죠.

여기서 만일 뇌와 뇌가 대화를 나눈다고 상상해 볼까요? 그러면 우리는 상대방의 감정을 실제로 느끼고 무엇을 이야기하려 하는지도 이해할 수 있겠죠. 내가 상대에게 전달하려 하는 것을 상대방이 정확히 파악할 수 있을 것입니다.

이 기술은 인간관계를 전례 없는 경지로 이끌 수 있습니다. 언어와 이해의 경계를 뛰어넘을 수 있죠. 이제 오해란 과거의 것이 됩니다. 오늘날 존재하는 수많은 장벽을 무너뜨리려 합니다. 인간의 진화에서 다음 단계로 진입하는 것을 보게 될 것입니다.

(4) 이 분야에서 우리가 알고 있어야 할 주요 동향은 무엇이 있습니까?

현재로서는 기술 발전이 가장 중요합니다. 기술 발전이 다른 변화를 가능하게 하니까요. 뇌가 이용하는 신호를 이해하게 해 줄 신경기술에 투입된 투자만 해도 말 그대로 수십억 달러에 달합니다. 이미 연구는 많이 진척되었습니다. 뇌에 탐침을 꽂아 로봇 팔을 움직일 수 있는 기술이 개발되었고, 현재 이 기술을 촉각으로 확장하기 위해 노력 중입니다.

기억을 이해하려는 연구도 이루어지고 있습니다. 어쩌면 우울증이나 조현병 치료에 적용할 수 있을 것입니다. 이 모든 것을 실현하려면 데이터 수집이 중요합니다. 따라서 데이터를 더욱 효율적으로 보관하는 연구도 하고 있습니다.

앞으로는 뇌에 직접 탐침을 꽂지 않고 이러한 기술을 비침윤적으로 수행하는 방법을 모색해야 합니다. 그런 연구가 현재 진행되고 있으며 이는 향후 거대한 돌파구가 될 것입니다. 탐침이 필요하지 않은 수준에 도달하면 이 기술을 환자만이 아니라 모든 사람에게 적용할 수 있습니다.

이를 위해 자연과학이 필요합니다. 뇌의 어느 부분이 어느 기능을 수행하고, 어디에서 전기 신호가 오가며 그 신호가 어떠한 결과를 초래하는지 등 아직도 뇌에 대해 알아야 할 것이 많습니다. 뇌 기술이 그 반열에 오르고 나면 더 이상 한계란 없어지겠죠.

(5) 그렇다면 영화 〈매트릭스〉 같은 현실이 펼쳐지는 건가요? 언어나 쿵푸를 배우고 싶으면 다운로드만 하면 될까요?

자료 : comingsoon.net

⚙ 그림 8.40 영화 〈매트릭스〉 한 장면

이미 벌어지고 있는 현실입니다. 물론 언어를 다운로드만 하면 되는 수준은 전혀 아닙니다. 하지만 그러한 기술이 실현될 수 있음을 입증하는 동물 실험이

자료 : itnews.or.kr

⚙ 그림 8.41 생각만으로 비행기를 조종할 수 있을까?

이미 있습니다. 한 연구에서는 연구진이 동물에게 특정 과제를 훈련시키며 뇌 기능을 측정했습니다. 다음으로 신경 '코드'를 추출해 다운로드하여 해당 과제에 대해 전혀 알지 못하는 다른 동물에게 주입시켰는데, 실험 동물이 해당 과제를 수행하는 데 성공했습니다.

한 단계 더 나아가 마이클 카하나(Michael Kahana)가 주도하는 연구에서는 인간을 대상으로 한 실험을 통해 명령과 직접 연결된 신경 코드가 있다는 사실을 입증했습니다. 카하나는 명령 신호를 다운로드해 실험 대상자들이 특정 과제를 수행하도록 자극하는 데 성공했습니다.

이게 전부가 아닙니다. 한 연구에서는 신경기술을 이용해 사지마비 환자가 의식만으로 F-35 전투기를 성공적으로 이륙시키기도 했죠(시뮬레이션).

(6) 현재 기술이 이 정도 수준이라면 2030년에는 얼마나 더 발전해 있을까요?

누가 예상할 수 있겠습니까. 오늘날의 기술 발전을 보세요. 10년 전에는 누구

자료 : gereports.kr

🛠 그림 8.42 생각만으로 비행기를 띄운다고?

도 우버(Uber)의 등장을 예상하지 못했지 않습니까. 2030년 쯤에는 아마 비침윤적 센서가 개발되어 있을 겁니다. 모자 형태의 두개모(skullcap)를 착용하고 자동차에 탑승하여 운전하겠다고 생각만 해도 차를 움직일 수 있게 됩니다. 손발을 직접 이용할 필요가 없죠. 또 아마도 기기의 도움으로 우리 손발로 할 수 있는 일이 더 다양해질 것입니다.

전화를 이용해 통화하는 대신 기기를 착용하여 의식만으로 대화할 수도 있을 것입니다. 이런 플랫폼에서는 오늘날 우리가 사용하는 언어가 필요 없어지고, 뇌의 언어를 통해 소통하게 되겠지요.

현재로서는 신체적 한계로 인해 보거나 듣지 못하는 것들이 많습니다. 그러나 미래에는 그럴 일이 없을 것입니다. 신경기술로 인간의 스펙트럼을 확장할 수 있게 되기 때문입니다.

그야말로 모든 것이 가능해집니다.

 위험한 현장에서 활약하는 스네이크 로봇과 외골격 로봇

"인간과 기계는 친밀한 공생 관계를 가진 하나의 유닛(Unit)으로 결합될 수 있다. 이 유닛은 본질적으로 단일 결합 시스템 형태로 기능할 것이다. 인간의 적응형 반사조절 반응이 기기의 메커니즘에 직접 전송되어 기기는 인간이 확장된 것처럼 반응하게 된다. 이에 더해, 일반적이라면 (인간에게) 적대적인 환경도 이 기계에 어떠한 영향을 주지 못한다."

지금으로부터 50년 전, GE의 엔지니어이자 로봇 공학의 선구자 랄프 모셔 (Ralph Mosher)가 미국 디트로이트에서 열린 자동차공학 학술대회에서 했던 획기적인 발표의 일부분이다.

모셔는 자신이 하디맨(Hardiman)이라 이름 붙인, 1,500파운드(약 680kg) 무게를 들어올릴 수 있는 강력한 외골격(Exoskeleton) 제작에 성공했다. 하지만 이 인간과 기계의 콤보는 미래에 대한 일종의 비전으로만 존재했을 뿐, 독자적인 제품으로 출시되지는 못했다.

그런데 이제 상황이 달라졌다. GE는 현재, 열악한 환경에서도 작동할 수 있는 민첩한 로봇을 현장에 도입하는 방안을 검토하고 있다.

2016년 GE벤처는 사코스 로보틱스(Sarcos Robotics, 이하 사코스)에 투자했는데, 사코스는 인간이 작업하기에 너무 어렵거나 위험한 업무를 대신할 로봇을 개발하는 혁신적 기업이다. 사코스의 공동 창립자 프레이저 스미스(Fraser Smith) 사장은 자신들이 "인간 대체(Human Replacement)의 반대 개념이라 할 수 있는 인간 확장(Human Augmentation)과 관련된 로봇 공학 분야에 중점을 두고 있습니다."라고 말한다.

이 로봇들은 조립 생산라인에서 일하는 로봇과는 다르다. 벤 울프(Ben Wolff) 사코스 회장

자료 : gereports.kr

🔩 그림 8.43 GE가 1965년 개발한 외골격 로봇 하디맨

자료 : gereports.kr

🔩 그림 8.44 사코스 로보틱스의 만능 아이언맨 XOS 2 외골격 슈트

겸 CEO에 따르면, 사코스에서는 예측할 수 없고 체계적이지 않은 환경에서 유의미한 작업을 실행할 수 있는 만능 로봇(Dexterous Robot)을 제작 중이라고 한다. 모셔의 비전을 계승한 이 기기들은 새로운 환경에서 스스로 방향을 찾을 수 있고, '인간이 팔로 물건을 들어올리는 것과 100% 동일한 방식으로 물체를 조작할 수 있는 매우 정교한 모터 제어장치'가 탑재되어 있다고 울프 회장은 말한다.

이런 로봇 중 하나인 사코스 '가디언 S(Guardian S)' 스네이크 로봇은 원격으로 조종되며, 원자력 발전소나 오일 저장 탱크의 스팀 파이프 내부를 움직이며 점검할 수 있다. "석유 저장 탱크 내부의 부식 여부를 확인하기 위해 80피트(약 24m)나 되는 벽 아래로 직원을 보낼 필요가 없죠. 이제 이 로봇을 내려 보내면 됩니다." 울프 회장의 이야기다.

길이 4.25피트(약 1.3m)에 무게 10파운드(약 4.5kg)의 스네이크 로봇은 배터

자료 : gereports.kr

그림 8.45 사코스의 가디언 S 스네이크 로봇은 모든 장애를 해결할 수 있다.[4]

4) 사코스의 벤 울프 회장은 "로봇의 전면부 전체는 센서가 탑재된 화물실과도 같다."라고 설명한다.

리로 구동되며, 수직 측벽을 오르내리며 카메라와 오디오 및 적외선 센서로 스캔하여 얻은 정보를 정비 담당 직원에게 무선으로 전송한다. 울프 회장은 "로봇 전면부 전체가 센서를 탑재한 화물실이라고 보면 됩니다. 문제가 발견되면 문제가 발생한 특정 지점으로 직원이 이동해서 해결합니다. 이를 통해 업무의 효율이 증대되고 직원이 위험한 환경에 노출되는 상황이 줄어들 것입니다."라고 말한다. GE의 여러 비즈니스에서는 시장에 출시된 이 스네이크 로봇의 활용을 고려하고 있는데, GE오일앤가스도 그중 하나다.

사코스의 포트폴리오는 더 큰 형태의 기계를 포함하고 있다. 가디언 GT(Guardian GT)가 그중 하나인데, 이동식 플랫폼에 부착된 이 로봇은 두 팔로 각각 500파운드(약 227kg)까지 들어올릴 수 있다. 또 사코스에서는 착용했을 때 장기간에 걸쳐 반복적으로 200파운드(약 91kg)를 들어올릴 수 있는 외골격 슈트를 개발 중이다. "무거운 물체를 들다가 다치는 근로자가 미국에서만도 해마다 수백만 명입니다." 울프 회장은 말한다.

자료 : gereports.kr

🔩 그림 8.46 사코스의 가디언 S 스네이크 로봇

자료 : gereports.kr

🛠 그림 8.47 가디언 S 스네이크 로봇

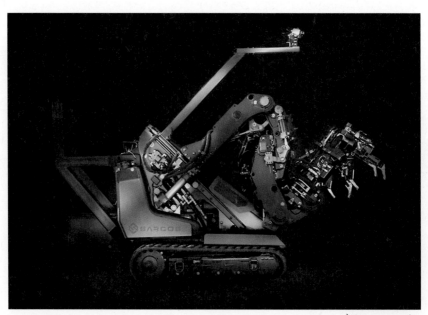

자료 : gereports.kr

🛠 그림 8.48 이동식 플랫폼에 부착된 로봇 가디언 GT는 두 팔 각각 500파운드
(약 227kg)를 들어올릴 수 있다.

300여 개의 특허를 보유한 사코스는 1980년대 유타 대학교에서 시작했다. 설립 이래 미국 국방첨단과학기술연구소(Defense Advanced Research Projects Agency ; DARPA)에서 재정 지원을 가장 많이 받는 기업 중 하나로, GE 외에도 마이크로소프트, 슐룸베르거(Schlumberger), 캐터필러(Caterpillar) 등의 기업이 사코스에 투자했다.

여기서 그치지 않고, 울프 회장과 스미스 사장을 위시한 엔지니어들은 로봇의 기계학습(Machine Learning) 실현을 위해 연구 중이다. 울프 회장은 이렇게 말한다. "계단을 인지하고 기어오르는 행위처럼 기본적인 문제를 로봇 스스로가 해결할 수 있도록 학습시키는 부분에 많은 기회가 있다고 봅니다."

35년간 로봇을 개발해온 스미스 사장은 보통 아이들처럼 장난감을 분해하던 어린 시절부터 자신의 엔지니어링이 시작되었다고 회고한다. GE의 하디맨(Hardiman)을 알게 된 이후 이 로봇에 매료되어왔던 스미스 사장은 이렇게 이야기한다. "하디맨이 개발된 후 관련 기술은 분명 그때보다 발전했습니다. 하지만

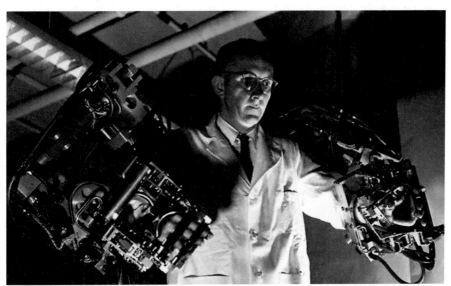

자료 : gereports.kr

🛠 그림 8.49 자신이 개발한 외골격 슈트 중 하나인 핸디맨(Handyman)을 착용한 GE의 랄프 모셔(Ralph Mosher) 박사

하디맨은 정말 대단한 시스템이었어요." 이제 그는 자신을 위한 로봇을 만들고 있다.

랄프 박사의 연구팀은 원자력위원회(Atomic Energy Commission) 아이다호 폴스 국립원자로시험장(National Reactor Testing Station at Idaho Falls)에서 사용되는 항공기용 원자력 추진시스템의 방사능 부품 정비에 활용하고자 핸디맨을 설계·제작했다.

9 산업인터넷의 화룡점정 – 엣지 기술

다니엘 머펠드는 GE글로벌리서치센터의 부사장이다. GE글로벌리서치에서 엣지 기술을 활용하여 GE가 기계 성능을 최적화하고, 종단 간(end-to-end), 엣지/클라우드 간(edge-to-cloud) 솔루션을 제공하는 최초의 기업으로 도약하고 미래 산업 모델에 '디지털'을 더하는 데 기여하고 있다.

자료 : gereports.kr

그림 8.50 GE글로벌리서치센터 다니엘 머펠드 전무

디지털 경제를 다루는 인기 시트콤에서, 사회 부적응자 코더(Misfit Coders)와 개발자로 구성된 화려한 팀이, 돈은 많지만 영감을 갖지 못한 거대 기업과 용감한 대결을 펼친다. GE의 모든 임직원은 디지털 비즈니스를 구축해야 한다는 데 모두 의견을 같이했다. GE의 창립자 토머스 에디슨도 그랬듯이 혁신하기 위해 안주하지 않고 꾸준히 노력하고, 작은 팀으로 활동하며, 촉박한 데드라인을 맞춰가고 있다.

이런 방식으로 GE글로벌리서치의 작고 민첩한 팀(엣지 컨버전스 팀)은 7개월도 걸리지 않고 완전히 새로운 '엣지(Edge)' 기술을 구축하고 현장에 적용할 수 있었다. GE는 디스패치 옵티마이저(Dispatch Optimizer)라는 새로운 기술을 사용하기 위한 첫 번째 앱을 배포했다. 이 앱과 기술은 GE파워의 한 고객 기업이 현재 발전소 운영을 최적화하는 데 사용 중이다.

■ 엣지 기술이란?

'엣지' 기술이란 무엇일까? 이는 일종의 게이트웨이로, 이 관문을 통해 거의 모든 산업 기계들이 연결되고 풍력터빈, 제트엔진, 기관차 같은 시스템의 말단(Edge)에 있는 기기부터 프레딕스 클라우드까지 각 단계별로 컴퓨팅 연속체를 생성하는 것이다. 이를 통해 클라우드와 같은 환경에서 분석과 연산이 가능하고 기계 자체에서 프로그램이 동작하는 것이다.

다양한 종류의 기계와 시스템은 여섯 개 이상의 다른 프로그래밍 언어로 대화를 하고 서로를 이해하며, 최신의 사이버 보안 기능도 시스템에 내장되어 있다. 또한 새로운 제어 기능을 통해 기계가 직접 새로운 데이터로부터 통찰을 얻고 스스로 성능을 최적화한다.

GE글로벌리서치센터에서는 가스터빈 및 MRI 같이 대형 산업 기계를 관리하는 앱을 개발하고 배포한다. '엣지' 컴퓨팅은 이런 기계가 작동하는 방식을 혁신한다.

기계들이 산업인터넷과 클라우드에 연결되면 네트워크 전반(다른 기계, 날씨 및 시장 환경과 같은 다른 데이터 소스)의 상황을 학습하고 학습 결과에 따라 스

자료 : gereports.kr

🔩 그림 8.51 엣지 기술 이미지

스로 조정하여 시스템 성능을 최적화할 수 있다. 그러나 엣지에 위치한 기계 제어장치는 대규모 네트워크와는 별개로 자체적으로 얻은 데이터를 통해 학습하고 조정한다. 이 기계장치가 원활히 작동하기 위해 반드시 산업인터넷에 연결될 필요는 없으며, 독립적으로도 학습하고 진화할 수 있다.

■ 두 배로 스마트한 엣지 앱

엣지 앱은 모바일 앱과 유사하다. 더 큰 인터넷과 클라우드에 연결되고 학습하지만, 또 독립적으로도 작동할 수 있다는 점 때문에 두 배로 스마트하다고 말할 수 있다. 예를 들어, 해양 석유 채굴 장치와 같이 인터넷 연결이 어려운 환경에 있는 기계의 경우에도 여전히 많은 앱을 사용할 수 있으며, 작동하면서 스스로 학습한다. iOS 또는 안드로이드 대신 GE의 앱은 프레딕스 엣지(Predix Edge)

기술을 사용한다. 프레딕스 엣지는 모든 산업 자산, 소프트웨어 및 보안 기능을 관리할 수 있는 소프트웨어 스택이다.

GE의 엣지 컨버전스(Edge Convergence) 팀은 이런 앱들을 개발하고 있으며 산업인터넷의 미래를 정의하기 위해 민첩하게 일하고 있다. 이는 다소 오래 묵은 기계적인 개념의 '산업용 제어장치'를 더욱 역동적이며 디지털스러운 컨셉트로 변모시키는 상향식 과정이다.

자료 : ciokorea.com

🔧 그림 8.52 GE, 프레딕스 산업용 IoT 스위트(Suite)에 엣지 분석·AI 기능성 추가

이 팀의 가장 중요한 임무는 2018년 말까지 모든 새로운 GE 자산을 안전하게 연결하고 소프트웨어로 정의(Software Define)하는 것이다. 지금까지 프레딕스 엣지 기술은 GE의 여러 사업 분야에 걸쳐 13가지의 엣지 기기에 설치 및 테스트 되었다. 엣지 팀은 향후 18개월 동안 여러 사업 부문에서 사용되는 GE의 57개의

자료 : gereports.kr

⚙ 그림 8.53 GE의 제조부문 전문가가 시험 부품을 검토하는 모습

각기 다른 엣지 기기에서 이러한 기술을 구현하기 위해 노력하고 있다.

이러한 개발 및 획기적인 발전 속도는 GE가 기계 성능을 최적화하기 위한 종단 간(end-to-end), 엣지/클라우드 간(edge-to-cloud) 솔루션을 제공하는 최초의 기업으로 도약하는 데 발판이 될 것이다. 이 작고 민첩한 팀은 미래의 디지털 산업 모델에 '디지털'을 넣고 그 미래를 제공한다.

제 4 차 산업혁명의 총아 제 너 럴 일 렉 트 릭

GE 거인의 부활

Chapter 09

① 과학과 패션, 무엇이 더 새로운가

2014년, 우주를 다룬 〈그래비티〉나 〈인터스텔라〉 같은 영화가 한국에서 많은 관객들의 사랑을 받았다. 우주와 인간의 존재론, 인간의 관계나 시간성 같은 주제를 다룬 영화들은 사실 오래 전부터 만들어졌다. SF영화를 사랑하는 사람이라면, 오래된 영화이긴 하지만 스탠리 큐브릭 감독의 〈2001: 스페이스 오딧세이〉(1968, 아서 클라크의 소설 원작)를 한 번쯤 봤을 법하다. 우주 경쟁이 한창이던 1968년에 상상했던 2001년이라는 미래의 모습은 지금 보아도 꽤 흥미롭다. 그 당시에 이미 요즘 영화에서 다루는 인공지능과 인간의 갈등, 우주여행과 시간성의 문제 등을 심도 있게 다루고 있기 때문이다.

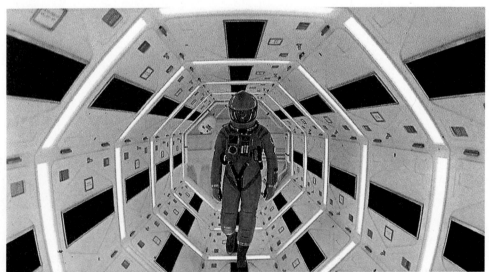

자료 : m.chosun.com

🕸 그림 9.1 〈2001 : 스페이스 오딧세이〉 영화 사진

관객 입장에서는 이런 작품들을 볼 때 시각적인 볼거리에도 또한 주목하게 된다. 영화평론가 듀나는 이 영화에 대해 이런 글을 쓴 적이 있다. "하디 에이미스

(Hardy Aimes)가 디자인한 의상들을 제외한다면, 이 영화는 그렇게 촌스러워 보이지 않습니다. 그건 이 영화에 등장하는 우주선이나 우주정거장들이 패션에 종속되기보다는 엔지니어들의 기술적 상상력에 바탕을 더 두고 있었기 때문입니다. 이런 것들은 쉽게 낡을 수가 없지요."

듀나의 말처럼, 영화 속에 등장하는 우주선 등의 디자인은 오늘날의 관객들이 보아도 전혀 이질감이 느껴지지 않는 반면, 미래로 그려지는 시점의 옷들은 오히려 복고적인 느낌이 든다. 영국 왕실 디자이너로 유명한 하디 에이미스의 의상은 당시로선 미래를 보여주는 혁신적인 디자인이었고, 이 영화와 비슷한 시기에 패션계에서 '스페이스 룩'이라는 트렌드를 만

들어내기도 했다. 하지만 현대 관객이 보기에 이런 패션은 '억지로 만들어낸 미래' 같은 느낌이 든다. 그건 아마 듀나가 지적했던 바 '패션에 종속'된 디자인과 '엔지니어들의 기술적 상상력에 바탕'을 둔 디자인의 차이일 것이다.

루이스 헨리 설리번(Louis Henry Sullivan)의 "형태는 기능을 따른다(form follows function)."라는 말은 디자인을 전공하지 않은 사람들에게도 익숙하다. 산업 디자인과 기능주의에서 비롯되기는 했으나, 이 말은 디자인이란 것이 단순히 '아름다움', '심미성'의 문제가 아니라 쓰임새, 즉 기능과 분리되어서는 안 된다는 교훈을 우리에게 되새기게끔 해준다.

자료 : en.wikipedia.org

🔩 그림 9.2 루이스 헨리 설리번

지난 2014년 9월의 뉴욕 패션위크를 주의 깊게 관찰한 사람들이라면, 설리번의 고전적인 명제를 새삼스럽게 떠올릴 것 같다. 이번 패션위크에서 많은 디자이너들이 3D 프린팅, 방수 소재, 단백질 구조, 파쇄기 등의 과학 기술에서 영감을 얻은 작품들을 앞다투어 발표했기 때문이다. 전 세계의 패션 잡지를 장식한 디자이너들의 이런 작품과 GE의 기술력이 얼마나 닮았는지 한 번 살펴보자.

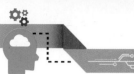

자료 : koreafashion.org

그림 9.3 라코스테의 크리에이티브 디렉터,
펠리페 올리베이라 밥티스타

펠리페 올리베이라 밥티스타(Felipe Oliveira Baptista)가 디자인한 라코스테의 봄 컬렉션에서는 바다에서 영감을 얻은 방수 소재가 등장했다. 천연 섬유와 합성 섬유를 PVC와 고무 같은 폴리머로 코팅한 이 소재는 통기성 역시 고려하고 있다.

이런 소재는 일상복에서 유용하게 쓰일 수 있기에 많은 이들의 관심을 모

자료 : gereports.kr

그림 9.4 펠리페 올리베이라 밥티스타가 디자인한 라코스테의 봄 컬렉션 이미지

았다. GE의 경우에는 단순히 눈과 비를 막는 데에 그쳐서는 충분하지 않기에 한 층 더 나아간 방수 기술을 연구하고 있다. 항공기의 날개나 터빈 블레이드를 위해 초소수성 표면(superhydrophobic surfaces)을 만들어내는 것이다. 이 기술은 일상생활의 눈보라나 비바람과는 비교할 수 없을 만큼 강력한 기압 및 기후의 변화를 이겨내야 하는 기계들의 표면을 보호해준다.

2014 뉴욕 패션위크에서 전위적이고 미래적인 디자인으로 특히 화제를 모은 브랜드 크로맷(Chromat)의 디자이너 베카 맥카렌(Becca McCharen)은 로봇 공학, 3D프린팅 같은 과학 기술에 영감을 얻어 무척 건축적인 작품을 선보였다. 디자인이 워낙 특이했던 만큼, 디자인과 생산을 위해 최적화된 특별한 소프트웨어를 이용했고, 레이저커팅 등의 기술을 사용했다고 한다. 비욘세나 마돈나 등의

자료 : fashionseoul.com

자료 : gereports.kr

⚙ 그림 9.5 베카 맥카렌 크로맷 크리에이티브 디렉터[1]와 그녀의 컬렉션

---

1) 그녀는 "인텔과 기술 협력을 통해 웨어러블 소재가 신체의 반응을 감지하는 수준으로 도약하는 계기가 됐다."라며 "배터리나 전선 등 기술적 문제들은 인텔과의 지속적이고 유연한 협력을 통해 해결해 나갈 것이다."라고 밝혔다.

의상을 만들기도 한 베카 멕카렌은 건축 전공자답게 구조가 돋보이는 작업을 발표하고 있다.

GE의 엔지니어들도 베카 멕카렌이 사용했던 것과 비슷한 프로그램을 이용하고 있다. 다만, GE의 경우에는 결과물이 차세대 항공기 제트엔진인 LEAP과 GE9X의 3D프린팅 부품이라는 점이 다를 뿐이다. 이런 사례를 보면 예술과 기술의 거리는 우리의 생각보다 훨씬 더 가까운 것 같다.

자료 : m.blog.naver.com

자료 : gereports.kr

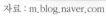 그림 9.6 조나단 심카이와 그의 컬렉션

뉴욕 패션계에서 최근 몇 년간 가장 주목받는 신인 디자이너 중 한 명인 조나단 심카이(Jonathan Simkhai)는 특유의 '시크함'으로 인기를 끌고 있다. 2015

년 봄/여름 컬렉션에서 그는 각이 진 패턴을 이용했는데, 깨진 유리 조각에서 영감을 얻었다고 한다. 물질의 균열이나 변형을 연구하는 파괴역학(fracture mechanics)과의 연관이 자연스럽게 떠오르는 대목이다.

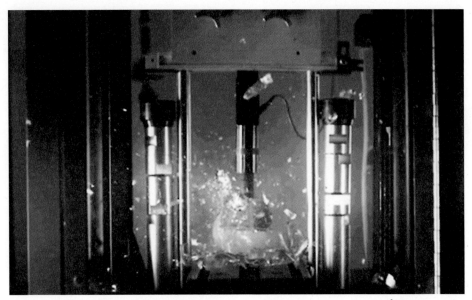

자료 : gereports.kr

🔩 그림 9.7 물질의 균열이나 변형을 연구하는 파괴역학

파괴역학은 첨단 소재의 강도 실험 같은 연구에서도 유용하게 쓰인다. 소재의 강도를 실험하기 위한 파괴 실험이라면 GE를 빼놓을 수 없다. GE글로벌리서치센터에서는 세라믹 매트릭스 복합소재 같은 첨단 소재의 내구성을 테스트하기 위해 2.26톤의 힘으로 유리병을 파괴하는 실험을 실시했다. 제트엔진의 내부 부품으로 쓰이는 세라믹 매트릭스 복합재는 극도로 높은 압력을 견딜 수 있어야 하며, 따라서 이런 파괴 실험이 반드시 필요하다.

파슨스 디자인 스쿨 대학원을 졸업한 베이징 출신의 젊은 디자이너 안드레아 지아페이 리(Andrea Jiapei Li)는 파격적인 디자인과 "나는 나다(I AM WHAT I AM)."라는 독특한 브랜드로 화제가 되었다. 발표된 어떤 옷들에는 "나는 자신을 찾고자 한다(I try to find myself)."라는 문구가 인쇄되어 있어 눈길을 끌기도 했다. 특히 사진에 등장한 것과 같이 구조적으로 복잡한 꼬임을 가진 의상들은 자연스레 생명체의 단백질 구조를 연상시킨다.

자료 : pinterest.com

자료 : vogue.it

🔧 그림 9.8 안드레아 지아페이 리와 그녀의 컬렉션

과학자들은 단백질 구조의 발생 원리나 기능을 아직 계속 연구하고 있다[GE헬스케어의 전직 수석 과학자였던 제임스 로스먼(James Rothman)은, 단백질과 세포생물학 연구 성과를 인정받아 노벨상을 수상하기도 했다]. 이론 물리학자들은 모든 것을 통합하는 단일한 이론을 찾으려 노력 중이다. 이런 이론으로 여러 꼬임이나 매듭, 시공간 등을 수학적으로 설명할 수 있으리라 기대하면서 말이다.

안드레아 지아페이 리는 인터뷰에서 아티스트 제임스 터렐과 건축 설계 등에 관심이 많다고 밝히기도 했다. 여성복을 주로 만드는 이 젊은 디자이너의 관심사가 기술과 예술 분야를 구분 없이 두루 넘나들고 있음을 알 수 있다.

오늘날의 디자인과 디자이너들이 보여주는 기술적인 관심과 앞서 살펴본 영화 〈2001: 스페이스 오딧세이〉의 경우를 함께 비교해 본다면 어떨까? 패션 디자이너들의 기술에 대한 관심은 '패션에 종속된' 것일까, 아니면 '기술적 상상력에 바탕을 둔' 것일까. 남과 달라지기 위해 기술의 표면적인 이미지를 담으려는 것인가, 아니면 기술의 근저에 놓인 기술적 상상력 자체를 이해하고 그것을 작품으로 표현하려 한 것인가. 이런 질문에 답하기 위해선 아마 시간이 좀 더 필요할 것 같다. 어떤 디자인이 일시적인 호기심의 대상으로 남을지 아니면 새로운 시대정신을 담은 선구자가 될지는 시간밖에 알 수 없기 때문이다. 마치 어떤 기술이 살아남느냐가 시간 속에서 그리고 그 기술이 쓰이는 현장에서 결정되듯이 말이다.

자료 : elle.com

그림 9.9 안드레아 지아페이 리의 루빅 큐브(Rubik's Cube)를 이용한 컬렉션

 혁신은 헛간에서 시작되었다

　미국 메이저리그 역사에서 길이 남을 우완 투수인 세인트루이스 카디널스의 밥 깁슨이 한때 GE를 위해 일한 적이 있었다는 사실을 아는지? 당시 깁슨이 맡은 역할은 GE의 신소재 렉산(Lexan)으로 만든 창문에 공을 던지는 것이었다. '마운드 위의 전사'라고 불리는 깁슨이 50개 이상의 공을 던졌지만 창문은 깨어지지 않았다. 충격에 강한 플라스틱 유리인 렉산은 GE랩의 화학자 다니엘 폭스(Daniel Fox)가 개발한 소재였다.

　GE의 공동 창업자 엘리후 톰슨은 연구개발과 혁신의 중요성에 대해 이렇게 말한 적이 있었다. "GE와 같은 거대한 기업은 새로운 분야에 대한 투자와 개발을 지속해야 합니다. 새로운 이론을 상업적으로 적용할 수 있는 연구소가 반드시 있어야 합니다. 새로운 이론을 발견하기 위한 연구소라도 있어야 합니다." 창업 당시부터 연구 개발을 중시해 온 GE의 기업 정신을 알 수 있는 말이다. 100년

자료 : steinmetzthedocumentary.com

　그림 9.10 에디슨과 스타인메츠

이 넘은 GE의 연구 개발 역사는 전기공학자이며 GE의 수석 기술자문이었던 찰스 프로테우스 스타인메츠의 집 헛간에서 시작되었다.

자료 : ge.com

⚙ 그림 9.11 GE의 연구 개발 역사가 시작된 GE의 수석 기술자문이었던 찰스 프로테우스 스타인메츠의 집 헛간

1900년 개설된 이 연구소에는 처음에 3명의 직원이 있었다. 이후 발생한 화재로 인해 스타인메츠와 톰슨은 스키넥터디에 있는 더 크고 안전한 부지(그림 9.12)를 찾았다.

GE의 새로운 연구소에는 곧 많은 유명 인사들이 다녀갔다. 스타인메츠는 MIT 화학 교수 윌리스 휘트니를 연구소의 초대 소장으로 임명했는데, 방문객들은 연구소를 방문해서 휘트니를 만나고 방명록에 서명을 남겼다. 전보 기술의 선구자인 굴리엘모 마르코니, 양자물리학자 닐스 보어, '파블로프의 개' 실험으로 유명한 이반 파블로프 등이 그 속에 포함되었다.

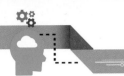

자료 : gereports.kr

⚙️ 그림 9.12 스키넥터디에 있었던 스타인메츠와 톰슨의 연구소

자료 : gereports.kr

⚙️ 그림 9.13 GE 연구소를 방문한 손님. 사진 가운데 밝은 색 옷을 입은 사람이 영국의 물리학
자 켈빈 경이고, 옆은 그의 아내다. 절대온도 K가 바로 켈빈 경의 이름을 따서 붙여진 것이다.

과학자가 아닌 유명 인사들 역시 GE의 연구소를 찾았다. 프랭클린 루스벨트, 케네디, 닉슨 대통령과 미국 최초의 여성 비행사 아멜리아 에어하트, 마술사 해리 후디니 등이 GE의 기술 앞에서 감탄했다. 연구소를 찾아온 손님들은 GE의 라디오 방송국 WGY를 통해 스키넥터디 지역의 주민들에게 연설을 하곤 했다. 1922년부터 1,500와트 트랜스미터를 통해 방송된 이 라디오 방송은 미국 최초의 정규 편성 라디오 방송국 중 하나였다.

자료 : gereports.kr

🔧 그림 9.14 1921년 뉴욕 주 브런즈윅에 위치한 RCA(Radio Corporation of America)의 무선 전신국 앞에 서 있는 알버트 아인슈타인과 찰스 스타인메츠(가운데 밝은 색 옷을 입은 사람)

 스키넥터디에 위치한 GE글로벌리서치센터에서는 현재에도 무척 중요한 실험들이 수없이 진행되고 있다. GE의 엔지니어 이바르 예이버(Ivar Giaever)는 다니엘 폭스가 했던 것과 유사한 실험을 원자 수준에서 성공시켰다. 그는 야구공 대신 전자를 사용해서 초전도체를 통해 전자가 어떻게 보내질 수 있는지를 알아냈으며, 물질의 양자 터널 효과(Quantum Tunneling Effect)를 증명했다. 이 업적으로 예이버는 1973년 노벨 물리학상을 수상했다. 이 기술은 10여 년 후 GE가 MRI를 개발하는 데 도움이 되었다.

폭스와 예이버 두 사람 모두 스키넥터디 연구소에서 실험을 진행했다. 이제 이 연구소는 뉴욕, 독일, 인도, 중국에 이르는 3,000여 명의 과학자 연구 네트워크의 일부가 되었다. 최근 GE는 브라질 리우 데 자네이루에 다섯 번째 GE글로벌리서치센터를 설립했는데, 이는 라틴 아메리카에 위치한 최초의 GE연구개발센터다.

흔히 미국 실리콘 밸리의 신화가 차고에서 시작되었다는 말을 많이 한다. '차고의 신화'로 불리는 혁신가들의 명단 역시 쟁쟁하다. 이런 혁신의 역사는 100여 년 전 스타인메츠의 집 뒤쪽 헛간에서 시작된 GE의 역사와도 맥락을 같이한다.

자료 : gereports.kr

🔧 그림 9.15 브라질에 위치한 GE의 다섯 번째 글로벌리서치센터

50억 달러가 투자된 리우 데 자네이루의 새로운 GE글로벌리서치센터는 헛간에 세워졌던 첫 번째 GE연구소와는 규모와 형태 면에서 비교할 수 없이 거대하고 멋지다. 하지만 전혀 다른 이 두 연구소를 꿰뚫고 있는 혁신과 연구 개발의 정신만큼은 100년이 넘는 세월 속에서도 녹슬지 않고 여전히 건재하다.

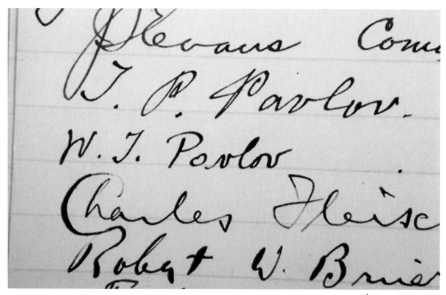

자료 : gereports.kr

⚙ 그림 9.16 GE연구소 방명록에 남은 유명 인사들의 서명

자료 : gereports.kr

⚙ 그림 9.17 1904년 노벨 생리학상을 수상한 파블로프의 서명(가운데)

일본 출신의 기술자 쿠니히코 이와다레([그림 9.16] 왼쪽 위에서 네 번째 서명)는 에디슨과 함께 일하면서 연구 인생을 시작했다. 일본으로 돌아간 그는 오늘날 NEC의 전신인 일본전기를 설립했다. 독일의 화학자 프리츠 하버(왼쪽 위에서 세 번째 서명)는 암모니아 합성법과 합성 비료 제조법을 개발했는데, 그의 발견은 농작물의 생산량을 획기적으로 증가시켰다. 닐스 보어(왼쪽 위에서 여섯 번째 서명)는 1922년 노벨 물리학상을 수상했다. 프랭크 호이트(왼쪽 아래에서 네 번째)는 어윈 슈뢰딩거와 함께 양자론을 연구했다.

변화의 시대를 성공으로 이끄는 9가지 방법

기술, 연결성, 지식은 우리가 알고 있는 세계를 어떻게 변화시킬까? 최근 〈At Work 2014〉에서 진행된 여러 발표에서는, 지금까지 당연하게 여겨온 비즈니스 환경이 앞으로는 전혀 달라질 것이라는 사실이 분명하게 드러났다. 이 자리에서 발표된 새로운 사실 중에서, 미래의 변화를 성공적으로 이끌기 위해 우리가 꼭 알아야 할 9가지를 살펴보자.

(1) 신성장 동력을 두려워 말라

신성장 동력은 기업이나 국가에 따라 함의하는 바가 달라질 수 있다. GE에게 신성장 동력이란 물리적 세계와 디지털 분석기술 세계의 통합을 의미한다. 항공 산업의 경우 GE의 산업인터넷 덕분에 연간 수백만 달러의 비용을 절감하고 있는데, 이런 결과는 센서를 통해 수집한 데이터를 분석하여 항공기 연료 효율을 개선할 수 있었기에 가능해진 것이다.

"지난 밤 당신이 GE가 산업(제조업)기업이라 생각하고 잠들었다면, 다음날 아침 일어나서는 소프트웨어와 분석기술 기업인 GE를 발견하게 될 것입니다."

(2) 기업은 변하지 않는다. 하지만 사람은 변한다

리더라면 마땅히, 조직 내의 한 사람 한 사람이 변화를 편안히 느끼고 변화에서 에너지를 얻을 수 있도록 조직의 변화를 이끌어야만 한다.

자료 : gereports.kr

🜚 그림 9.18 기업에게는 기존의 활동 시장을 바꿀 신성장 동력이 필요하다고 말하는 제프리 이멜트 GE 회장

기업이 진정으로 발전하고자 한다면, '지휘와 통제'라는 낡은 사고방식을 이제 '실험과 변화'라는 사고방식으로 바꾸고, 때로는 실패할 수도 있다는 생각 역시 가져야 한다. 텔스트라(Telstra)의 비상임이사 스티브 베이모스(Steve Vamos)는 "상당한 시간 동안 실패한 적이 없다면, 당신에게는 현재 잘하는 것이 아무것도 없다고 할 수 있다."라고 말한다.

(3) 기술이 뇌의 비밀을 풀어낸다

치매는 이제 심장병이나 암을 넘어서는 가장 공포스러운 질병이다. 뇌 연구는 오늘날 의학 분야에서 새로운 전선을 형성하고 있다. 마운트 사이나이 병원의 인지건강센터 대표이며 NFL 신경의학의로 재직 중인 샘 갠디 박사는 알츠하이머와 만성 외상성 뇌 질환 연구의 선구자로 〈At Work 2014〉에서 뇌의 비밀을 어떻게 풀어가고 있는지 설명했다.

지난 2년이라는 짧은 기간 동안 뇌 연구는 크게 발전했다. 덕분에 우리는 운동선수들이 뇌진탕을 겪게 될 위험성을 더 잘 이해할 수 있게 되었으며, 또한 그들이 치매 발병 상황이 높다는 점 역시 알게 되었다.

(4) '예술 vs 과학'이 '예술+과학'으로 변해야 하는 이유

과학, 기술, 공학, 수학(STEM)의 교육에 더 첨예하게 집중함으로써 사회는 더 번영할 수 있을 것이다.

〈이코노미스트〉의 '룩 어헤드(Look Ahead)' 시리즈의 편집 책임자 아이샤 칸나(Ayesha Khanna)는 예술과 창조성이 STEM 교육 개발에서도 점점 더 중요한 역할을 할 것으로 예측한다.

자료 : teachersoncall.ca

그림 9.19 STEM 교육

젊은이들이 STEM 교육을 받을 수 있게 지원한다면 사회 전체를 위해 긍정적인 결과를 낳을 수 있다. 이런 교육에 투자한 결과로 기업은 더 강력하고 더 큰 경쟁력을 가지게 될 것이다. "아이디어는 세계적으로 귀한 자원입니다. 금융이나 노동력보다 부족하죠. 가장 중요한 자원은 바로 인적 자원이라고 할 수 있습니다." 아이샤 칸나의 이야기다.

(5) '사후 정비' 모델에서 '예측과 예방' 모델로

빅 데이터 시장이 계속 성장함에 따라, 기업들은 돌발적인 다운타임을 예방할 수 있는 인프라 구축에 집중해야 한다.

GE 호주-뉴질랜드의 최고 정보책임자(CIO) 마크 셰퍼드(Mark Sheppard)는 산업 분야에서 항공, 에너지, 광업 분야 같은 핵심 산업의 생산성을 높일 실시간 데이터 분석에 더 많이 투자하여 편익이 발생할 것이라 예측한다. 그는 "지능형

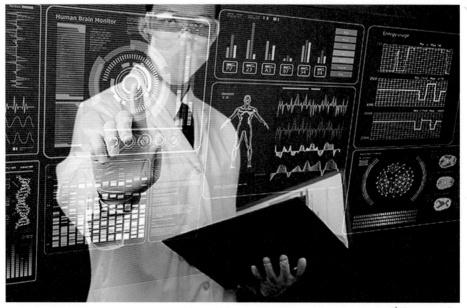

자료 : mpress.kr

♻ 그림 9.20 정밀의료, 빅 데이터 확보 시장 선점이 관건

솔루션은 사전(Prior) 지식, 과거 데이터, 경험적 지식에서 비롯됩니다."라고 강조했다.

(6) 들어보라, 데이터가 무엇인가 말하고 있다

"수집되기는 했지만 분석되지 않은 정보에는 현실적인 가치가 없다." 뉴사우스 웨일스 대학 의료정보학과 학장인 엔리코 코이에라(Enrico Coiera)가 한 이야기다. 그는 의료 분야의 난제를 해결하기 위해 강력한 분석/연구 기술을 이용하고 있다. 코이에라 학장의 연구는 데이터 분석을 통해 의료 시스템에서 검사 결과와 퇴원 시간, 심지어 주말에 환자를 응대하는 방식까지 개선할 수 있음을 보여준다.

(7) 영역 파괴가 일어난다

산업의 구조를 뒤흔든 우버(Uber) 서비스는 세계 곳곳의 도시들에서 택시 이용자들이 겪고 있는 문제를 해결하기 위해 지속적으로 혁신을 하고 있다. 우버

자료 : global-autonews.com

그림 9.21 우버 서비스 이미지

오스트레일리아의 경우, 책임자 데이빗 로스하임(David Rohrsheim)은 "규제가 많은 산업은 수익이 많고, 소비자의 선택과 유연성이 거의 없기 때문에 영역 파괴가 발생하기 마련이다."라고 말한다.

여러 논란을 불러일으키고 있는 우버 서비스이지만, 영역의 파괴라는 혁신성만큼은 다른 분야에서도 참고할 만할 것이다. 기술의 혁신은 우리가 미처 깨닫기도 전에 발생하여, 시장에서 더 나은 경쟁 방법을 스스로 찾아낸다. 그리고 그 결과가 바로 영역의 파괴인 것이다.

(8) 낭비되는 연구 개발 비용은 없다

역사 속에서는 실패한 연구 프로젝트를 수없이 발견할 수 있다. 기업들은 그런 실패한 프로젝트에 투여되는 연구 개발 비용이 아깝지 않을까? 하지만 보잉사의 호주-남태평양 지역 대표 모린 도허티(Maureen Dougherty)는 연구 개발에 들어가는 비용은 낭비되는 일이 거의 없다고 말한다. 혁신은 증대하고 있으며, 취소된 연구 프로젝트에서 배운 기술이나 교훈은 나중에 다른 신제품을 개발하는 데에 이용되곤 한다.

보잉사의 경우, 소닉 크루저(Sonic Cruiser)라는 이름의 고속 항공기 프로젝트가 유가 상승과 9·11 사태 이후 항공여행 수요의 감소로 취소된 적이 있었다. 그러나 도허티는 이렇게 말한다.

"소닉 크루저 프로젝트 연구에 투자했던 것이 낭비였을까요? 아닙니다. 그 프로젝트를 통해 우리는 경량 복합소재와 엔진 기술에 대해 배울 수 있었고, 덕분에 지금의 787 드림라이너(Dreamliner)가 태어난 것입니다."

(9) 장비와 기술에 대한 투자로 업무는 더 나아지고 빨라진다

현장 근무자들이 스마트한 장비를 사용할 수 있을 때, 의사결정과정과 생산성이 개선된다. 거대 석유가스기업인 산토스(Santos)의 최고경영자 데이비드 녹스

자료 : gereports.kr

 그림 9.22　장비와 기술에 대한 투자로 업무는 더 나아지고 빨라진다.

(David Knox)는 강력한 컴퓨팅 플랫폼을 사용하여 해저를 분석하고 해저지도를 만들며 시각화할 수 있다고 밝혔다. 즉, 스마트폰을 가진 근무자들이라면 누구나 복잡한 시각 이미지를 다룰 수 있게 된 것이다. 이제 야외 현장에서 일하는 작업자와 사무실에서 일하는 애널리스트들이 동시에 똑같은 플랫폼에 접근할 수 있다. 그 결과 가스 채굴 운영과정에서 더 나은 의사결정을 내릴 수 있게 되었다.

4　에코매지네이션, 지구와 공존하며 성장하기

■ 희망을 캐스팅하다

잘 만든 캠페인 광고 한 편은 수많은 보고서나 기사들보다 더 간결하고 분명하게 메시지를 각인시킨다. 에코매지네이션(Ecomagination)이 선포되고 1년 후인 2006년 7월에 공개되었던 GE의 캠페인 광고가 딱 그러하다.

한 소년이 깎아지른 바닷가 벼랑 끝까지 다가가 큰 유리병을 제 머리 위로 들어 올리더니 뭔가를 담는다. 들판을 달리고 기차와 오토바이를 타고서 굽이굽이

자료 : gereports.kr

⚙ 그림 9.23 GE 에코매지네이션 유리병(Jar) 캠페인

먼 길을 돌아 소년은 집으로 돌아간다. 소년이 집에 들어섰을 때, 마침 많은 식구들이 모여 할아버지의 생일파티를 열고 있는 중이다. 축하 인사가 이어지는 가운데 소년은 할아버지에게 바닷가에서부터 소중하게 품어온 유리병을 건넨다.

■ 할아버지가 뚜껑을 열자, 펑!

세상에서 가장 시원하고 깨끗하고 힘찬 바람이 촛불을 끄고 식구들의 머리를 엉망으로 만든다. 그렇지만 모두들 환하게 웃는다.

"바람을 잡아서 그것을 제대로 사용하는 것! GE의 풍력 에너지는 세상에서 가장 깨끗한 신재생 에너지입니다."

2005년 5월 9일, 제프리 이멜트 GE 회장은 "청정에너지, 깨끗한 물, 기타 친환경 기술의 성장에 GE의 미래를 걸겠다."며 당시 탄생 125년이 된 GE의 지속가능한 미래를 위한 기업의 새로운 프로젝트이자 비전, 희망을 발표했다. 친환경적인 상상력, 바로 에코매지네이션이 처음 발표되는 자리였다.

그림 9.24 에코매지네이션을 처음 발표하는 제프리 이멜트

이날 발표에서 이멜트 회장은 "태양 에너지, 하이브리드 기관차, 연료 전지, 저공해 항공기 엔진, 가볍고 강한 재료, 효율적인 조명, 물 정화기술로 미래의 솔루션을 개발하기 위해 GE 고유의 에너지, 기술, 제조, 인프라 역량을 집중할 것"이라며 GE의 새로운 성장 전략의 내용을 밝혔다.

2015년, 에코매지네이션을 공개하고 10년이 지났다. 에코매지네이션은 GE에 정말 새롭고 밝은 미래를 가져다주었을까? 최근에 공개된 에코매지네이션 10주년 기념 광고 두 편에서 그 답을 알아보자.

■ GE가 가장 잘하는 것

〈10 Years of Ecomagination〉이라고 직설적인 제목을 붙인 첫 번째 광고는 GE의 수많은 사업장과 연구소, GE가 실제로 일하고 있는 장소들을 찾아가 세상을 움직이는 GE의 모습을 보여준다. 그리고 그 장소들 속에서 에코매지네이션의 10년을 정리한다. GE에 있어 에코매지네이션은 정체되지 않고 성장을 계속하는, 새로운 종류의 지속가능한 프로그램이었다.

"우리는 산업혁명 한가운데에 있습니다. 고객들의 생산성 향상의 요구를 만족시키면서 환경에 대한 영향은 줄이는 것이죠. GE는 2005년 에코매지네이션 프로그램을 시작했습니다. 경제성장을 촉진하기 위한 새로운 종류의 지속가능 프로그램이지요. 지난 10년 동안 GE는 친환경 혁신을 위해 150억 달러를 투자했습니다. 이 과정에서 2천억 달러 이상의 매출을 기록했습니다. 어떻게 이런 결과가 가능했는지 살펴볼까요?

GE는 전 세계에 2만5천 개의 풍력발전 터빈을 설치했습니다. 매년 유럽의

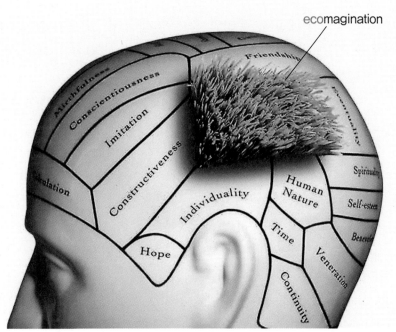

자료 : gereports.kr

🔧 그림 9.25 에코매지네이션

2,700만 가구에 전력을 공급할 수 있는 양입니다. 브라질의 GOL 항공은 GE 플라이트 이피션시 서비스를 도입하여 매년 약 9천만 달러를 절감할 것으로 예상됩니다. GE는 페러스(Ferus), 스타오일(Staoil) 사와 협력해 라스트 마일 솔루션을 개발합니다. 천연가스 채굴 중 발생되는 폐기물, 비용, 온실가스 배출량을 줄이기 위한 솔루션입니다. GE는 2008년에 알제리 최초의 담수화 시설을 만들었습니다. 이곳에서 알제리에 필요한 담수 중 25% 이상을 공급했죠.

이는 GE 에코매지네이션의 시작일 뿐입니다. GE는 이미 다음 프로젝트에 착수했습니다. GE 연료전지 하이브리드와 같은 미래 솔루션은 혁신을 통해 고객의 성공을 돕습니다. 연료전지 하이브리드 솔루션은 효율을 최대 65%나 개선할 수 있습니다. 또한 풍력을 최대한 이용하는 GE ecoROTR 설계 기술도 있습니다. GE NextFuel 키트는 연료비용을 50% 절감하면서도 운송 거리를 대폭 증가시킬 수 있습니다. 비용과 에너지 절감 차원에서 여러 도시에 지능형 조명 시스템을 제공하고 있습니다.

지난 10년간 우리가 배운 건 무엇일까요? GE가 할 수 있는 가장 중요한 것은, 미래로 향하는 길을 더욱 깨끗하고 똑똑하게 만드는 것입니다. GE가 가장 잘할 수 있는 것이니까요."

■ 지구와 연결되는 기회

'자연과 조화를 이루어 번영하기!(Thriving In Harmony with Nature)'이라고 제목이 붙은 두 번째 광고는 애니메이션으로 만들어졌다. 비행기가 숲 속으로 날고, 꽃씨들이 바람에 날리다가 터빈이 되는 등 아름답고 시적인 장면들이 이어진다. 여기서 에코매지네이션은 기업의 성공 전략일 뿐만 아니라, 지구의 생존 전략이기도 하다.

"주변을 돌아보면, 지속 가능한 방법으로 지구와 연결되는 기회를 찾을 수 있습니다. 우리 하늘의 미래를 위해 항공산업을 다시 생각합니다. 이전에는 불가능하다고 생각했던 것들을 대담하고 새로운 방식으로 도전합니다. 산업인터넷은 풍력터빈이 지능적으로 생각하게 만들었지요. 그래서 미풍도 강력한 바람처

에코매지네이션 하드웨어	산업인터넷 소프트웨어	자원 생산성 촉진
• 설계 개선 • 첨단 소재 • 통합하드웨어 접근	• 빅 데이터 분석 • 기계학습 기술 • 예측적 유지보수 • 자산/시스템 최적화	• 산업적 규모의 자원 절약 • 연료 소비 감소 • 수자원 보전 • 유해배출량 저감

자료 : gereports.kr

그림 9.26 에코매지네이션과 산업인터넷의 결합, 디지털 자원 생산성

럼 효율적으로 이용할 수 있죠. 화물 기관차가 더 적은 에너지로도 더 많이 달릴 수 있는 방법을 찾았습니다. 오수도 버리지 않고 재활용합니다. 그 오수를 계속해서 재활용하여 사용할 수 있죠. 지능형 가로등이 대지에 뿌리내릴 수 있도록 했습니다. 이런 사례들이 산업, 혁신, 그리고 똑똑한 기술이 지구의 수많은 환경 문제 해결에 적용되고 있다는 증거입니다. 산업적인 측면뿐 아니라 자연과의 조화라는 측면에서도 성공할 수 있는 것입니다. 에코매지네이션의 미래가 여기에 있습니다."

두 번째 광고 뒤에는 GE의 브랜드 슬로건인 '상상을 현실로 만들다'가 마지막 말로 등장한다. 에코매지네이션 10년은 정말로 상상을 현실로 만들어온 과정이었다. 광고 속에 등장하는 몇몇 수치와 성취된 과제들은 단지 일부의 예일 뿐이다.

GE는 목표로 했던 것 이상을 달성했으며, 다른 기업들이 주저할 때 큰 걸음을

자료 : pinterest.de

그림 9.27 에코매지네이션

뗌으로써 계속해서 혁신을 이끄는 기업임을 증명했다. 에코매지네이션은 이제 다음 5년, 10년, 20년을 준비한다. GE가 만들어나갈, 더 큰 상상을 현실로 만들어 나가는 다음 여정을 기대해도 좋다.

5 뇌섹남의 원조, 첨단 셀피를 찍다

지금으로부터 30년 전 10월의 어느 이른 아침, 뉴욕 주 북부에 위치한 GE연구 소에서는 과학자 존 셴크(John Schenck)가 임시로 만든 침상 위에 누워 있었다. 연구소는 특수한 비자성(非磁性) 못을 사용해 지은 시설이었다. 존 셴크의 몸 주 변에는 지구의 자기장보다 3만 배나 강력한 대형 자석이 둘러싸고 있었다. 그의 옆에는 동료와 간호사가 몇 명 서 있었는데 그들이 거기 모인 이유는 셍크의 머릿속을 들여다보기 위해서였다. 세계 최초로 자기공명스캐너, 즉 MRI를 이용한 뇌의 촬영이 이뤄지는 순간이었다. 셍크는 최근 GE와 내셔널 지오그래픽이 공동으로 제작한 6부작 TV 시리즈 〈브레이크 스루〉에도 출연한 GE의 과학자이다. 그가 출연한 '뇌의 비밀을 풀다: 두뇌 능력의 해명과 그 가능성, 위협을 알아본다' 편은 영화 〈러시아워〉 시리즈와 〈패밀리맨〉, 〈엑스맨: 최후의 전쟁〉 등을 감독한 브렛 래트너(Brett Rattner)가 연출을 맡았다.

자료 : gereports.kr

🛠 그림 9.28 존 셍크

1970년대는 영상 의료 분야에 있어서 혁명적인 시대였다. GE의 연구진을 비롯한 과학자들은 엑스레이(X-ray) 기계와 인체 내부 이미지를 생성하는 CT(Computed Tomography) 스캐너를 개선하였다. 또한 핵자기공명(Nuclear

Magnetic Resonance) 기술을 영상 의료 분야에 적용하려는 연구도 진행되었다. 이미 사용되고 있던 이 기술은, 강력한 자석을 이용하여 원자와 분자의 물리 화학적 특성을 활용하였다. 하지만 당시 핵자기공명에 사용되던 자석은 인체를 촬영할 만큼 강력하지는 못했다.

그 무렵 GE 영상의료기기의 선구자이며 최초의 GE CT 스캐너를 제작했던 롤랜드 '레드' 레딩턴(Rowland 'Red' Redington)은 자기공명 기술을 연구하기 위해 셍크를 채용했다. 셍크는 물리학 학위를 소지한 젊고 똑똑한 의사였으며 롤랜드의 연구가 성공하는 데에 큰 도움을 주었다. 셍크는 낮에는 대형자석을 연구하는 레딩턴의 연구실에서 연구를 했고, 밤이나 주말에는 응급실의 환자들을 돌보았다. "그때는 정말 즐거운 시간이었습니다." 셍크는 이렇게 회상한다.

셍크는 독특한 배경 덕분에 MRI의 가능성을 빨리 파악할 수 있었다. CT나 엑스레이가 인체를 투과하는 방사선을 배출하는 것과는 달리, MRI 기계가 생성하는 강력한 자기장은 인체의 물 분자를 자극하고 그 분자들이 무선 신호를 발생하게 만든다. 이 신호가 인체 밖으로 나오면서 이미지를 생성하는 것이다. 인체의 모든 부분은 물을 함유하고 있기 때문에 MRI는 인체 내 분자가 발생시킨 신호의 원천을 파악할 수 있고, 그 내용을 디지털화하고 알고리즘을 적용하여 인체 장기의 영상을 생성한다.

셍크와 그 연구팀은 인체를 투과하여 고해상도의 유용한 영상을 얻을 수 있을 만큼 강력한 자석을 얻는 데에 2년이 걸렸다. 1.5테슬라 수준의 이 자석은 1982년 봄 셍크의 연구실에 도착했다. 그때까지 강력한 자기장이 인체에 미치는 영향에 대한 연구는 별로 이루어지지 않아서, 셍크는 자신의 몸으로 직접 MRI의 기능을 시험해야 했다. 그는 간호사에게 자신의 생체 신호를 지켜 봐 달라고 부탁한 후 시험 시설 속으로 들어가 10분 동안 자기장에 노출되었다.

자기장 노출 이후에도 셍크에게 아무 이상이 없었다. GE연구팀은 그 해 여름 동안 고강도 자기장을 사용하는 최초의 MRI 시제품을 만들었다. 1982년 10월, 연구팀은 마침내 셍크의 뇌를 촬영할 준비를 끝마쳤다.

당시 많은 과학자들은 1.5테슬라 수준의 자석으로는 인체의 심부 조직(Deep Tissue)에서 발생되는 신호가 포착되기도 전에 이 신호가 인체에 흡수될 것이라 생각했다. "촬영된 이미지 한가운데 까만 구멍만 찍혀 있을까봐 걱정했습니다."
다행히 최초의 MRI 이미지 촬영은 성공적이었다. "제 뇌의 모든 부분을 볼 수 있
었습니다. 정말 흥분되는 일이었죠."라고 셍크는 그때의 감동을 밝혔다.

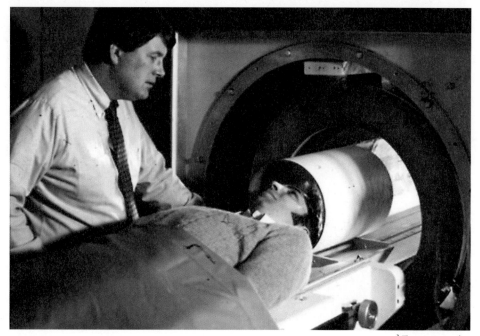

자료 : gereports.kr

🔧 그림 9.29 성공의 시절 : 존 셍크(서 있는 사람)와 빌 에델스타인(Bill Edelstein). 1983년
최초의 전신 사이즈 자석인 1.5테슬라 자석 공개 행사에 참가한 모습이다.

이후 1.5테슬라 자석은 MRI의 산업 표준으로 자리 잡았다. 오늘날에는 전 세
계에서 1.5테슬라의 자성을 이용한 약 2만2,000대의 MRI가 사용되고 있으며, 시
간당 9천 장, 즉 연간 8천만 장의 MRI 의료 영상이 촬영되고 있다.

80세에 가까운 셍크는 아직도 GE연구소에서 연구를 계속하며 MRI 기계 개선
에 힘쓰고 있다. 첫 번째 MRI 촬영 이후 그는 해마다 스스로의 뇌를 MRI로 촬영
하며 별다른 변화가 없는지 점검하고 있다. 그는 앞으로 MRI가 우울증이나 다른
정신질환의 검진과 치료에 도움이 될 것이라고 믿고 있다. "처음 우리가 연구를

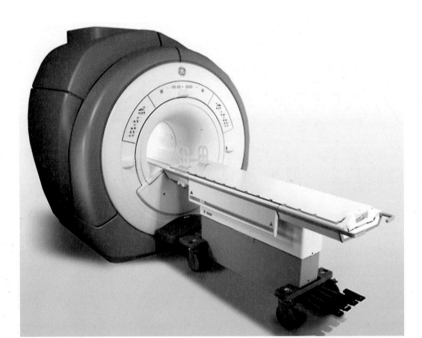

자료 : medgadget.com

 그림 9.30 GE MRI

시작했을 때는 결과를 낼 수 있을지 없을지도 확신할 수 없었습니다. 하지만 이
제는 모든 병원에 MRI가 있습니다."

6 블록체인 기술이 바꿀 공급망의 미래

최근 주목받고 있는 새로운 기술 중에서 블록체인(Blockchain)[2]을 빼놓을 수
없다. 블록체인은 데이터를 한 곳에 모아 집중 관리하는 대신 여러 곳에 두고 동

---

2) 블록체인이란 기존의 중앙집중형 서버에 데이터를 보관하는 방식과 달리 모든 사용자에
게 내용을 분산한 기록관리 기술이다. 즉, 데이터를 특정 중앙서버에 저장하지 않고 네트
워크 참여자 간 분산·저장해 공동으로 기록하고 관리한다.

기화시키면서 관리해 나가는 분산형 기록 관리 기술이다. 투명성, 불변성, 수학적 검증가능성이 뛰어나고, 기록 동기화가 가능하기 때문에 금융을 비롯한 여러 분야에 적용을 기대하는 기술이다.

자료 : thegear.co.kr

⚙️ 그림 9.31   블록체인(Blockchain)은 비트코인, 이더리움 등 가상화폐를 구성하는 인터넷 기반의 기술이다.

블록체인이 공급망 관리에 적용될 경우 그 장점이 한층 더 두드러진다. 세계화가 폭넓게 진행된 오늘날 공급망은 다면적이며 국제적인 과정으로 이뤄지는데, 공급망에 관련된 주체들이 반드시 서로를 알고 있는 것도 아니며, 상호 신뢰가 구축되어 있다고 할 수도 없다. 또한 공급망에서 문제가 발생할 경우, 이를 풀어갈 명확한 방법이 없어 복잡한 분쟁으로 발전할 수 있다.

■ 새로운 형태의 공급망이 등장하다

"현재 생산자, 운송업자, 관세사 등 공급망에 관련된 주체들이 사용하는 회계원장은 제대로 연결되어 있다고 볼 수 없습니다. 따라서 신뢰에 기반한 거래에 의지할 수밖에 없는 경우도 있습니다. 블록체인을 공급망 내 거래 주체들이 공동 보험 처리 시스템으로 함께 사용한다면, 종이로 진행되던 수많은 문서작업을 블록체인으로 대체할 수 있어 작업 효율이 크게 증가합니다." 세계 최대 블록체인 프로젝트를 진행하고 있는 '에테리움(Ethereum)'의 릴리즈 코디네이터 비네이 굽타(Vinay Gupta)는 이렇게 설명한다.

또한 블록체인을 사용하면 미리 설정한 조건에 따라 거래가 체결되는 스마트 계약이 가능해진다. 이를 통해 주식과 현금 흐름을 쉽게 관리할 수 있다. "우리는 계약에 대한 법적 관할권 고민 없이, 계약 내용에 근거하여 전체 공급망을 관리할 수 있습니다." 굽타 씨의 말이다.

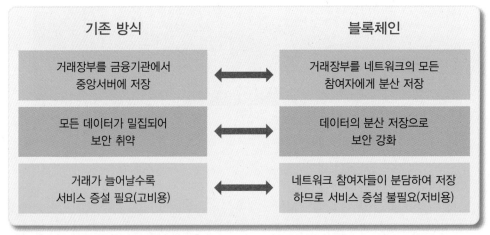

자료 : blog.naver.com

그림 9.32 기존방식과 블록체인 방식의 차이

특히 블록체인이 실시간 데이터 흐름을 제공하는 산업인터넷과 같은 첨단 기술과 결합되면, 산업 분야에 파괴적 혁신을 가져올 수 있다. 현재 공급망을 위한 블록체인 이니셔티브를 추진 중인 IBM 글로벌 비즈니스 서비스의 알제 반 오이젠(Arjeh van Oijen) 수석 컨설턴트는 다음처럼 말한다. "블록체인이 공급망 프로세스에서 조율자 역할을 할 것으로 기대합니다. 공급망에서 거래는 '사물'뿐 아니라 애플리케이션에서도 생성될 수 있습니다. 특정 계약 내용과 연동된 블록체인 거래를 기반으로, 하나의 계약은 공급망에서 어떤 다음 액션이 필요한지 스마트하게 결정하게 됩니다.”

실시간 데이터 기술과 스마트 계약이 연동되면 공급망 내 보험가입에 대한 변화가 일어날 수 있다. “보험 분야에서는 실시간 정책에 관심을 가지고 있습니다. 공급망에서 보험 가입액은 블록체인을 기반으로 추적하는 금액과 연동됩니다.” 전직 변호사이며 '에리스 인더스트리스(Eris Industries)' 사의 케이시 쿨만(Casey Kuhlman) 최고경영자의 설명이다. 에리스 인더스트리스는 스마트 계약 기술을 기업용 응용프로그램으로 개발하는 스타트업이다.

쿨만은 “공급망에서는 일반적으로 언제든 떠안을 우려가 있는 최대의 재고 분량에 대한 위험을 염두에 두고 과잉으로 보험을 드는 경향이 있습니다. 그러나 블록체인을 활용하면 변화하는 재고량을 실시간으로 추적하고, 최대 금액이 아닌 실제 재고량에 따라 보험료를 산출할 수 있을 것입니다.”라고 말한다.

■ 블록체인은 우리를 어디로 인도하는가

블록체인은 전체 프로세스를 추적할 수 있을 뿐만 아니라, 위조가 어렵다는 장점도 있다. 블록을 하나라도 변경하면 나머지 체인과 호환되지 않기 때문이다. 따라서 공급자와 감독기관은 구매처에서 적절한 환경, 건강, 안전, 노동 기준을 준수하는지 쉽게 확인할 수 있다.

식음료 산업에서 공급망 추적을 위해 에테리움의 블록체인을 활용하는 스타트업 '프로버넌스(Provenance)'의 제시 베이커(Jessi Baker) 최고경영자는 이렇게 말한다. “감독기관이 이 문제를 당장 해결할 수 있는 유일한 방법은 불시에 감사를 실행하는 것뿐입니다. 하지만 이 방식은 비용이 많이 듭니다. 또 규칙과 규정을 확실하게 알지 못하면 회계장부만 임의 추출해서 조사를 시행할 수밖에 없습니다.”

하지만 블록체인이 넘어야 할 과제도 있다. 여기에는 확장성도 포함된다. 이상적인 블록체인 구조가 되려면 네트워크 참가자가 참여하는 모든 거래와 때로는 계산까지 즉각적으로 파악할 수 있어야 한다. 따라서 처리할 수 있는 거래량이 상당히 제한될 수 있다. 이에 대한 해결책이 나오긴 했으나, 분산 또는 네트워크의 개방성 중 하나를 택하거나 둘 다를 선택하는 전형적인 타협책이었고, 그 결과 시스템에 어느 정도의 '신뢰'라는 요소를 포함할 것을 요구하게 되었다. 블록체인이 해결해야 할 또 다른 과제는, 인센티브[네트워크 보안을 위해 마이너(채굴자, Miner)가 일해야 하는 이유]와 법적 이슈(문제 발생 시 누가 책임질 것인가의 문제)이다.

자료 : blog.naver.com

⚙️ 그림 9.33　기존 금융회사가 중앙 집중형 서버에 거래 데이터를 보관하는 것과 달리, 블록체인은 거래에 참여하는 모든 사용자에게 분산 저장한다는 것이 큰 특징

마지막으로, 블록체인이 거래 과정에서 신뢰의 필요성까지 완전히 배제할 수 있는 특효약인 것은 아니다. 물론 블록체인은 데이터의 투명성, 불변성, 수학적

검증을 가능하게 해준다. 하지만 이것이 데이터 자체가 정확함을 의미하지는 않는다. 블록체인 기술이 인간과 물리적 제품으로 이뤄진 실물 경제에 적용되는 한, 불행히도 부정행위가 발생할 가능성은 없지 않다.

굽타 코디네이터는 "블록체인은 신뢰성과 투명성을 제공할 것이며, 이로 인해 사람들은 정직하게 거래할 것입니다."라고 말한다. 즉, 블록체인 기술은 부정행위를 완전히 배제할 수는 없다 해도, 부정행위의 시도를 어렵게 만든다. 중요한 것은 이 지점이다. 향후 블록체인이 실제 비즈니스에 어떻게 적용될지 그 동향에 주목해 보자.

 ## 증강현실과 가상현실, 그리고 산업 간의 융합 기술

'포켓몬 고' 현상이 신드롬이라 부를 만한 열기로 전 세계를 휩쓸고 있다. 세계 곳곳에서 포켓 몬스터를 잡으러 나선 사람들 소식이 화제가 되었고, 게임에 몰두하다 다치는 사례도 종종 발생했다. 일부 지역으로 서비스가 제한되는 한국에서는 단순히 이 게임만을 위해 속초로 떠나는 사람들로 관광 특수가 생기기도 했을 정도이다. '포켓몬 고'는 지금까지의 게임 어플과는 무엇이 다를까? 지금까지 대부분의 게임들은 게임의 특성에 따라 즐기는 사람들이 특정 그룹으로 나뉘어지고는 했다. 반면 '포켓몬 고'는 광범위한 사람들의 일상 깊숙이 스며들어 많은 변화를 일으키고 있다.

GE수석 이코노미스트 마르코 아눈지아타 역시 이 '포켓몬 고' 현상에 주목했다. 그는 출시 1주일 만에 미국 전역을 휩쓴 이 게임을 분석하면서, 특히 디지털 기술이 우리의 일과 놀이를 어떻게 바꿀 것인가에 관심을 두었다. 그가 최근에 블로그에 발표한 글을 함께 읽으면서, 이 흥미로운 게임을 미래 산업의 변화에 대한 하나의 새로운 징후로 이해해 보면 어떨까.

게임과 기술 혁신이 통합되고 있다. 이 둘이 각자의 산업 영역을 넘어서면서, 차세대 성장의 물결을 위한 새로운 동력이 될 것으로 보인다.

우리 모두는 노는 것을 좋아한다. 최근의 '포켓몬 고' 광풍을 조명한 보고서를 보자. 셀 수 없이 많은 사람들이 뉴욕 센트럴 파크와 샌프란시스코 거리를 돌아다니며 우스꽝스럽게 생긴 생명체를 잡으러 다니는 것을 보게 된다.

자료 : thegear.co.kr

🔩 그림 9.34 전 세계적인 돌풍을 일으켰던 증강현실(AR) 게임 '포켓몬 고'

이처럼 놀라운 '포켓몬 고'의 성장세를 보면, 디지털 혁명이란 일과는 관계없이 오직 노는 것에만 연관되고, 생산성이나 경제 성장에는 어떠한 영향도 주지 않은 게임이나 소셜미디어와 관련된 것일 뿐이라는 시각이 옳다는 생각이 들 수도 있다.

기술에 회의적인 다수의 경제학자들도 이미 포켓몬의 마성에 빠져 야외에서 이 게임을 즐기고 있을 것으로 확신한다. '포켓몬 고'는 모빌리티, 즉 이동성이 전부인 게임인 것이다.

당신이 도심이나 공원, 해변을 거닐면, 스마트폰 카메라가 주변 환경을 기반으로 만들어내는 증강현실(Augmented Reality ; AR) 화면을 통해, 실제 현실 속 나무나 공원 벤치에서 당신을 지켜보는 가상의 생명체를 발견하게 된다.

자료 : zdnet.co.kr

🔩 그림 9.35 '포켓몬 고' 스크린샷

'포켓몬 고'는 출시 1주일 만에 증강현실(AR) 기술을 우리 모두에게 각인시켰다. 증강현실이란 '가상의' 물체를 우리가 사는 주변 세상의 일부로 만드는 디지털 기술이다[우리를 다른 세상에 몰입시키는 기술인 가상현실(Virtual Reality ; VR)과는 다르다]. 이 새로운 앱은 컴퓨터의 성능과 빅 데이터, 위치정보 소프트웨어의 발전을 이끌어내어 우리가 세상을 인식하고 경험하는 방식을 변화시키고 있다.

말 그대로 '포켓몬 고' 앱은 게임 체인저다.

■ 증강현실은 게임에만 적용되는 것이 아니다

제트엔진을 유지 보수하거나, 수리해야 하는 상황을 가정해 보자. 이러한 작업은 쉽지 않다. 하지만 어떤 작업을 수행해야 하는지 시각적으로 알려주는 웨어러블 디바이스가 있어서, 음성 명령에 따라 단계별로 작업 공정을 안내해 준다면 어떨까?

또, 해상에서 원유시추를 위한 구조물에 설치된 복잡한 기계류의 정비나 수리를 해야 한다고 생각해 보자. 아무리 똑똑하고 경험이 많은 작업자라고 해도, 머릿속에 모든 기술적인 세부사항을 다 숙지하고 있을 수는 없다. 이런 상황에 대응하기 위해 두꺼운 현장 정비 매뉴얼 여러 권을 챙겨가야 할 수도 있다. 하지만 특수한 태블릿을 챙겨가 카메라를 장비에 갖다 대면, 태블릿이 기계가 무엇인지 확인하고, 기계를 열지 않아도 내부를 보여주며 어떤 작업이 필요한지 알려주는 것은 어떨까.

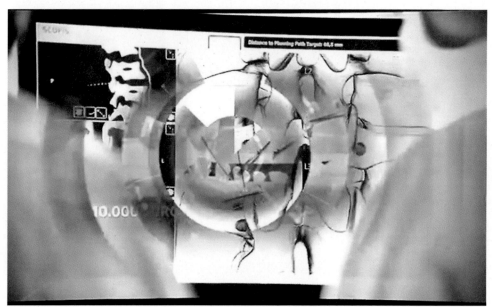

자료 : susuhan104.tistory.com

⚙ 그림 9.36 증강현실이, 의료기술과 만나 척추수술용 AR 플랫폼으로

GE를 비롯한 기업들은 이런 종류의 산업용 AR 애플리케이션을 개발하여, 업무를 좀 더 생산적이고 안전하며 조금이라도 더 재미있게 만들고자 노력 중이다. 가상현실 기술 역시 증강현실 기술처럼 혁신적인 도약이 이루어지고 있다. 이제 가상현실은 너무나도 현실적이어서 사람의 감각을 거의 압도할 수 있을 정도로 훌륭한 몰입 경험을 제공할 수 있다.

가상현실 기술로 공장 전체의 작업공정을 시뮬레이션할 수도 있다. 현존하는 공장의 데이터를 활용해 가상현실에서 실제와 다른 조건을 적용했을 때, 기술적인 문제로 생길 영향을 파악하거나, 급작스런 수요 폭증 등으로 인한 시장조건 변화를 시뮬레이션할 수도 있다. 이처럼 가상현실은, 작업 흐름이 어떤 방식으로 반응하는지 볼 수 있도록 하여 이전까지 예측하지 못했던 문제점을 발견할 수 있게 하고, 생산 공정을 더 안전하고 효율적으로 만들 수 있는 방법을 찾을 수 있도록 지원한다.

자료 : blog.skhynix.com

🔩 그림 9.37 현실세계와 가상세계의 만남, 융합현실!

■ AR/VR 기술은 생산성의 변화를 이끌어낼 수 있을까?

변화는 이미 진행 중이다. 증강현실과 가상현실은 디지털 산업 세계의 다양한 분야에서 상당한 수준의 효율성 향상을 이끌어내는 데 도움을 주고 있다. 효율 향상을 이끌어내면서도 재미를 그대로 유지할 수 있을까? 뛰어난 온라인 게임 역량을 전 세계 전력망 현대화에 활용 중인, 클라우디오 카르넬리(Claudio Cargnelli)에게 물어 보는 편이 좋을 듯하다.

'게이미피케이션(Gamification)'이라는 단어는 정말 멋이라고는 찾아볼 수 없는 말이지만, 참으로 적절한 표현이라는 점은 부인할 수 없다. 디지털과 산업은 점점 융합하여 하나가 되고 있다. 게임과 기술 혁신이 융합되고 있으며, 이러한 혁신이 산업 전반에 걸쳐 확장됨에 따라 차세대 경제 성장을 이끌어 나갈 것이다.

 과거의 공장이 미래의 데이터 센터로

과거의 공장은 작업자가 작업지시서를 처리하고 빵을 굽고 성경책을 인쇄하던 곳이었다. 하지만 이제 이 공장들은 데이터센터로 변모하고 있다. 과연 정보 기반의 경제가 도래하면, 도시는 어떻게 변화할까?[3]

오늘날 우리는 데이터 기반 시대에 살고 있다. 소셜미디어, 스마트 도시, 사물인터넷 등에 이르기까지 이제는 일상의 세부적인 부분에서도 방대한 정보가 생성된다. 그 결과 비즈니스, 정부, 심지어 연애에 이르기까지 모든 측면에서 대변혁이 일어났다.

사람들은 빅 데이터 시대의 새로운 것에만 관심을 집중하는 경향이 있다. 그러나 사실 우리의 디지털 현재는 과거의 산업과 깊은 연관이 있다. 시카고에서는 도시의 산업용 건물들이 데이터산업의 니즈를 충족하기 위해 변모해가는 모

---

3) 이 글을 쓴 그레이엄 피크렌(Graham Pickren)은 루즈벨트 대학교에서 지속가능성 연구 조교수로 재직 중이다.

자료 : m.post.naver.com

그림 9.38 1949년 R.R. 도넬리&선스 컴퍼니 인쇄기 #D2

습을 볼 수 있다. 한때 작업자들이 작업지시서를 처리하고 빵을 굽고 시어스 (Sears)의 카탈로그를 인쇄하던 공장 건물들이 이제는 넷플릭스(Netflix)의 동영 상을 스트리밍하거나 금융 거래를 위한 서버 호스팅을 위해 활용되고 있다.

이런 건물들은 미국 경제의 변화를 몸소 겪어온, 일종의 목격자와도 같다. 현 장에서 이러한 변화를 관찰한다면 물리적 영역에서 데이터가 존재하는 방식을 제대로 이해할 수 있다.

우리는 '정보 기반 경제의 도래가 도시의 물리적, 사회적, 경제적 발전과 어떤 관계가 있는가'라는 새로운 질문에 답을 해야 한다. 산업의 쇠퇴는 사실 새로운 성장에 필요한 최적의 조건을 조성하기도 한다. 그러나 이렇게 이룬 성장의 혜 택을 도시의 모든 시민이 누리지 못할 수도 있다.

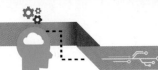

■ '21세기형 공장'

데이터센터는 21세기형 공장으로 묘사되어 왔다. 데이터센터에는 디지털 정보를 저장하고 처리하는 서버가 구축되어 있다. 흔히 '클라우드'에 데이터를 저장한다고 하는데, 실제로는 바로 이런 데이터센터에 저장되는 것이다.

'클라우드'라는 용어에서 오는 일시적이고 가벼운 느낌과는 달리, 데이터센터는 사실 놀라울 만큼 에너지 집약적이고 자본집약적인 인프라다. 서버는 엄청난 양의 전력을 소모하고, 발열량도 상당하여 서버 가동을 유지하려면 냉각 시스템에 막대한 투자가 필요하다. 이런 설비는 정보를 전달하는 광섬유 케이블에 연결되어 있어야 한다. '초고속 정보통신망'에서 '초고속'을 담당하는 이 케이블은 주로 실제 도로나 철도망이 형성되어 있는 통행로를 따라 매설되어 있다. 즉, 인터넷 통로가 과거의 교통 발전 결과에 의해 형성된다는 의미다.

정보 기반 경제는 제조 기반 경제와 마찬가지로, 여전히 인간이 구축한 환경을 필요로 한다. 데이터 산업에서는 전기 공급 능력, 공장 단지, 광섬유 케이블 연결, 고객이나 타 데이터센터와의 근접성 등을 갖춘 기존 장소를 최대한 활용하는 것이 입지 전략에서 핵심이 되는 경우가 많다.

■ 아날로그에서 디지털로

이러한 입지 전략을 실행에 옮길 때, 이전 시대의 니즈를 충족하기 위해 구축된 인프라를 현재 데이터 분야의 용도에 맞게 개조한다는 점이 매우 흥미롭다.

시카고의 사우스 루프(South Loop) 지역에는 과거 R.R. 도넬리&선스 컴퍼니(R.R. Donnelley & Sons Company)의 인쇄공장으로 활용되던 건물이 있다. 한때 미국 최대 인쇄업체였던 이 회사는 성경책부터 시어스 카탈로그까지 거의 모든 종류의 인쇄물을 담당했다. 현재 이곳은, 세계 최대 데이터센터 중 하나이자 일리노이 주에서 두 번째로 전력 소비가 많은 레이크사이드 기술센터(Lakeside Technology Center)가 사용하고 있다.

고딕 양식의 이 8층 건물은 대형 데이터센터의 니즈에 적합하다. 무거운 인쇄물을 이층 저층으로 옮기는 데에 사용되던 수직 운반 시설은 이제 광섬유 케이블 설비를 건물 내로 움직이는 데에 활용되고 있다. 철도를 따라 매설된 외부의 케이블이 공장 내부로 이어진 것이다. 인쇄기 무게를 견딜 수 있도록 건축된 튼튼한 바닥은 서버 장비 선반들을 지지하기 위해 쓰인다. 아날로그 시대의 정점을 경험했던 건물이 글로벌 금융 네트워크의 핵심 노드(Node)로 활약하는 것이다.

자료 : gereports.kr

🔧 그림 9.39 과거 R.R. 도넬리&선스 컴퍼니의 인쇄공장이었던 건물에 이제는 레이크사이드 기술센터가 들어섰다.

레이크사이드 기술센터에서 남쪽으로 몇 마일 떨어진 워싱턴 파크 사우스 사이드 지역에는 슐츠 베이킹 컴퍼니(Schulze Baking Company) 건물이 있다. 버터넛 빵으로 유명했던 슐츠 베이킹 컴퍼니가 사용하던 이곳은 5층 테라코타 건물인데, 현재 미드웨이 기술센터(Midway Technology Center)라는 데이터 센터로 개조 중이다. 사우스 루프의 인쇄공장처럼 슐츠 베이킹 컴퍼니 건물도 데이터 산업에 유용한 특성을 갖추었다. 무거운 하중을 견딜 수 있는 바닥이 튼튼하고,

자료 : gereports.kr

그림 9.40 2016년의 슐츠 베이킹 컴퍼니 내부. 기존 설비의 연결 부분이 보인다.

제빵 오븐의 열을 식히기 위해 설치한 미늘살(Louvered) 창은 서버 냉각에 적절하게 활용될 수 있기 때문이다.

슐츠 베이킹 컴퍼니 건물은 건물 자체만 매력적인 것이 아니라 입지 또한 최적화되어 있다. 슐츠 건물 개조 프로젝트의 한 관계자는, 최근 몇 십 년 사이 주변 지역이 탈공업화되고 대형 공영주택 사업이 완료되면서 근처 여러 변전소에 잉여 전력이 많아 데이터센터의 니즈를 충족시키기 적합하다고 설명했다.

산업용 건물을 개조하여 재사용하는 사례는 무궁무진하다. 과거 시카고 선 타임스(Chicago Sun-Times)의 인쇄 시설이던 건물도 지난해 초 약 3만 제곱미터 넓이의 데이터센터로 개조되었다. 한 대형 데이터센터 기업에서는 모토로라(Motorola)의 사무실이자 TV 공장이던 교외의 건물을 매입했다. 미국에서 가장 화려한 부동산 포트폴리오를 보유하고 있으며 한때 유통업계의 공룡으로 군림

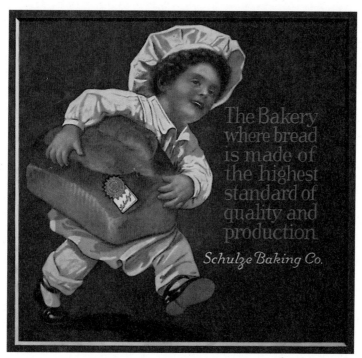

자료 : gereports.kr

🔩 그림 9.41 슐츠 베이킹 컴퍼니 광고

했던 시어스(Sears)는 자사 매장 건물 중 일부를 데이터센터로 개조하는 부동산 담당 부서를 신설하기도 했다. 아마존(Amazon)은 비스킷 공장으로 사용되던 아일랜드의 건물을 데이터센터로 개조하고 있으며, 뉴욕에서는 20세기 근대화의 양대 산맥이라 할 웨스턴 유니온(Western Union)과 항만 공사(Port Authority)의 과거 건물들이 이제는 세계 최대 수준의 데이터센터로 변모하고 있다.

이런 사례에서 우리는 도시 개발의 흥망성쇠를 볼 수 있다. 특정 산업이나 특정 지역이 쇠퇴해도 인프라의 일부는 가치를 유지한 채 남아 있다. 이는 곧 영리한 투자자들이 활용할 수 있는 미래의 기회가 된다.

■ 데이터센터와 공공정책

데이터로 가득한 일상이 물리적·사회적 환경을 변화시키는 트렌드에서 우리가 얻을 수 있는 더욱 폭넓은 교훈은 무엇일까?

첫째로 노동과 고용의 문제를 들 수 있다. 데이터센터는 세수가 발생하지만 고용 직원 수가 적다. 따라서 워싱턴 파크 같은 지역으로 데이터센터가 이동한다 해도 지역 경제에 그리 큰 영향을 미치지 못할 것 같다. 데이터센터가 '21세기형 공장'이라면, 근로자층에게 어떤 의미가 될 수 있을까?

데이터센터는 기계학습(머신러닝) 같은 혁신에 매우 중요한 요소인데, 이런 혁신은 고숙련, 저숙련 작업자 대다수의 반복업무를 자동화하면서 위협으로 작용한다. 일례로 미국의 일자리 중 약 47%는 자동화될 위험에 처해 있다. 그러나 대신, 반복적이지 않은 업무로 자동화하기 어려운 고숙련 및 저숙련 일자리가 증가하고 있다. 일부 직업에서는 데이터센터의 도움으로 작업자가 반복 업무에서 해방되어 다른 업무에 집중할 수 있게 될 것이다.

반면 지금껏 수많은 사람들에게 중산층으로 올라설 기회를 주었던 제조 부문의 일자리는 감소하고 있다. 데이터센터는 이런 경제 변화를 상징한다. 데이터 관리의 업무 위탁과 자동화로 일자리가 사라지고 있기 때문이다.

따라서 이런 변화가 근로 계층에게 시사하는 의미에 관한 질문은, 자동화와 소득양극화의 관계에 대한 중대한 문제를 의미한다. 이론경제학자 조지프 슘페터

(Joseph Schumpeter)의 말을 빌면 결국 데이터센터는 창조자이자 파괴자다.

둘째, 데이터센터로 인해 지방 정부의 공공정책에 딜레마가 발생한다. 세계의 공무원들은 열성적으로 데이터센터 개발을 활성화하고 있다.

데이터센터 신설을 촉진하기 위해 정부에서는 관대한 세금 정책으로 유도하는 경우가 많다. 2016년 AP(Associated Press)의 보도에 따르면 미국의 주 정부들이 지난 10년간 전국적으로 수백 개의 데이터센터 설립 프로젝트를 추진하기 위해 확대한 세금 정책의 규모는 약 15억 달러에 달한다. 예컨대 오리건 주는 데이터센터를 대상으로 관련시설, 장비 및 고용에 관한 재산세를 최대 5년간 경감해주는 법을 제정하였으나 이를 통해 창출된 일자리는 단 1개에 불과했다. 이런 정부 보조금의 비용과 이점에 대한 체계적인 연구도 진행된 바 없다.

자료 : brunch.co.kr

🔩 그림 9.42 애플, 새로운 미국 데이터센터 아이오와에 건립

이 글을 쓴 지리학자인 그레이엄 피크렌은 철학적으로는, 어느 시공간에서든 자본주의적 개발은 선천적으로 평등하지 않다는 이론을 제시한 데이비드 하비(David Harvey)나 닐 스미스(Neil Smith) 같은 학자에게서 많은 영향을 받았다.

호황과 불황, 성장과 쇠퇴는 동전의 양면과 같다.

여기서 시사하는 바는, 현대의 니즈를 충족하기 위해 구축하는 환경은 언제나 일시적이라는 점이다. 버터넛 빵의 향은 한 세기 가까운 세월에 걸쳐 워싱턴 파크 지역 일상의 한 부분을 대변했다. 오늘날 데이터 산업이 지배적인 영향력을 미치며 산업의 니즈를 충족할 환경을 구축하고 있다. 그러나 이렇게 구축된 환경은 영구적이지 않으며, 미래에 어떤 상황이 전개될지 예측하기는 어렵다. 도시의 앞날에 어떠한 미래가 펼쳐지든, 한 가지 확신할 수 있는 점이 있다면 미래는 과거를 반영한다는 사실이다.

9 GE의 신임 이사회 의장 및 최고경영자에 존 플래너리 GE헬스케어 사장 및 CEO 선임

존 플래너리 GE헬스케어 사장 겸 최고경영자가 2017년 8월 1일자로 GE의 신임 최고경영자(CEO)로 선임되었다. 제프 이멜트 회장 겸 CEO는 퇴임하는 2017년 12월 31일까지 이사회 의장직을 유지하며 존 플래너리 신임 CEO는 2018년 1월 1일부터 GE의 이사회 회장(의장) 겸 CEO가 된다.

이멜트 회장은 "존 플래너리 신임 CEO는 GE를 이끌어갈 적임자다."라며, "다양한 사업 분야와 여러 번의 경기 변동, 그리고 전 세계 지역에서 오랜 기간 동안 폭넓은 경험을 보유하고 있다. 지금까지 괄목할 만한 성과를 거두며 GE의 핵심 사업을 이끌었다. 무엇보다도 그는 강력한 리더십을 소유한 인물이다. 그는 탁월한 판단력과 탄력성을 지니고 학습하는 리더이자 훌륭한 팀을 만들고, 강인한 의지를 가진 경쟁력 있는 경영자다. 투자자, 고객, GE 임직원들의 신뢰를 얻을 것이다."라고 말했다.

GE 이사회의 잭 브레넌(Jack Brennan) 수석 사외이사는 "역동적인 글로벌 시장 환경 속에서 기술과 운영 역량이 끊임없이 요구되는 현 시대에 GE를 이끌어갈 리더로 존 플래너리 신임 회장만한 인물이 없다. 그는 탁월한 경험과 역량을

✿ 그림 9.43 존 플래너리

보유한 리더다."라고 말했다.

또, 제프 본스타인(Jeff Bornstein) GE의 최고재무책임자(CFO)가 부회장으로 승진했으며, GE헬스케어 신임 사장 겸 CEO로는 키어란 머피(Kieran Murphy) GE헬스케어의 라이프사이언스 사장이 승진했다.

2017년 현재 55세인 플래너리 신임 CEO는 1987년 GE의 재무 부문에서 경력을 시작했다. 이후 경력의 절반 가량을 미국 이외의 지역에서 쌓았으며, GE헬스케어, GE인도 그리고 알스톰(Alstom)의 에너지 및 그리드 사업을 성공적으로 인수한 전사 사업개발 팀 등 여러 사업을 이끌었다. 또 GE캐피탈의 2,000억 달러 자산 매각 전략, 2014년 싱크로니 파이낸셜(Synchrony Financial)의 기업공개(IPO), 2016년 완료된 GE어플라이언스 매각 등을 지원했다.

2005년 플래너리 신임 CEO는 GE캐피탈의 아시아 태평양 지역을 총괄하며, 일본에서 100%, 한국에서 30%, 호주에서 25%의 이익을 신장시켰다. 2009년에는 인도로 옮겨 GE인도를 이끌면서 지도부 역량을 업그레이드하고 기업 문화를 구축했다. 2011년에 인도에서 산업 부문 매출을 50% 성장시켰다.

플래너리 신임 CEO는 2014년부터 GE헬스케어를 턴어라운드시켰다. 조영제, 디지털 플랫폼 및 솔루션, 생명과학 및 세포치료 분야의 기술 리더로 포지셔닝하고, 신흥시장의 헬스케어 공급자들에게 혁신적 기술을 공급하는 SHS라는 조직을 신설했다. 2016년 GE헬스케어의 유기적 매출은 5% 성장시켰다.

자료 : gereports.kr

♤ 그림 9.44 위기의 GE 구원 등판한 플래너리

존 플래너리 신임 CEO는 "이번 발표는 내 경력에서 최고의 영예다."라며, "현시대의 가장 훌륭한 비즈니스 리더 중 한 명인 이멜트 회장과 지난 16년 동안 함께 일했던 것은 영광이었다. 이멜트 회장은 GE의 사업 포트폴리오를 혁신하고 회사를 세계화시켰다. 또, GE를 디지털과 적층제조 분야를 선도하는 기업으로 포지

셔닝하고 미래 비전을 창조했다. 향후 몇 개월 동안, GE의 다음 단계를 결정하고
자 투자자, 고객 및 직원들의 의견을 경청하는 데 주력할 것이다."라고 밝혔다.

이멜트 회장은 전력, 항공, 운송, 헬스케어, 석유와 가스 같은 주요 시장을 겨
냥해 그 어느 때보다 단순하고 강력한 디지털 산업 포트폴리오로 GE의 사업 구
조를 성공적으로 변모시켰다. 이멜트 회장의 리더십 아래, GE는 2015년부터 GE
캐피탈의 2,600억 달러 상당의 자산 매각을 완료했고, 세계적인 에너지 기업 알
스톰을 인수했으며, GE오일앤가스와 베이커 휴즈의 합병을 발표했다. GE어플
라이언스, NBC유니버설, GE플라스틱 등 기존 사업을 매각했다. 이외에도, GE의
수주 잔고를 3,200억 달러 규모로 늘렸고, GE의 거대한 규모를 활용한 GE스토어
를 구축해 성장을 주도했으며, 700억 달러의 글로벌 수주, 550억 달러 이상의 서

자료 : economyplus.chosun.com

✿ 그림 9.45 16년 만에 CEO 교체

비스 수주를 달성했다. 재임기간 동안 GE의 산업 부문 이익은 거의 두 배 증가했고 주당 영업이익(Operating EPS)은 약 50% 상승했다. 투자자들에게 배당금으로 1,430억 달러를 지급했는데, 이는 GE 역사상 최대 규모였다.

이멜트 회장은 GE의 포트폴리오 혁신, 비극적인 9·11 테러, 에너지와 연금 버블, 글로벌 금융 위기 그리고 유가 변동 등의 어려운 환경에서도 GE를 훌륭하게 이끌었다. 미래지향적인 사업을 구축하고 기업문화를 강화시켰다. 오늘날 GE는 산업계에서 가장 중요한 2대 혁신인 산업인터넷과 적층제조(3D프린팅) 분야의 선두주자로 자리잡았다. 세계 10대 브랜드이며, 〈포춘〉이 선정한 세계에서 가장 존경받는 기업 7위, 그리고 리더를 위한 최고의 기업이다.

이멜트 회장은 재임기간 전 세계 수천 명의 GE 직원을 만나고, 쉴 틈 없이 기업 문화를 간소화하고 기업가 정신을 촉진시켰다.

2017년 이후 GE의 운영 계획에 대한 기본 틀은 변함없다.

⑩ 산업용 클라우드 시장을 위해 GE와 MS가 손을 잡다

2017년 11월 30일부터 GE의 산업인터넷 소프트웨어 플랫폼 프레딕스(Predix)를 사용하는 북미지역의 고객과 개발자들은 마이크로소프트의 기업용 클라우드인 애저(Azure)에서 산업용 애플리케이션을 개발할 수 있게 된다. 이에 대해 케빈 이치푸라니(Kevin Ichhpurani) GE디지털 생태계 및 채널 담당 부사장은 "시장을 리딩하는 두 리더의 만남과 협력으로 산업인터넷의 채택이 가속화될 것입니다. 이는 고객을 위한 가장 큰 가치 동인 중 하나입니다."라고 설명한다.

존 플래너리(John Flannery) GE 회장과 사티아 나델라(Satya Nadella) 마이크로소프트 CEO는 지난 2017년 10월 말 샌프란시스코에서 개최된 Minds + Machines 2017 컨퍼런스에서 이번 협력 내용을 발표했다. 플래너리 회장은 "더 이상 기계를 만드는 것으로 충분하지 않습니다. 기계만 만드는 기업은 생존하지 못할 것입니다."라고 언급했다.

제트엔진, 가스터빈 및 기관차를 산업인터넷에 연결하여 생산성을 향상시키고, 이를 효과적으로 활용하여 향후 몇 년 동안 전 세계 GDP가 10~15조 달러 더 증가할 것으로 전문가들은 예측한다.

자료 : gereports.kr

🔧 그림 9.46 존 플래너리 GE 회장과 사티아 나델라 마이크로소프트 CEO

"우리는 생산성 곡선을 향상시키고자 합니다. … (산업기업 고객들은) 제트엔진, 엘리베이터 같은 제품들의 디지털화를 추진하고 있습니다. 기계를 운전하지만 그 기계와 통신할 수는 없습니다. 그것이 어떻게 사용되고 있는지에 관한 통찰을 얻을 수 없다는 것은 과거의 일입니다."라고 케빈 달라스(Kevin Dallas) 마이크로소프트 지능형 클라우드 사업개발 담당 부사장은 설명한다.

마이크로소프트의 달라스 부사장은 애저(Azure)에서 만들어진 프레딕스 앱으로 얻어진 통찰을 통해 사용자가 제품을 개선하고 작업을 최적화하며 직원의 역량을 강화하고 고객과의 의사소통을 향상시킬 수 있다고 말한다.

GE의 이치푸라니 부사장은 "프레딕스 개발자들은 전 세계에 위치한 애저

(Azure) 데이터센터 네트워크를 활용할 수 있을 것이며, 고객은 실시간 데이터로 작업하고 다른 플랫폼으로 전환하지 않고도 앱을 구축할 수 있는 '인스턴트 액세스' 기능을 사용할 수 있습니다."라고 설명한다.

2016년 GE가 마이크로소프트와의 파트너십을 발표한 이래, 고객들은 프레딕스와 애저(Azure)와의 긴밀한 통합을 요구해왔다고 이치푸라니 부사장은 설명한다. 프레딕스를 사용하는 많은 기업들은 이미 오라클(Oracle), SAP 등 애저(Azure) 클라우드에서 기업 소프트웨어를 실행하고, 데이터를 저장하고 있으며, 앞으로는 같은 클라우드에 존재하게 되는 것이다.

마이크로소프트의 달라스 부사장은 이렇게 설명한다. "솔루션에는 마이크로소프트 오피스와 원활하게 연결될 뿐만 아니라 SAP를 사용할 수 있는 기존 비즈니스 응용프로그램 등과도 쉽게 연동되는 최적의 커넥터가 존재합니다. 그러나 GE와 마이크로소프트의 협력은 앱, 제품 및 효율적인 데이터 통합을 넘어선 것

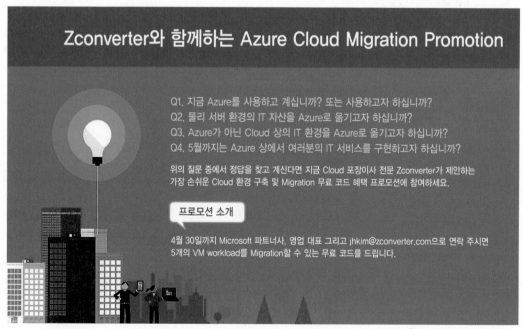

자료 : news.microsoft.com

그림 9.47 애저 데이터센터 오픈 기념 마이그레이션 프로모션

자료 : m.blog.naver.com

 그림 9.48 MS의 사티아 나델라 CEO와 GE의 제프리 이멜트 회장이 캐나다 토론토에서 열린 MS 월드와이드 파트너 컨퍼런스에서 전략적 제휴를 발표했다.

입니다. 바로 이 부분이 이 파트너십의 매우 독특한 요소입니다. 석유 및 가스, 운송, 에너지 및 의료 분야의 많은 GE 고객은 마이크로소프트의 고객이기도 합니다. 파트너십의 목적은 함께 시장에 나가는 것입니다."

11 4차 산업혁명의 핵심 – IoT 기술의 선두주자 GE

거대 소프트웨어 기업들이 산업인터넷과 소비자인터넷 분야에서 어떻게 성공할 수 있을까? 정답은 사물인터넷(Internet of Things ; IoT)에 있다.

요즘 사람들은 일상에서 디지털 기술에 푹 빠져 있다. 이제 디지털은 일상생활에서 필수적인 존재다. 디지털 기술로 우리가 실제 살아가고 있는 물리적 세계와 연관된 의사결정을 내린다. 온라인 쇼핑을 하고, 가상의 디지털 조언자에게 질문을 하며, 매우 어려운 문제를 해결하기 위해 슈퍼컴퓨터에 의존한다. 아날로그 인간이지만, 우리는 이미 디지털화되었다. 항공기 엔진, 기관차부터 발전소 터빈, 그리고 의료용 영상장비 시스템에 이르기까지 모든 것들을 생산하는 거대 인프라 제조기업인 GE 역시도 디지털화되었다.

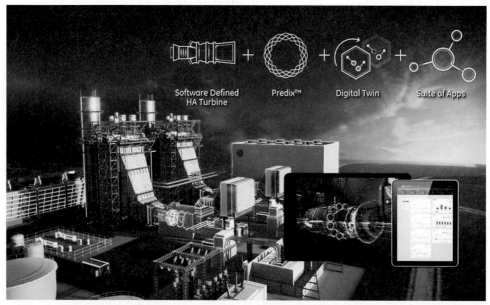

자료 : gereports.kr

🔧 그림 9.49 GE 디지털 파워플랜트 솔루션

GE의 디지털 변혁 과정을 보면 급변하고 폭넓게 변화하는 기술 기반 사회에 무엇이 필요한지를 예측하는 데 큰 도움이 된다. 몇 년 전만 해도, 사람들은 GE를 지멘스나 UT(United Technologies) 등의 산업기업과 주로 비교하곤 했다. 하지만 이제는 더 이상 그렇지 않다. 2020년까지 소프트웨어 탑 10 기업이 될 것이라고 선언한 GE는 우리의 생활 방식을 바꿔온 아마존, 마이크로소프트, 구글,

IBM 같은 거대 인터넷 및 소프트웨어 기업들과 비교되기 시작했다.

GE는 산업인터넷이라고 부르는 거대한 생태계로 물리적인 세계와 디지털 세계를 융합하는 기업으로 전환 중인데, 앞서 언급한 기업들과는 접근법이 매우 다르다. 구글은 검색으로, 아마존은 온라인 쇼핑과 AWS 클라우드 서비스로 기업을 성장시켰는데, GE는 무엇으로 기업을 성장시키고 있을까? GE는 프레딕스(Predix)라는 클라우드 플랫폼에서 여러 산업에서 활용되는 기계와 프로세스의 디지털 트윈(Digital Twin)을 구축한다. GE의 프레딕스 플랫폼은 거대한 산업용 사물인터넷을 염두에 두고 설계된 것이다. 대량의 데이터를 수집하고 분석하여 사람과 사물을 연결하는 것에서 가치를 창출하는 소비자인터넷과는 달리, 산업인터넷은 무한히 많은 산업 관련 데이터 속에서 특정한 비즈니스 결과를 도출해야 한다.

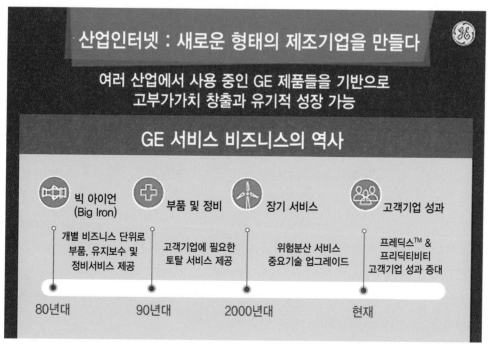

자료 : gereports.kr

⚙️ 그림 9.50 GE산업인터넷 플랫폼, 프레딕스™

즉, 고객이 수백만, 혹은 수십억 달러의 가치를 창출해낼 수 있도록 "짚 더미 속에서 바늘을 찾아"내는 것과 같다. 다만, 그 바늘을 찾아내기 위해서는 먼저 어느 곳을 둘러봐야 할지를 알아야만 하고, 어느 곳을 둘러볼지 알려면, 기계나 프로세스의 모든 측면을 꿰뚫고 있어야만 한다.

어느 곳을 둘러본다는 말은 어떤 의미일까? 구글과 아마존을 한 번 살펴보자. 구글에서는 매일 천만 건의 광고가 클릭되며, 아마존에서는 매년 50억 개의 상품이 판매된다. 이 두 경우 모두, 빅 데이터가 수집되고 분석되어 더욱 만족스러운 결과를 제공하는 데 사용된다. 구글은 광고를 활용해 검색엔진 데이터로 소비자와 판매자를 연결하여 양쪽 모두에게 이득이 될 수 있도록 한다. 아마존은 온라인 고객을 통해 얻은 빅 데이터로 소비자가 관심 있어 하는 제품을 보여준다. 빅 데이터에 근간한 이런 비즈니스 모델은 구글과 아마존 모두를 성공적으로 이끌었다.

GE의 고객기업 한 곳이 보유한 모든 항공기의 전체 비행경로를 1년 동안 관리한다고 가정하면, 얼마나 많은 이벤트를 관리해야 할까? 여러분은 천문학적으로 많은 이벤트를 다루어야 할 것이라고 생각할 것이다. 하지만 그렇지 않다. 물론 1년 동안 항공기 운항에서 발생하는 실제 데이터의 양은 소비자인터넷에서는 볼 수 없는 엄청나게 큰 분량이다. 다만, 우리가 실제로 신경 써서 다루어야 할 이벤트의 수는 사실 매우 적다. 백만 회 비행당 29건 정도에 불과하다. 바로 이점이 산업의 세계에서 소프트웨어를 다룰 때 만나게 될 근본적인 난제다. 어디를 둘러봐야 할지 정확히 알지 못하면 길을 잃고 헤맬 뿐만 아니라 고객이 원하는 결과도 절대 얻어낼 수 없게 된다.

GE와 다른 몇몇 기업들이 산업인터넷에서 얻으려는 것들은 소비자 시장에서 추구하는 것과는 다르다. 소비자 시장에서 얻어진 데이터가 특정 인물이나 세그먼트가 원하는 것을 나타낸다면, 산업 데이터는 우리가 원하지 않는 것들을 의미한다. 즉, 사건이 발생하기 전 문제를 찾아내 고객이 수백만, 혹은 수십억 달러를 낭비하는 것을 막아낸다는 것을 의미한다.

좀 더 상세히 설명해 보자. 위에서 언급한 29건의 이벤트는 항공사가 항공기를 정비창으로 불러들일 만한 상황을 일으킬 수 있는 이슈를 의미한다. 예를 들어, 항공기 엔진의 블레이드에는 파쇄(Spallation)라고 부르는 현상이 발생할 수 있는데, 이는 부품의 재료가 부식하는 현상이다. 이런 현상은 중동 지방처럼 모래 바람이 부는 지역에서 발생할 수 있다. 수십 년간 제트엔진 사업에 참여한 경험이 있고, 여러 고객들과 깊은 관계를 맺고 있는 GE는 이러한 파쇄 현상에 대해 잘 알고 있으며 또 제대로 이해하고 있다.

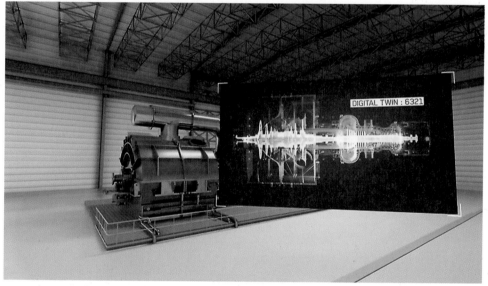

자료 : supermap.co.kr

🛠 그림 9.51 GE D11 Steam Turbine의 디지털 트윈

GE에서는 사실 제트엔진의 디지털 트윈이라 부를 수 있는 모델을 만들어 이 현상을 디지털로 재현하고, 그 결과를 분석해 언제 엔진 블레이드가 부식될지를 더욱 정밀하게 예측하고 고객기업에 문제가 발생하기 이전 이를 통보하여 미리 정비를 받을 수 있도록 조언을 제공할 수 있다. 결과적으로 급작스럽게 항공기 운항이 중단하게 되는 상황으로 이어지는, 비정기적인 정비 이벤트의 발생가능성을 상당히 줄일 수 있다. 항공사의 금전적 손실을 방지하고 탑승객들이 운항 지연을 경험하는 상황을 회피할 수 있는 것이다.

방금 전 들었던 예시에서, 다른 제트엔진 제조사들 역시 동일한 지식 기반을 보유하고 있다고 반박할 수도 있을 것이다. 하지만 이 업체들은 GE가 지난 10여 년간 소프트웨어에 투자한 것만큼 투자를 하지 않았다. 실리콘 밸리의 비즈니스 리더들도 이미 잘 알고 있듯이, GE는 샌프란시스코 베이(Bay) 지역에서 큰 영향력을 드러내기 시작했다. GE는 소프트웨어 분야에 10억 달러가 넘는 금액을 투자해왔으며, 전 세계에 걸쳐 14,000여 명의 소프트웨어 엔지니어들과 과학자들을 매우 짧은 기간 안에 키워냈다. 캘리포니아 샌 라몬(San Ramon)에 위치한 GE 디지털 본사에는 1,400명 이상의 직원이 근무하고 있으며, 전 세계에 수천 명의 직원들이 일하고 있다. 여기에 시카고, 시애틀, 파리, 두바이에 신규 사무실을 개설하여 수백 명의 직원을 추가로 더할 예정이다.

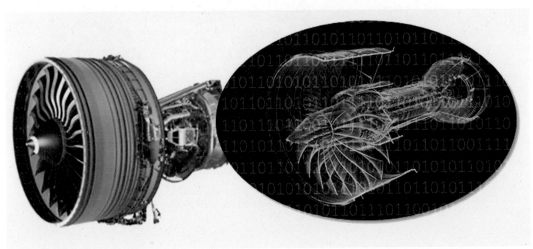

자료 : gereports.kr

🔧 그림 9.52 GE항공의 제트엔진과 디지털 트윈

다른 측면에서 보자면, GE가 어떻게 소프트웨어 분야에 도전하고 키워나갈 수 있을지에 대해 의문을 가질 수 있다. 다시 한 번 설명을 하자면, 산업인터넷에서 가치를 창출해내기 위해서는 물리적 영역에 전문성을 갖고 있는 매우 다른 성격의 소프트웨어 기업이 필요하다. 물론, 산업 기업이 가진 데이터를 소프트웨어 기업에게 넘겨줄 수도 있다. 하지만 어느 곳을 들여다봐야 하는지 모르고, 전문 지식 없는 소프트웨어 기업이라면 고객들이 기대하는 수준의 결과물을 얻기란 매우 어려울 것이다.

자료 : ciokorea.com

🛠 그림 9.53 GE가 디지털 변혁과 산업인터넷 때문에 대대적인 변화를 겪고 있다.

실제로 몇몇 소프트웨어 기업들은 제조업계와 파트너십을 맺어 자신들이 보유하지 못한 분야의 역량을 메우고 있다. 하지만 GE는 이미 물리적인 영역과 디지털 영역 모두를 넘나들고 있다.

GE의 입장에서 보자면, 제조업계가 소프트웨어 분야로 진출하는 것이 아니라, 인터넷 및 소프트웨어 기업들이 한 세기 이상 GE가 주도해 온 제조업의 세계로 밀고 들어오고 있는 것이다. 산업 분야에서 가치 제안(Value Proposition)은 소비

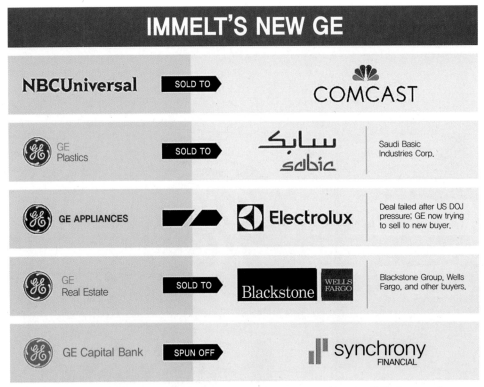

자료 : finance.yahoo.com

🔩 그림 9.54 이멜트에 의한 GE의 변신

자 분야의 그것과는 매우 다르다. 산업 분야에서는 비용 절감, 수익, 신뢰성, 품질, 안전 등의 특정한 사업적 결과를 필요로 한다. 이러한 니즈를 충족시키기 위해서는 무언가를 만들거나, 움직이고, 전력을 제공하고, 세계를 더 나은 곳으로 만드는 기계나 시스템에 대해 잘 알고 있어야만 한다. 그런 역량이 있어야만 어느 곳을 둘러봐야 할지를 알 수 있기 때문이다.

자료 : itworld.co.kr

⚙️ 그림 9.55 소프트웨어와 분석 중심 기업으로 간다. – GE의 디지털 변혁

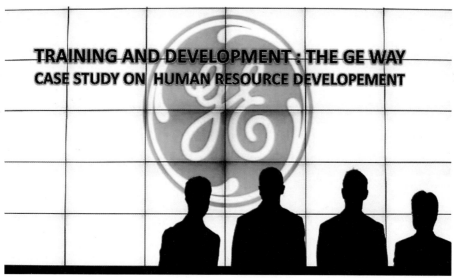

TRAINING AND DEVELOPMENT : THE GE WAY
CASE STUDY ON HUMAN RESOURCE DEVELOPEMENT

자료 : slideshare.net

⚙️ 그림 9.56 Training & Development : The GE Way

|Reference|

노엘 티키, 스트랫포드 셔먼 저, 김동기·강석진 옮김, GE혁명 당신의 운명을 지배하라, 21세기
　　　　북스, 1995.

노형진, 제4차 산업혁명을 위한 조직 만들기 - 아메바 경영의 진화 -, 한올출판사, 2017.

노형진·이애경, 제4차 산업혁명을 위한 인재육성, 배문사, 2017.

노형진·이애경, 제4차 산업혁명을 이끌어가는 스마트컴퍼니, 한올출판사, 2017.

노형진·이애경, 제4차 산업혁명의 핵심동력 - 장수기업의 소프트 파워 -, 한올출판사, 2018.

램 차란·스테픈 드로터·제임스 노엘 공저, 한근태 역, GE 인재양성 프로그램, 미래의창, 2004.

로버트 슬레이터 지음, 이진주·박기호 옮김, 잭 웰치의 31가지 리더십 비밀, 명진출판, 1994.

로버트 슬레이터 지음, 잭 웰치와 GE 방식 필드북 - 잭 웰치의 기업혁명 완결판 -, 물푸레, 2000.

박병규, GE의 새로운 신화를 창조하는 제프리 이멜트, 일송포켓북, 2009.

박병규, GE의 역사를 새로 쓰는 제프리 이멜트, 일송북, 2008.

심재우, GE 미팅 기술 101, 랜덤하우스코리아, 2006.

심재우, GE 변화 리더십 101, 랜덤하우스코리아, 2006.

심재우, GE의 핵심인재는 어떻게 단련되는가, 스마트비즈니스, 2006.

심재우, 잭 웰치처럼 프레젠테이션하라 - GE와 잭 웰치 방식 200% 활용하기 -, 더난출판사,
　　　　2004.

윌리엄 로스차일드 저, 최권영 역, 홍순직 감수, GE 혁신과 성장의 비밀 : 19세기 에디슨에서 21
　　　　세기 이멜트까지, 가산출판사, 2008.

톰 모리스 저, 김원호 역, 해리포터가 GE를 경영한다면, 문학수첩, 2009.

한중전략경영연구소 편저, 제4차 산업혁명 이렇게 달성한다, 배문사, 2017.

한중전략경영연구소 편저, 제4차 산업혁명 충격과 도전, 배문사, 2017.

함형기, GE캐피탈 - 세계를 지배하는 금융제국 -, 오롬, 1999.

함형기, GE캐피탈 따라잡기, 무한, 2001.

홍승완, Mentors' note, J. Welch의 GE인가, GE의 J. Welch인가?, 2005.

熊谷昭彦, GE變化の經營, ダイヤモンド社, 2016.

中田敦, GE巨人の復活, 日經BP社, 2017.

| INDEX |

저자 소개 **노형진**

서울대학교 공과대학 졸업(공학사) / 고려대학교 대학원 수료(경영학박사)
일본 쓰쿠바대학 대학원 수료(경영공학 박사과정)
일본 문부성 통계수리연구소 객원연구원 / 일본 동경대학 사회과학연구소 객원교수
러시아 극동대학교 한국학대학 교환교수 / 중국 중국해양대학 관리학원 객좌교수
국방과학연구소 연구원 역임
현재) 경기대학교 경상대학 경영학과 교수
　　전공. 품질경영·기술경영·다변량분석(조사방법 및 통계분석)
　　중소기업청 Single–PPM 심의위원 / 대한상공회의소 심사위원·지도위원
　　한중전략경영연구소 이사장 / 한국제안활동협회 회장

주요저서 : EXCEL을 활용한 품질경영(학현사)
　　　　　 Amos로 배우는 구조방정식모형(학현사)
　　　　　 SPSS/Excel을 활용한 알기쉬운 시계열분석(학현사)
　　　　　 SPSS를 활용한 조사방법 및 통계분석(제2판)(학현사)
　　　　　 SPSS를 활용한 일반선형모형 및 일반화선형혼합모형(학현사)
　　　　　 EXCEL에 의한 경영과학(한올출판사)
　　　　　 SPSS를 활용한 회귀분석과 일반선형모형(한올출판사)
　　　　　 SPSS를 활용한 주성분석과 요인분석(한올출판사)
　　　　　 Excel 및 SPSS를 활용한 다변량분석 원리와 실천(한올출판사)
　　　　　 SPSS를 활용한 비모수통계분석과 대응분석(지필미디어)
　　　　　 SPSS를 활용한 연구조사방법(지필미디어)
　　　　　 SPSS를 활용한 고급통계분석(지필미디어)
　　　　　 SPSS를 활용한 통계분석의 선택방법(지필미디어)
　　　　　 제4차 산업혁명을 위한 인재육성(배문사)
　　　　　 제4차 산업혁명을 이끌어가는 스마트컴퍼니(한올출판사)
　　　　　 제4차 산업혁명의 핵심동력 –장수기업의 소프트파워– (한올출판사)
　　　　　 제4차 산업혁명을 위한 조직 만들기 –아메바 경영의 진화– (한올출판사)

e–mail: hjno@kyonggi.ac.kr

제4차 산업혁명의 총아 제너럴 일렉트릭(GE)

초판1쇄 인쇄 2018년 2월   5일
초판1쇄 발행 2018년 2월 10일

지은이   노 형 진
펴낸이   임 순 재

펴낸곳   (주)한올출판사
등 록   제11-403호
주 소   서울시 마포구 모래내로 83(성산동, 한올빌딩 3층)
전 화   (02)376-4298(대표)
팩 스   (02)302-8073
홈페이지   www.hanol.co.kr
e-메일   hanol@hanol.co.kr

ISBN 979-11-5685-636-8